中国体育旅游经济及案例研究

文 瑜◎著

中国财经出版传媒集团
经济科学出版社
Economic Science Press

图书在版编目（CIP）数据

中国体育旅游经济及案例研究 / 文瑜著. —北京：经济科学出版社，2021. 4
ISBN 978 - 7 - 5218 - 2434 - 6

Ⅰ. ①中… Ⅱ. ①文… Ⅲ. ①体育 - 旅游业发展 - 案例 - 中国 Ⅳ. ①F592. 3

中国版本图书馆 CIP 数据核字（2021）第 044498 号

责任编辑：李　军　谭志军
责任印制：范　艳　张佳裕

中国体育旅游经济及案例研究
ZHONGGUO TIYU LÜYOU JINGJI JI ANLI YANJIU
文　瑜　著
经济科学出版社出版、发行　新华书店经销
社址：北京市海淀区阜成路甲 28 号　邮编：100142
总编部电话：010 - 88191217　发行部电话：010 - 88191522
网址：www. esp. com. cn
电子邮箱：esp@ esp. com. cn
天猫网店：经济科学出版社旗舰店
网址：http://jjkxcbs. tmall. com
固安华明印业有限公司印装
710 × 1000　16 开　14. 5 印张　240000 字
2021 年 6 月第 1 版　2021 年 6 月第 1 次印刷
ISBN 978 - 7 - 5218 - 2434 - 6　定价：58. 00 元
（图书出现印装问题，本社负责调换。电话：010 - 88191510）

前　言

2014年国务院颁布了《关于加快发展体育产业促进体育消费的若干意见》，我国开始把体育产业作为国家和国民经济支柱性产业进行布局。2016年国务院、国家旅游局和国家体育总局发布的《关于大力发展体育旅游的指导意见》（旅发〔2016〕172号），陆续还发布了《体育产业发展“十三五”规划》《关于加快发展健身休闲产业的指导意见》《“健康中国2030”规划纲要》《体育强国建设纲要》等一系列重要政策和文件，都是在大力发展体育产业，充分挖掘和发挥我国体育旅游资源优势，推进旅游与体育的深度融合。当前我国进入全面建成小康社会的决胜阶段，人民群众多样化体育运动和旅游休闲需求日益增长，体育旅游已经成为重要的生活方式。体育是发展旅游产业的重要资源，旅游是推进体育产业的重要动力。大力发展体育旅游是丰富旅游产品体系、拓展旅游消费空间、促进旅游业转型升级的必然要求，是盘活体育资源、实现全民健身和全民健康深度融合、推动体育产业提质增效的必然选择，对于培育经济发展新动能、拓展经济发展新空间具有十分重要的意义。

近年来，中国对体育旅游的研究稍落后于国外，对体育旅游的概念和内容的界定众说纷纭，国外和国内的一些研究学者从不同方面对体育旅游做了详细的分析，本书内容涵盖国内外研究综述、体育旅游分类、经济效益评价、资源开发、产品市场营销、产业竞争力、发展趋势、制约因素和发展路径九大章节，根据对近些年体育旅游方面的实践发展情况，辅以案例进行重点分析。最大限度地让读者置身其中，认识到体育旅游的重要性，希望为我国体育和旅游产业发展提供一定的理论参考。

文瑜

2021.3

目　录

第 1 章　国内外研究综述 …… 1

1.1　研究目的 …… 1

1.2　研究内容 …… 2

1.3　研究意义 …… 3

1.4　研究的方法 …… 5

1.5　研究思路 …… 6

1.6　中外体育旅游研究概况 …… 7

1.7　国外研究现状及发展趋势 …… 14

1.8　文献综述小结 …… 19

第 2 章　体育旅游分类及案例研究 …… 21

2.1　我国体育旅游分类研究 …… 21

2.2　按旅游者参与的目的划分体育旅游 …… 23

2.3　按体育旅游活动的场所划分体育旅游 …… 31

2.4　小结 …… 44

第 3 章　体育旅游项目经济效益评价及案例研究 …… 45

3.1　旅游项目经济效益评价相关理论 …… 45

3.2　我国体育旅游直接的经济效益研究 …… 53

3.3　我国体育旅游间接的经济效益研究 …… 58

3.4　相关案例分析 …… 62

3.5　小结 …… 68

第 4 章　体育旅游资源开发及案例研究 …… 72

4.1　体育旅游资源开发的概念 …… 72

4.2 体育旅游开发模式的主要分类及代表 …… 77
4.3 相关案例分析 …… 84
4.4 小结 …… 91
第5章 体育旅游产品市场营销及案例研究 …… 94
5.1 体育旅游产品市场营销策略及相关概念 …… 94
5.2 体育旅游产品市场营销策略相关理论 …… 105
5.3 体育旅游产品市场营销的主要分类及代表 …… 111
5.4 相关研究案例的分析 …… 115
5.5 小结 …… 120
第6章 体育旅游产业竞争力及案例研究 …… 122
6.1 产业竞争力及其相关概念 …… 122
6.2 产业竞争力的相关理论 …… 124
6.3 体育旅游产业竞争力的构成及影响机理 …… 127
6.4 我国体育旅游产业竞争力现状分析 …… 134
6.5 相关案例分析 …… 143
6.6 小结 …… 144
第7章 体育旅游发展趋势及案例研究 …… 145
7.1 我国高端体育旅游发展及案例 …… 145
7.2 我国民族传统文化体育旅游发展及案例 …… 151
7.3 我国“精准扶贫”背景下乡村体育旅游发展及案例 …… 156
7.4 我国“一带一路”背景下体育旅游发展及案例 …… 161
7.5 我国“全域旅游”背景下旅游发展及案例 …… 165
7.6 小结 …… 171
第8章 体育旅游制约因素及案例研究 …… 172
8.1 认知因素 …… 172
8.2 资源开发因素 …… 174
8.3 产品市场营销因素 …… 178
8.4 产业竞争力因素 …… 180

8.5 管理因素 …………………………………………………… 183
8.6 安全保障因素 ……………………………………………… 185
8.7 发展趋势掣肘因素 ………………………………………… 190
8.8 相关案例研究 ……………………………………………… 193
8.9 小结 ………………………………………………………… 195

第9章 体育旅游发展路径及案例研究 ………………………… 196

9.1 提高认知 …………………………………………………… 196
9.2 可持续发展进行资源开发 ………………………………… 197
9.3 多元化整合产品市场营销 ………………………………… 200
9.4 提高产业竞争力 …………………………………………… 203
9.5 科学有效进行管理 ………………………………………… 205
9.6 加强安全预警保障 ………………………………………… 208
9.7 抓住体育旅游发展趋势 …………………………………… 210
9.8 案例分析 …………………………………………………… 213
9.9 小结 ………………………………………………………… 218

参考文献 ……………………………………………………………… 219

第 1 章　国内外研究综述

1.1　研究目的

近年来，随着国民旅游消费需求的增长，国内体育旅游不断受到重视。2016 年，国家旅游局、国家体育总局印发《关于大力发展体育旅游的指导意见》，其中提出：一是充分认识大力发展体育旅游的重要意义；二是总体要求，包括指导思想、基本原则、发展目标三个方面；三是重点任务，包括引领健身休闲的旅游发展、培育赛事活动旅游市场、培育体育旅游市场主体、提升体育旅游装备制造水平、加强体育旅游公共服务设施建设五个方面。国家的重视力度不断地加大，使广大的体育旅游参与者在消费的过程中得到了相应的保障。

世界旅游人口在不断增加，随着人们生活水平的提高，旅游日益成为一种生活方式，从过去追求温饱的生活需求转移到现在追求精神愉悦的生活目标。体育旅游作为推动和发展旅游产业的重要资源，作为现代新颖旅游的重要方式之一，实现健康体育旅游成为推进体育产业的重要动力。国内和国外的一些研究学者从不同方面做了详细的分析，本书以对近些年体育旅游方面的研究状况和经验为出发点，列举了相关案例，本书研究的目的主要有以下三个方面：第一，对我国的体育旅游进行统筹分类规划研究，对相关案例进行详细说明与分析体育旅游的经济效益、资源开发、营销策略、体育旅游产业竞争力等方面的内容，结合调查体育旅游方面的期刊或论文，通过分析厘清近年来关于体育旅游研究的历史沿革和发展趋向[①]，发现其中的问题和影响因素；例如，按照旅游者的参与目的划分，可以将体育旅游类型分为参与型体育旅游、观赏型体育旅游、竞技型体育旅游等，结合不同类型分析各自存在的特点和通过现代生活中的具体案例来分析其中带来的不同影响。第二，体育旅游作为时代逐渐被挖掘出来的新兴产业，对人们有着强烈的吸引力，学术科研作为时代最重要的引导标杆，能够很好地引导人们在现实中更好地发展体育旅游产业，将产业的社会效益实现最大化，影响力得到社会旅游专业人士的认可。第三，把握体育旅游研究的发展趋势，由于我国体育产业起步较晚，发展过程中缺乏经验。虽然近年来国内体育旅游发展迅速，相较于一些发达国家还是存在差距的，但发展潜力巨大，前景十分可观。本书的研究意义是以案例研究作为主要的分析入口，最大限度地让读者置身其中，使其认识到体育旅游的重要性。

1.2 研究内容

首先，从我国体育旅游分类理论开始研究并结合相关案例进行分析发现，随着大众消费需求的转变，消费要求不断提高，旅游业逐渐往多元化和个性化的趋势发展，需要打造丰富的旅游产品和研究新颖的旅游路线，吸引和刺激人们去进行消费。其次，从本书对旅游项目经济效益评价的相关理论研究发现，通过体育交流可以促进国家与国家间的政治交流，有助于国家的外交工作。发展体育旅游所带来的直接经济效益是有目共睹的，而体育旅游所带来的间接经济效益更是超出预期效果，是无法用金钱去衡量的。发展体育旅游直观上带动旅游行业高速发展，弘扬了我国优秀的传统文化，更能使国家的文化交流得到新的升华。再次，我们在体育旅游资源开发的相关理论基础上发掘了深刻的意义，其中存在体育旅游的基础设施设备不够完善、体育旅游线路的产品结构单一，并且没有现代旅行的多样化和形式传统不够突出等问题。结合当下我国体育旅游业的发展，分析我国体育旅游产品市场营销策略理论，并提出相关建

---

① 国内众多学者依据不同标准对体育旅游进行分类，有的学者针对旅游活动的体育性，认为是由“体育”而开展的旅游活动；有的则重点表明活动的观光旅游和游憩方式，国内专家学者对于体育旅游相关概念的分类界定各自都有不一样的观点和侧重。本书中观赏性、参与性体育旅游都是其类型的表现。

议；对于整个体育旅游产业的竞争力做了优势和问题分析，详细分析产业竞争力的理论及其社会的不同产业和政府对体育旅游的影响。最后，对我国体育旅游发展趋势及相关案例进行分析研究，并针对高端体育旅游作为未来发展趋势的主要代表做了详细的要素构成分析及优势和劣势分析。

1.3　研究意义

体育旅游的范围之广，本书的研究意义主要表现为三个方面：一是有助于了解和把握体育旅游，充分利用我国的旅游资源，把“旅游 + 体育”这一旅行模式打造成为现代人们所追求的主流模式，从而找到其在市场营销、产品营销、竞争等方面的不足之处，并不断改进，帮助各地树立旅游体育经济观念。二是有助于发现不同的期刊或学术研究课题之间的相关性，为我国体育旅游研究进一步规范化①和国际化展开更多的学术合作提供渠道。三是充分把握利用国外体育旅游研究论文的相关资源，为我国未来的体育旅游产业融合发展提供相关借鉴。

1.3.1　现实意义

对我国的启示：对每一个需要发展体育旅游经济的地方都需要进行一个强有力的市场分析支撑，具体包括当地人对具体的体育旅游相关事件的看法及态度，对某些体育旅游的资源开发是否存在意见，以及体育旅游事件举办后给当地带来的经济效益、社会建构发生的变化应充分迎合民意。进行一个科学的评估是体育旅游资源开发的基础，不可盲目扩大实施之后的影响并且要重视体育旅游事件发生后的后续宣传工作。

环保一直是人们热议的话题，保护地球环境人人有责，体育旅游经济发展固然重要，但开发时注意环境保护，执行时注意环保节约，这样才能保持一个良好的体育旅游生态经济环境态势。体育旅游经济对资源开发存在有一定的要求，但把握好因地制宜开发体育旅游资源的标准，遵循可持续性开发体育旅游

① 规范化：在经济、技术和科学及管理等社会实践中，对重复性实物和概念通过制定、发布和实施标准（规范、规程和制度等）达到统一，以获得最佳秩序和社会效益。

资源的原则，就一定可以在现实生活中打破传统的旅游形式，从而使体育旅游成为人们追求新体验的首选。

树立体育旅游经济观念也要深入体育旅游开发者的观念中，体育旅游经济涉及的行业更为广泛，涉及的知识也更新颖。体育旅游作为一个新兴的行业，不管是体育旅游开发者还是各地方政府部门都应抱着虚心探索的心态去引领消费者或参与者尊重相关的规章制度、尊重任何一个地方的体育旅游初始的生态环境，才能进一步建立和完善体育旅游市场经济体系。

1.3.2 理论意义

体育旅游作为时尚旅游消费，其中最明显的特征是体验性比其他一般旅游活动要强，但也始终以休闲、健康为主题；同时具有灵活性、季节性、民族性、团队性、竞技性、功能独立性等特征；与其他旅游产业不同的是，体育旅游的成本与消费者的旅游动机相关，在这个过程中会呈现高度的灵活性，因此会使得体育旅游在全国乃至全世界都得到了广泛的发展。因此，这方面的学术研究显得尤为重要，学术研究无止境，每一个行业的开拓都需要理论知识作为支撑，体育旅游方面的研究为后面的学者提供了很好的参考价值，这样才能为这个行业的发展做出贡献与成绩。

1.3.3 后续研究建议

相比于传统的研究方式，我们更应该把重点放在理论与实际相结合的这一重点上，参与实际的体育旅游活动，从中汲取到精髓，比如说某一体育旅游的赛事活动，应该设计基本的问卷进行调查，采访相关人员进行一个详细的访谈，细说某一体育旅游活动给举办地带来的影响及变化，包括市场环境、生态环境、经济状况以及后续资源开发应注意哪些事项，都可以在我们的后续研究中一一体现出来。体育旅游研究越来越多样化，因此对于我国体育旅游研究学者有了更高的要求：一是通过不断努力提高自身的能力，对身边的每一次体育旅游事件做出系统的归纳研究，比较不同做法中哪一种更适合某些地区；二是通过积累经验，吸取经验和教训，以便后续更好地进行比较研究。

1.4　研究的方法

1.4.1　文献资料法①

通过对大量关于体育旅游的期刊与文献进行查阅，并下载了相关文章 100 多篇，其中包括了程红伟的《十年体育旅游文献分析》*Journal of Sport & Tourism*（2004 – 2014）、北京体育大学王博的《中美体育旅游发展差异的比较研究——基于学术与实践互动的视角》等用于本书研究。关于体育旅游的分类研究参考了李勇的《试论发展我国体育旅游的对策》、陈静的《我国观赏型体育旅游产品营销策略研究》，不同的章节参考了不同的文献，使得整篇研究有了清晰的思路。

1.4.2　逻辑分析法②

运用逻辑分析法，对选取的体育旅游案例的分析角度、切入口及方向资料的选题方进行深入分析，主要的逻辑思路为：①阐述相关的概念，并对其研究方法的科学化程度进行综合总结；②阐述相关的特点，并对每一章进行分析；③基于基本理论，进一步说明体育旅游相关案例的代表性；④阐述体育旅游的发展趋势，分析总结影响因素并提出建议。

1.4.3　案例分析法

体育旅游的案例不计其数，本书选取了较为有代表性的案例。每个地区举办大型的体育旅游赛事都能将本地重新赋予一个新的社会建构。社会建构所带来的后期影响不可预估，游客对每一个举办过大型体育旅游赛事的城市和地区都会有深刻的印象，社会建构仅为其中的一种。本书研究选取的案例将从不同

---

① 文献资料法：是通过查阅文献资料了解、证明所要研究对象的方法。积累文献可以把文献完整地保存下来，也可以通过做卡片、写读书、笔记等方式，有重点地采集文献中与自己研究课题相关的部分。

② 逻辑分析法：主要是指“语言的转向”之后出现的分析哲学、科学哲学中所使用的分析方法。这种方法利用现代数理逻辑这个强有力的工具，对语言进行分析，并通过语言分析来解决传统的哲学问题。

层面去深挖特点和影响，将体育旅游的不同层面研究一一展示。

案例分析作为一种常见的分析手法，其优点在于能通过事实分析得到真实的情况说明。案例分析法作为本研究的主要研究方法，案例说明更具有权威性，根据不同地方的体育旅游事件进行分析，不同案例之间的异同点更真实地说明体育旅游在不同地区所展现的发展潜力。比如国内首例参与型航天体育旅游项目——参与型航天体育旅游主题公园。主题公园项目园区极致地进行了开发和利用，不仅让资源得到了最大的开发，并且对社会产生了良好的影响，让前来的游客都能够参与到航天体育旅游主题公园的项目中，感受园区所带来的体验感以及收获愉悦的心情，享受大自然的美感和体育运动带来的快感。游玩期间还能拓展游客的视野，捉住游客的猎奇心理，最大限度地展示主题公园的作用，不局限于愉悦游客的心情，更多去考虑其中带来的良好效益。

1.5 研究思路（见图1-1）

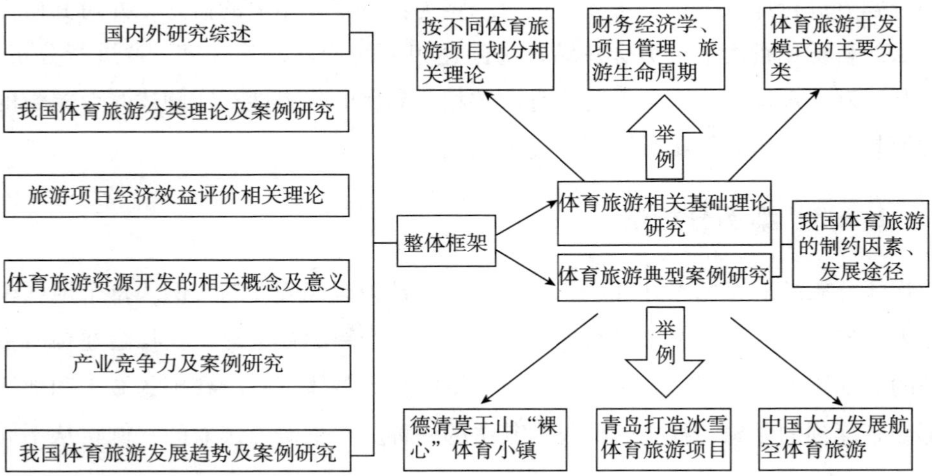

图1-1 研究思路

1.6　中外体育旅游研究概况

1.6.1　体育旅游概念界定

在 21 世纪的今天，我国体育旅游仍然还处在一个萌芽的起步阶段，但正以每年 30% ~40% 的增长率快速发展。重大赛事的影响不断渗透人们的日常生活，比如北京 2008 年奥运会申办成功，提高了国民的体育旅游参与意识，对举办地的人们的影响是远超其他地方的，因为当地市民参与的积极性比其他任何地区的人们积极性要高，同时大型赛事的举办也为当地的体育旅游产业发展提供了一个契机。但与此同时，体育旅游的理论研究在我国还未得到足够的重视，国内学者在这方面的研究与国外学者的研究水平存在较大的差距。

国内外对体育旅游①概念定义各有不同。20 世纪 60 年代至 90 年代，国外的学者对体育旅游的基础理论研究较多，着重在基础理论完善上面，尤其是在体育旅游的基本概念、体育旅游的本质特点、体育科研方法和体育旅游框架等方面。国内对体育旅游的主流定义是，体育旅游从广义上讲是以各种体育活动为主的旅游，即旅游者在旅游中所从事的各种身体娱乐、身体锻炼、体育竞赛、体育康复及体育文化交流活动等与旅游地、体育旅游企业及社会之间关系的总和。国内的概念定义与国外学者的定义也会受自己国家的状况和体育旅游活动开展情况的影响会不一样，但其中都有强调体育旅游的本质特点，认为体育旅游都具有明显的特征，比如季节性、竞技性等。表现在随着体育旅游景区接待游客数量逐渐增加，使得旅游目的地的体育自然资源和当地的体育人文环境发生了巨大的改变，给目的地带来一系列环境问题的同时还增加了其复杂性。一方面，体育旅游不但能促进旅游区大力改善旅游环境，一个地方一旦要举行类似的体育赛事，将要完善各方面的设施。例如 2008 年北京奥运会举办前后的空气质量、生态及水质都有了极大的改善；另一方面，大量游客的涌入破坏了原有的生态环境，游客的承载量瞬间增大，甚至已经超出了原本的容纳

① 体育旅游：体育旅游在国内是一项新兴的旅游产品，与此相应体育旅游也是一门新的学科。体育旅游是体育与旅游相结合的健身方式。

量。经过整体的利弊考量，体育旅游活动对生态环境的破坏远远大于保护，主要表现为对山地、野生动物、自然植被、原始古建筑等的破坏。

1.6.2 国内外体育旅游研究对象

20 世纪 90 年代后，国内外的经济发展正处在蓬勃发展的阶段，体育旅游市场的发展也逐步跟上了时代发展的潮流，变得日益成熟，与体育旅游相关的经济金融、服务行业、生态自然环境、交通运输行业、体育旅游基本资源等问题的研究开始逐渐升温。广大学者对体育旅游研究对象的选取各有千秋，依托我国广泛的体育旅游资源与体育旅游人口优势，研究呈现多样化。比如我国关于体育旅游经济的研究主要集中在体育旅游项目开发、经济效益、旅游项目的生命周期、资源开发以及体育旅游产品的营销特点等方面。外国体育旅游研究的主要对象放在针对性的体育旅游案例研究上，比如针对某一赛事、某一节事活动、某项旅游项目等，国外旅游学者擅长于个例详细剖析。国外体育旅游研究的范围涉及的案例广泛，且类型不一。

1.6.3 国内研究现状及发展趋势

我国现在对体育旅游的研究着重在开发和市场两个方面，其中开发包括资源开发和产品开发两个方面，市场主要有营销和战略策略方面。能检索到的文献与期刊当中，我国的西部地区本着区位、自然环境等优势尤为突出，因此体育旅游资源的开发受到了当地人们的重视，比如文献《西北民族地区的体育旅游资源开发研究》① 等，不仅仅显示了西北民族地区的文化底蕴、独特风格以及巨大的开发潜力，还为当代人们的体育旅游项目提供了多样化选择。北方的冰雪运动（哈尔滨冰雪节）和东部的滨海体育旅游都属于体育旅游的项目开发，对于户外运动和拓展旅游等方面关注仍然有待加强，我国学者在研究地域上针对不同地方有着不同的着重点，但也因此造成了我国东部、西部、北部、西北部等地区的不平衡发展。另外体育旅游开发发展过程中对大气环境、水资源、环境的噪声和光污染、地质等方面造成的破坏需要开发者不断注意，每一位开发者都应该具备保护生态环境方面的意识。学术研究方面也有部分学

①

者注重生态保护的说明，比如姜付高在《浅议体育旅游生态化建设》[①] 体现环境保护的意识已开始融入未来的体育旅游开发与规划中。

1.6.4　国内研究现状

李海与盘劲呈两位学者在《中外体育旅游研究进展与评述》中讲到国内研究已对大量区域性体育旅游资源进行了梳理，大体掌握了我国具有发展体育旅游的条件和潜力的地区，科研机构应当关注国际前沿动态。众多国内学者都对体育旅游进行了各式各样的分类，他们依据不同的标准进行。有的学者针对旅游活动的体育性，认为是由“体育”而开展的旅游活动；有的则重点表明活动的观光旅游和游憩方式，换种说法就是以娱乐和消遣为主的旅游方式。在体育旅游分类方面，依据了一定的分类原则，但依据的标准都不够统一，有的学者把体育旅游分为“参观型”和“参与型”；也有的分类中把爬山与滑翔机作为同一类型的体育旅游进行分类，但由于爬山是属于体育旅游项目，而滑翔机是归属于旅游资源，所以这样的划分违反了基本的分类原则。有的对于体育旅游的分类与体育分类带有明显的重叠性，如健身运动类与体育的强身分类。

旅游一直是人们研究的重要话题，近年来有增不减，各个高校开设旅游等相关专业在如火如荼进行当中。体育旅游作为旅游的分支，专业学术研究相对于旅游这一大的范围来说会减少。去分析某个活动、某个景点对当地的经济文化、交通等方面产生的影响。汪德根（Travel Journal，2002）认为，体育资源和体育设施是作为体育旅游的基础，旅游商品形式是以提供各种健身、娱乐、休闲来展示在人们面前的，形成一个服务的项目组，以有形的一些形式展示，来获得无形的感受与体验。比如 2008 年的北京奥运会，运动城市成为北京的社会建构，众多学者并没有直接说明北京体育旅游的发展，但这仍然属于体育旅游的范畴。赛事型的体育旅游仍然是人们生活中不可或缺的精神寄托，我国针对西安、北京、上海等多地的赛事活动有了专门的研究。例如，“一带一路”给西安体育旅游带来的机遇和挑战，我国学者以“一带一路”为大背景分析西安市给人们的生活带来了何种改变，以及未来西安市在“一带一路”的影响下将以何种定位走向国际，通过何种方式让更多的人知道这座千年古城。

---

① 姜付高．浅议体育旅游生态化建设［J］．

因此，我国学者研究体育旅游的方向更多的是分析未来的体育旅游如何走向更高的国际市场，连接世界经济圈①。

1.6.4.1 国内体育旅游研究的方法

1）文献资料法

文献资料法作为传统的研究方法，文献资料融合多年来众多学者的研究方法、研究内容、研究成果等，价值意义重大。国内研究者对体育旅游研究的同时不仅会查询相关的期刊、会刊、体育旅游的相关书籍作为自己的基本写作辅助。也会通过图书馆与网络媒体（中国大众体育网）等查阅相关体育旅游的基本情况，从而认真分析和运用到学术科研当中来。

2）数理统计法

体育旅游的研究对调查收集的数据，运用 SPSS 等软件进行描述性统计分析。例如陈诚《国内外体育旅游发展现状及启示》② 中写到对与 2016 年巴西奥运会游客的统计，参考携程数据并进行相关统计发现，每一次举办奥运会的城市接待游客的数量会有大幅度的增加，并且持续的时间相对较长，持续时间一般为 3 个月（5 月至 8 月）。通过奥运整个国家的旅游收入显著提高；例如基督山与面包山，举办奥运期间游客成倍的增加。2009 年为巴西申奥年，游客数量为 102.9 万人；2012 年增加到 147.8 万人；2014 年增加到 154.4 万人；其次是李海、盘劲呈《中外体育旅游研究进展与评述》对国内发文数量进行划分和统计。相关的结果可将我国的发文数量划分为三个阶段，依据国内发文数量可划分为学科酝酿期（1998 ~ 2004 年）、学科发展期（2004 ~ 2008 年）、稳定持续期（2008 ~ 2017 年）。对于体育旅游的研究我国学者运用的是普通的数理统计法，但得出的研究成果却是非常可观的。

1.6.4.2 国内体育旅游研究的特点

1）特殊性

国内对体育旅游资源的现状研究在中国知网上共找到 2474 篇文献，当中

---

① 经济圈：又称大城市群、城市群集合、大经济区、大都会区或都会区集合，属于 20 世纪 90 年代开始渐多出现的中文地域经济用语。

② 本书通过文献资料法、专家访谈等研究方法，对国内外体育旅游的发展现状进行分析，为我国旅游发展提供了很好的经验借鉴，提出进一步发展体育旅游的建议。

的文献内容大体是对某些地区、某些城市、某些景区的具体开发现状与对策的研究、对未来体育旅游发展的展望。这都体现了国内体育旅游的研究主要集中在体育旅游的开发与对策研究上，本书特殊在除了对体育旅游的资源开发及未来展望做了研究之外，还对营销策略、产业竞争力等多方面进行了说明，并从资源的开发、营销，再到行业的发展趋势都做了详细的分析。比如贵州师范学院体育学院陈国余的《黔桂边区瑶族体育旅游资源开发路径研究》①，针对黔桂边区瑶族体育旅游资源开发现状进行调查研究，并在此基础上提出开发黔桂边区瑶族体育旅游路径：准确客观进行市场定位、树立特色品牌意识等，以期促进黔桂边区瑶族体育旅游业的发展，为国家和贵州人民留住一份珍贵的民族文化遗产。研究足以说明其特殊性且意义深远。

2）广泛性

体育旅游的研究上呈现了广泛性的特点，从体育旅游的分类、经济效益、资源开发、营销策略、产业竞争力等多方面进行探究，并查询了相关的案例，案例有来自相关文献的经典案例，也有当代社会的热点事件作为支撑。多样的体育旅游活动给当代人们的生活增添了别具一格的色彩，因此研究的方面也应更加全面化和多样化。

3）两极性

体育旅游的研究上呈现了两级性的特点，相对来说，国外学者从研究上对概念的界定更加全面，研究的热点相对国内学者更加多样化，并没有像国内学者一样研究的热点相对集中。

总而言之，中外学者关于体育旅游的研究时间段、研究方法、热点主题以及对体育旅游的概念界定等方面不尽相同。相较国内学者来说，国外学者研究视域宽阔，研究方法复杂多样，研究主题广泛深入。

1.6.4.3　国内体育旅游的成果展现

国内旅游业高速发展的同时，体育旅游业不同程度地呈现出与世界接轨的趋势，中国的部分城市，例如北京、上海、大连、哈尔滨等城市承接大型国际体育赛事的频率逐年增加，节事活动的举办更加追求质量和品质。例如 2019

① 《当代体育科技》2017 年第 32 期。

年北京世界园艺博览会中国馆迎来了大幅度的焕新，展示的作品不仅标新立异，而且在质量上相对于往年有了大幅度提升，参加园艺博览会属于观赏性体育旅游的范畴，不会消耗人的体力，观赏的内容是来自世界各国不一样的园艺作品。我国的体育旅游赛事种类众多，例如，2018 年，海南省海口市承办的亲水运动季中的水上自行车、亲水瑜伽等十多项体育运动，让来自远方的游客都能在海口体验和感受水上运动的乐趣。不论是国内的体育赛事还是节事活动都是建立在安全、合理、人性化、生态无污染等基础上，其次再去考虑设计美观、费用及后续影响等问题。现中国举办马拉松、骑行、赛车等活动在逐年增加，秉承着良好的出发点，通过在增强人们体质、呼吁人们参加体育活动的同时，又能让游客体验到来自旅游性质的愉悦感。

1.6.4.4 国内发展趋势

国内体育旅游的资源丰富性很大程度上带动了多层面的经济发展，不仅仅表现在旅游业上，还有更为细分的不同行业上，例如酒店行业、会展行业等。由于涉及面广，辐射的行业多，因此国内对于体育旅游的研究发展仍处于挖掘的状态。部分学者更是走在一线的工作平台去近距离接近这个体育旅游的范畴，比如作为一个大型体育赛事的志愿者、工作者，在这个过程中不断地了解参与者的心理状态与需求，增强自身能力的同时也为体育旅游行业发展做出自己的贡献。我国的高端体育旅游逐渐进入人们的视野，高端体育旅游具有高价、高质的独有特点。从相关领域的研究现状来看，高端体育旅游可以被定义为有针对性的体育旅游，作为旅游项目形态的社会高消费群体，通过这种新的旅行方式，能带来放松和精神放松的体验。高端体育旅游的优势和劣势凸显对比，我国更需要营造一个适合发展体育旅游的环境，在不同体育旅游项目的人才培养应该更精细化。在全球旅游发展模式中，整个区域的居民是旅游规划的建设者、参与者和服务提供者，中国作为全球旅游业的建设者和管理者需要支持和维护游客和当地居民。只有在政府和人民的共同努力下，才能更好地发展体育旅游，形成一个更加系统的行业，基于中国强大的人口背景，旅游开发成果需要全民共享，以利于居民，树立居民主人翁意识，为整个地区的旅游建设做出贡献，实现共同建设与共享的动态平衡。

1.6.4.5 关于体育旅游产品的发展研究

随着时代的旅游行业发展，体育旅游产品变得越来越多样化和全面化，体育旅游的消费过程考虑得更加细致，彰显地域特色的同时保障服务的稳步提升。具体表现为体育旅游线路、体育旅游设施等。现如今体育旅游产品已经依托互联网进行了变革，新媒体短视频营销等各方面推广渠道加快了体育旅游市场机制的完善并推动了体育旅游产品的创新。同时，根据体育旅游产品的特点和功能划分，体育旅游产品大致可以分为情感性和功能性两大类。情感性体育旅游是以运动员的个人具体的现场表现和项目所产生的各种不同层次的社会影响力作为情感连接纽带的市场运作方式。功能性体育旅游产品主要是以实现人们现在所处时代所要求的生活质量和运动需求等为设计源泉，产品的形态可以表现为运动的场所、体育的设施和体育原生自然资源等。

1.6.4.6 关于体育旅游市场的发展研究

我国体育观赛旅游起步比较晚，现正处于起步阶段，发展迅猛。近年来，随着人们的收入水平不断提高，热衷于参加竞赛型体育旅游、观光型体育旅游等旅游方式的人群变得壮大起来。部分旅行社也推出了专门的旅游观赛游产品，体育旅游占旅游行业总规模的5%，规模仅为1700亿元，距离全球平均的15%的渗透率水平仍有较大差距。而距离发达国家体育旅游高达25%的占比更是相差甚远，但这也表明了我国体育旅游的提升空间不可估量。在人口基数世界第一的社会背景下，人们的健康观念会不断向科学化靠近。一边旅游一边加强身体素质的旅行方式会逐步成为中国人追求的新的“养生方式”。运用数学模型建立简单的公式为：

$$旅行+健身+休闲=养生$$

体育旅游产品是必须以满足体育和旅游为前提条件的产品，根据体育旅游产品的特点和功能可将其分为情感性产品和功能性产品。越来越多的企业参与到开发旅游产品的行列中来，每一次的创意革新都为整个体育旅游环境起到了关键且不可或缺的“美颜”作用。体育旅游的产品从传统旅游的观光线路到现在兴起的体验性赛事体育旅游的过程，更是经历了质的飞跃。国际马拉松赛、自行车车赛、国际汽车拉力赛一系列的赛事带来的经济效益是毋庸置疑的，但更重要的是带领更多的国内人民走向探索更高促进健康、增强体质的旅游方式的正确道路，养成良好的健康观念。旅游产品不是一种实际的产品，而是作为一种提供体育旅游服务的中介载体，最终交换过来的是利益和对社会的积极影响。

1.6.4.7　关于体育旅游开发的发展研究

不同地域的体育旅游资源是开发发展的基础，充分考虑其开发的局限性及当地自然生态结构等问题才能进行科学合理的开发。地区不仅要进行系统的统筹，更要充分考虑自身区域内的资源配置。随着我国的综合实力不断增强，政府大力支持在体育活动事业方面的事宜，表现在颁布相关文件以及做好相关的宣传工作，使得近年来的体育产业发展取得了不错的成绩。但同时也有更多的问题在不断凸显出来，例如从事体育旅游这方面的专业人才不足且相关的专业知识储备不够，各地方需要对各个地区的体育旅游项目进行一个合理的评估，需要建立完善的评估机制，包括评估内外部存在的风险，这样能提前及时地了解在资源开发方面可能遇到的或者不可避免的困难。对体育旅游资源开发的研究缺乏对外部风险和内部机遇的专业评估，在开发过程中应充分考虑当地的资源优势、人文环境、地理位置等因素。在建立一个合理的开发网络之前，结合前人的经验，合理开发，科学指导。

1.6.4.8　关于体育旅游生态环境的发展研究

生态环境保护一直是人们近年来热烈讨论的问题，体育旅游经济的发展让一些自然景观被人们所熟知。依靠天然的优势在一些景区景点办一些大型的旅游体育赛事，例如桂林国际马拉松，每一年的桂林马拉松都会以桂林市中心的多处景点为依托，通过媒体转播，电视直播及网络短视频的直播频道在大赛进行时不仅仅展示的是运动健儿的风采，还向世人展示着桂林的山水之美、人文之美。体育、旅游、生态自然环境的融合更能推动一方经济的发展。

1.7　国外研究现状及发展趋势

1.7.1　国外研究现状

国外体育旅游研究开始于 19 世纪 60 年代，随着世界时代变革的发展与体育旅游观念的兴起，时代涌现出一批又一批优秀的体育旅游学者。研究的内容及方向对社会生活实践活动的影响范围在不断的扩大。1896 年第一届现代奥运会召开，标志着世界竞技体育达到了一个前所未有的高度。由于工业化程度不断提高，体育旅游渐渐进入人们的生活。国外的体育旅游研究可以划分为以下三个时期：起步时期为 1960～1978 年，这个时期的体育旅游研究属于开始阶段，仅有几篇探讨体育旅游框架搭建及体育旅游概念争鸣的文献出现，奠定了国外体育旅游研究的基础；发展阶段是 1978～2000 年，此阶段是世界经济高速发展的时代。之后国外的体育旅游研究实现了质的飞跃，多个领域的专家学者开始注重体育旅游研究，研究成果不断涌现；第三阶段是 21 世纪后，此阶段国外体育旅游研究实现井喷式发展，无论是从研究方法还是内容上都有了创新，方法上擅长利用现代的一些分析软件和统计软件等，研究内容上的展现更是百家争鸣，从赛事体育旅游开始向观赏性、参与性体育旅游等多方面展开，成功实现了"质"的飞跃。

1.7.1.1　国外体育旅游研究的方式

国外体育旅游与国内的体育旅游相比起步较早，在研究的方式上除了传统的文献研究、数据研究、内容分析等方法外，更多的是针对某一案例进行了多方面的剖析，从一个体育旅游事件的发生、影响、运作过程都进行了详细的说明，这样的研究方式更直观地向更多学者说明，具体的事件用其针对性的方式操作。例如一件体育旅游赛事的开办与它的承办地有着密切的关系，比如当地的历史、人文、地势优势、政府部门引领举办等。国内研究体育旅游从 20 世纪 60 年代以研究体育旅游基础理论为重点到今天主要研究体育旅游经济为重点的演变，在研究方式上有着空前的创新，对体育旅游游客的满意度调查做了规范的标准。体育旅游作为新兴产业，同时也需要在市场中不断地挖掘出更多新的创新创意点，这样才能在激烈的旅游市场竞争中生存下来，得到发展。

1.7.1.2　国外体育旅游研究的特点

1）主导性

国外体育旅游研究的重点在其发展城市的主导产业上，主导产业带领行业的发展，发挥着积极的影响。比如体育特色小镇是体育产业和社会发展的产物，当中注入的旅游因素不断增加，综合体现在人文环境日益凸显，体育设施、体育产品不断增加，推动了体育产业与旅游产业的融合发展，成为体育特色小镇跨界发展的可靠借鉴。其中研究的重点也放在主导产业上，进行详细的剖析和解释。体育旅游将与相关行业有着深度的融合，市场环境也会随之产生新的商业模式，其中都离不开体育旅游产业研究的主导性。“体育 + 多元化”的发展模式已经成为很多地方发展体育旅游的重要参考模式，这一方面的研究占据了主导位置，成为发展体育旅游的中坚力量。

2）创新性

与传统的体育旅游研究相比，国外的体育旅游研究在方式上有了创新，在体育旅游的实践性研究方面，西方很多发达国家都开设体育旅游新兴旅游方式这方面的课程教学及专业。其中美国最为典型，课堂上着手培养体育旅游方面的专业人才，集思广益收集更多人的想法，通过头脑风暴、游戏等互动都能得到关于体育旅游教学的结果反馈。这方面的开展也包括在体育旅游客源招徕、接待、服务等方面的研究。指出体育旅游氛围需要通过旅游体育赛事或旅游参观体育赛事来营造，两种方式都需要专业的人才做专业的研究，为未来的体育旅游产业奠定基础。

3）拓展性

近代旅游产业追溯到 19 世纪 50 年代，英国的托马斯库克包租了一辆火车，有多达 570 多人的游行者参加禁酒大会，这是公认的世界第一次商业性旅游活动。十余年后，体育旅游也渐渐走入人们的视野，受到了人们的广泛关注，英国人成立了登山俱乐部和野营俱乐部等。国外的体育旅游渐渐在旅游中融入了体育。如今，体育赛事进行得如火如荼，比如奥林匹克运动会等，因此，这方面的研究从浅到深逐步深入。体育旅游赛事的发展影响同步会映射到更多的行业，其中最为明显的酒店行业、餐饮行业和交通服务业、当地区位优势、自然资源环境等都成为国外学者研究的主要对象。拓展从旅游这个点变成了“体育 + 旅游”的线，经过时代不同产业的融合发展有了“体育 + 旅游 + 酒店 + 交通 + 餐饮 + 区位优势 + 等”的面。因此，国外体育旅游的研究特点具有拓展性。

国外研究者对体育旅游的研究具有主导性、创新性、拓展性，根据研究不同的内容其特点会有一定的偏向，比如王博在《中美体育旅游发展差异的比较研究——基于学术与实践互动的视角》① 中对中美体育旅游差异化的比较涉

①

及多方面，拓展性较为明显。

1.7.1.3　国外体育旅游的成果展现

国外体育旅游的研究多样化，积极拉动当地的体育旅游发展事业，不仅能映射到各个行业，其中重大影响的有酒店业、交通行业、餐饮行业。这一成功的体育旅游运动事件离不开当地人们的积极探索，使得世界上很多国家，包括中国在内也在效仿国外的体育旅游小镇建设。美国推动了体育旅游产业的发展，使得体育产业由业余化发展到职业化最后到产业化，体育旅游产业从中获取了发展的强大动力，得益于美国的体育产业实现从“原始社会”向“文明社会”的蜕变这一成功的要素。在互联网的助力下，体育旅游产业突破了传统思维的限制，引入新媒体、智慧旅游等使得体育旅游表现出极具创新性、全面性和多元化的发展态势。国外优秀的体育旅游小镇以“主导产业 + 多元化模式”这一趋势发展，并且会大力以结合特色资源和区位优势为主要的引导，自然而然地辅助其他交通业、饭店业的发展，进而才能形成完备的产业体系。

1.7.2　国外发展趋势

20 世纪 80 年代以来，体育旅游在西方发达国家得到了迅速发展。但随着社会发展与人们生活水平的提高，西方学者认为体育旅游正在逐步成为崇尚身心健康、增加生活幸福感的重要组成部分之一。西方发达国家旅游市场每出现一种新的体育旅游产品，将会给人们的生活带来变化，体育旅游是以体育资源为基础，通过各式体育旅游活动来组合成相关的统一产品，从而引起人们的消费欲望与心理需求，让这一旅游活动成为新的生活习惯，进而将提高人们的生活幸福感。

1.7.2.1　关于体育旅游资源的发展研究

国外的旅行社业竞争力相比之下优于我国，例如我国旅行社在企业组织架构、集团综合实力、企业资金以及客户的品牌忠诚度、经济规模等各个方面还有待培育。各个国家的旅行社对一个国家的体育旅游资源开发都具有重大的意义。旅行社对于旅游开发还有着不同的选地角度及态度，也是一直走在体育旅游开发一线的行业。因此，国外学者会对旅行社的发展研究有着独特的看法，对于体育旅游资源的开发注重因地制宜，体育旅游赛事研究一体化。此外，在挖掘相关资源的同时注重地方特色，做好专业的评估机制，确保从发现资源到开发资源过程合理且能产生社会效益。中国每一年都会吸引大批的外国游客来中国参与观光性的体育旅游，因此各大旅行社需要根据国外游客的需要开辟适合国外游客游玩的体育项目，从而达到迎合消费者的目的，才能进一步争取获得更大的经济效益。外向效益型开发的典型代表是高尔夫球项目的开发。

1.7.2.2　关于体育旅游产业的发展研究

学者们普遍认为体育旅游主体与体育旅游客体连接起来的纽带是旅行社或旅游产业。其中重要的文化传播大使——导游，则需要具备更强的业务能力。同时配合旅行社为消费者提供多样的交通和旅游景区景点等，另外为需要帮助更多的体育旅游者体验别具一格的地方特色、地方民俗，从而获得更高层次的服务。而美国学者等认为体育旅游作为一个当今世界新兴的产业，学术科研方面也应该作为一个新兴的研究领域，在其中的研究当中注入创新点、注入新思维。研究者应该寻找到能代表时代特征的创新点，进行学科融合是产生创新思维的重要途径。在体育管理和旅游资源结合等方面的研究人员应当更多地交流，跨学科合作和发展能充分发挥创新指导作用，将各个方面的知识进行汇总和渗透。

1.7.2.3　关于体育旅游赛事的发展研究

国外体育旅游的研究从1966年开始，比中国早了将近30年，典型的体育旅游赛事研究可以以美国的萨凡纳为例子。赛事举办地体育旅游资源开发不仅注重品牌效应、牵动消费者的心，还深耕起赛事遗产，将其对体育旅游赛事的宣传最大化、多样化。更着重突出地域人文特色，提高体育旅游产品的观赏性的同时还能发挥原生态的特色，生态的特色一直以来又是人们关注的热点；当代社会有相当一部分人喜欢追求不一样的体验，拥有着不一样的思想去看待经历的每一件事情，萨凡纳体育旅游赛事注重体育旅游产品的参与性，在举办地构建了成熟的立体交通体系网络，不仅能增强人们对萨凡纳的好感度，最终实现建立区位优势的目的。

1.7.3　体育旅游相关文献的成果展示

以CNKI为检索平台，截至2020年1月10日，搜索体育旅游为关键词共得出 2747 篇相关的期刊或博士硕士论文，根据检索内容的相关主题归类，其中涵盖了体育运动、体育旅游产业、旅游资源开发、体育旅游产品等多个方面，根据中国知网数据显示，发表年度从 2005 年到 2019 年当中 2018 年度发表篇数的 995 篇排名第一，每一年都有增多的趋势，其中期刊、硕士博士论文当中期刊占绝大多数。

1.8　文献综述小结

国家体育总局和国家旅游局先后都推广了体育旅游，致力于将体育活动由精英运动向大众活动的方向转变。同时，不少学者将目光投向了奥运会旅游，奥运会旅游作为体育旅游经典代表的存在其发生的经济效益不容小觑，我们应客观结合国外研究者研究体育旅游的经验，主要以地区的体育旅游活动案例为主导，本书从案例分析的不同角度介绍了国内体育旅游的发展现状，通过不同章节来穿插探讨，并针对我国体育旅游发展现状以及体育旅游产品营销、体育旅游行业等多方面存在的问题做出说明并给出合理的建议.

1.8.1　研究结论与建议

1.8.1.1　结论

经济基础决定上层建筑，于体育旅游行业来说也离不开经济的支撑，经济的发展也要依托体育旅游行业的发展，各种体育旅游活动都发生在经济发达的国家或地区，经济基础决定上层建筑，关于体育旅游的研究水平就会变得越高。种种迹象都表明如此，比如北美洲的加拿大，欧洲的德国、法国等国家，还有亚洲的韩国、中国香港特别行政区地区等均属于经济发达的范围。经济发达与否对一个地区的体育旅游事业发展起着至关重要的作用。不同国家之间的跨界合作研究、举办的专业洽谈会议也将是推动体育旅游行业发展的重要节点。国家之间如果是战略合作伙伴关系，那么两国关于体育旅游之间的合作也会变得更加的密切。这些国家在体育发展中必然存在着一定的联系，而且在研究当中也会产生一定的认同感。本书从不同的角度去分析体育旅游的各个方面，希望能在这方面做出微薄的贡献。

1.8.1.2 对国内研究的建议

国内体育旅游的发展随着经济的发展不断走向更高的平台，民俗活动的体育旅游和享受性体育旅游、健康性体育旅游、参与性体育旅游、观光型体育旅游等都呈现出多样化的特点。随着地域的差异，旅游者有着不同的参与方式。因此，国内体育旅游的研究方式应该更加注重实地体验与参与，注重感官带来的视觉冲击以及各个地方人文地理环境对当地体育旅游的影响，适当的时候可以查询当地的具有历史见证意义的报刊，报刊对每一场举办过的节事活动、体育赛事的报道，当中存在的体育旅游的成分都可以作为研究的重大突破口。

1.8.1.3 对国外研究的建议

不同思想的碰撞必然会产生新的火花，国外学者应加强与我国学者的交流，中国作为一个世界最大的发展中国家，而且拥有着十四亿的人口，基数优势的存在会给体育旅游市场带来强有力的推动变革。人们的生活离不开消费，国外学者需要把研究的重点从体育旅游行业本身的产品、资源、开发等方面的具体化转移到消费者当前的细致需求和变化上来，对于每一个消费的具体行为做出更加全面化的解析，不同产品在对消费者的后续口碑的跟踪调查做出合理的解析；而体育旅游与世界发展的关系、体育旅游对生态环境的影响、普通大众对体育旅游的投入方式这三个方面的主题作为未来体育旅游热点研究趋势。

第2章　体育旅游分类及案例研究

2.1　我国体育旅游分类研究

2.1.1　我国体育旅游分类研究概况

体育旅游作为一种新型的旅游产品，是体育和旅游组合的健身休闲方式，体育旅游的泛化给体育和旅游发展提供了强有力的推动。在2000年后，我国体育旅游发展较为迅速，但对于体育旅游的分类研究较为模糊且缺乏。体育旅游的分类在体育旅游中属于要点问题，因此，研究我国体育旅游的分类也是极为关键的。

李勇在2004年发表的《试论发展我国体育旅游的对策》① 中，把体育旅游划分为三种类型，其中有健身型、强身型和观战型。健身型包括水上运动、滑雪和高尔夫等体育活动；强身型的体育旅游在国外十分普遍且受欢迎，但我国强身型运动还处于起步阶段，像登山、蹦极、漂流等；竞技体育因具有强烈的观赏性，从而吸引观众，形成观战型的体育旅游，像观看奥运会、世界杯和赛车等体育竞赛。姜付高于2004年在《体验经济视角中的体育旅游与体育旅游营销》② 中，从经济学角度来对体育旅游进行分类，分为四个类别：休闲类、教育类、审美类体育旅游以及体育旅游激励；杨培玉在2004年写的《21世纪初中国体育旅游开发研究》③ 中提及我国近期的体育旅游发展，将体育旅游分为四类：综合性、专业性、激励性和民族体育旅游。方洪在2012年发表

① 《武汉理工大学学报·信息与管理工程版》第26卷第2期，2004年2月.

② 西安体育学院学报．第21卷第3期.

③ 海滨走读大学学报.2004年第2期.

的《我国体育旅游分类及可持续发展对策研究》① 中，对我国体育旅游分类和可持续发展的问题进行分析，将体育旅游分为了观光型、竞赛型、度假型和拓展型，并进一步分析这四项体育旅游的特点，从而展示出体育旅游广阔的前景。

国内众多学者依据不同的标准对体育旅游进行分类，有的学者针对旅游活动的体育性，认为是由“体育”而开展的旅游活动；有的则重点表明活动的观光旅游和游憩方式。国内专家学者对于体育旅游相关概念的分类界定各自都有不一样的观点和侧重，所以目前还存在一些分类界定标准不一、类别相互重复等现象。经综合研究和分析，我们按照了大众在参与各类体育活动旅游时的主要目的和体育旅游活动的场合进行划分。

2.1.2 体育旅游分类

体育旅游的蓬勃发展表明体育与旅游的深度结合，有力促进体育旅游大众身心健康的同时，也带动了经济的增长，深受大众喜爱。适当发展和开发体育旅游，丰富旅游行业的发展体系，能够扩宽体育业和旅游业的消费市场，促进相关产业的升级和进步。体育旅游不仅是我国体育产业的重要部分，同时也是旅游产业的重要组成部分，它们相互交融、相辅相成。我国的体育旅游分类在众多研究学者看来，依据不同的分类标准，可进行多种划分。本章节，我们将以参与者的目的和旅游活动场所作为标准，对体育旅游进行划分。

按旅游者参与的目的可划分为三大类体育旅游：第一类是参与型体育旅游，参与的目的是“以身体之，以心验之”，它是指在实践中侧重从感性方面深入了解社会事物，强调个体在参与社会事件或活动过程中能够直接获得更为深刻的知识和经验。第二类是观赏型体育旅游，参观体育文化建筑、欣赏体育雕塑，让游客见证传统体育文化的悠久历史和深度；观赏体育赛事，欣赏人体力量、速度、身体和灵活的美丽；在自然和人文景观中，运动元素的结合使得游客可以感受大自然和运动的美。第三类是竞技型体育旅游，它具有强烈的观赏性和高度的对抗性，像国际性赛车、奥运会和世界杯等体育竞赛。

按照开展体育旅游的活动场所进行划分，可分为陆地项目体育旅游、水上

---

① 《赤峰学院报：自然科学版》2012 年第 16 期.

项目体育旅游、海滩项目体育旅游、空中项目体育旅游以及冰雪项目体育旅游，每类体育旅游都有自身特色和其适用范围。通过“体育 + 旅游”的活动形式，让单纯的观光旅游结合以运动体验为主的活动，带给游客不一样的体验感。游客对组合类体育项目存在较大的兴趣和黏性，会带动当地的产业和城市经济发展，带来可观的社会经济效益。

2.2　按旅游者参与的目的划分体育旅游

2.2.1　参与型体育旅游

2.2.1.1　参与型体育旅游概念

朱竞梅 2000 年发表的《开发体育旅游项目问题初探》，从狭义和广义两个的不同角度对我国体育运动旅游的基本区别进行具体划分，狭义上的体育运动旅游，主要是指以参与各类的体育比赛、与体育运动密切相关的会议和学术交流等的活动为主的旅游；而广义则是以球类运动、水上水下运动、探险运动、车类越野驾驶、狩猎骑马、棋类和传统武术等为主要的活动内容。唐国梁在 2000 年《云南省体育旅游产业初探》中表明体育旅游的基础是各种体育活动的开展，如进行户外体育活动、体育比赛、对游客的各种身体锻炼和康复，总的来说就是社会开展的体育旅游文化交流和开展体育旅游活动的总和。

参与型体育旅游指的是旅游者去到旅游地进行旅游的同时，直接加入当地的体育旅游活动中，进行体育活动。在旅游过程中参与体育赛事，在参与体育赛事的时间段游览周边风景，融入旅游地的体育氛围中，从而获得更好的旅游体验感，从身心上感到愉悦。参与型体育旅游大多数是普通人员参与，参与活动的要求不高，更多的是给参与者更强的体验性，为适应多数旅游者而开展。其中参与型体育旅游包含民族传统体育旅游和现代体育旅游两类。

2.2.1.2　参与型体育旅游特点

参与型体育旅游总体的消费成本较观赏性的体育旅游高。因为参与型体育旅游大多数都是以“参赛 + 旅游”的形式进行，它的开发模式是以赛事主导旅游开发型模式和助推赛事型旅游开发模式两种为主。多数参与型体育旅游是需要支付一定的报名参与费，才能维持活动的进行。

参与型体育旅游活动的参与者较多，已逐渐受到各层次人们的推崇。由于设计团队在参与型的体育旅游活动产品设计中，会因地制宜，结合当地旅游资源和特色的旅游产品，依据发展需求，开发体验感更为突出的体育旅游产品，追寻符合当下的活动，激发旅游者参与的积极性。

参与型体育旅游的安全指数低，通常在室外举行相关的体育活动。因为参与型体育旅游针对的是广大群众，面向的是不同年龄层次的旅游者，所以活动主办方会把参与型的体育旅游设置成安全系数较低、适合男女老少的体育活动。

参与型体育旅游中参与者的体验感强。参与型的体育项目都是可实际进行操作的，像攀岩活动、滑雪项目以及长跑马拉松等活动，都是让参与者直接接触的活动，他们的体验感都能很直观地感受到。

2.2.1.3 参与型体育旅游产品项目

参与型体育旅游者参与的大多是以休闲和健身为主的大众体育运动，旅游者通过参加旅游地的体育活动，感受体育活动的魅力，从单纯地为了旅游而出行的游客变成了体育活动的参与者。

近年来，参与型体育旅游处于兴起阶段，像马拉松、徒步旅行、攀岩以及滑雪等运动都属于参与型体育旅游。对于国内外较为流行的体育赛事，发起者或主办方也会推出相应的旅游主题来吸引体育爱好者和游客。在参与型体育旅游中，衣、食、住、行等因素会间接影响到游客后续消费的意愿，因此参与型体育项目设计的过程中要依据周边环境作为考量。

2.2.1.4 案例一：上海国际马拉松赛

当下的旅游者注重旅游时的参与性和体验性，结合旅游风景、文化和运动的体育旅游项目也备受游客的青睐。上海市近几年来都在倡导发展参与型体育旅游，在上海市第十五届人民代表大会第二次会议上，上海市人大代表和上海体育学院科研处副处长吴坚提出应大力发展上海市的参与型体育旅游。

上海拥有较多群众喜闻乐见的旅游项目，也有国际的体育赛事作为依托。1996～2020 年，上海已经连续举行了二十届马拉松赛，形成具有国际影响力的参与型赛事。上海马拉松项目异常火爆，2014 年上海设置马拉松参赛名额为 1.8 万个，报名人数竟高达 230 万人；2016 年和 2017 年，上海马拉松赛事的参赛规模已经扩大到3.8万多人参与其中；在2018年的马拉松赛报名阶段，网络推出数万个活动名额，仅在几个小时内报名名额就已经被抢空了，大众都希望参与其中，获得体验和享受。

上海马拉松让更多初级的运动热爱者参与其中，体验城市马拉松热烈的比赛氛围。大力发展参与型体育旅游，是上海建设体育旅游城市的重要推动力。

（资料来源：东方网：上海国际马拉松赛报名火爆1.8万名额4小时抢光）

2.2.1.5　案例二：参与型航天体育旅游主题公园

国内首例参与型航天体育旅游项目，落户在广东省中山市神湾镇的中国（中山）航天体育旅游主题公园，它是由研究院和置业公司共同的筹建项目。通过自然资源的合理配置和各项功能的优化组合，努力把园区建设成为国际一流的体育旅游胜地。

主题公园项目与神湾镇的发展规划、方向和优势相结合碰撞，也开拓了航天旅游业的先河，它是普及科学文化教育、弘扬探索精神的重要平台，是中山市吸引各地游客的一大优势。

主题公园处于神湾镇神溪村，规划依托原有自然山形资源，整合区域山体和海域范围的资源禀赋，在山与海之间巧妙设计建造了国际性的体育旅游风景区，区内不仅建设了基础设施，还设置了大型的停车坪、直升机停机坪及游艇码头，与多种立体交通进行互补，让整个园区充分利用又给人便利和舒适感。

主题公园项目规划设计共有四大板块，彼此之间相辅相成。第一模块是以航天体验为主要线路，其中包括航天主题广场、航天知识教育以及活动训练基地；第二模块是以体育运动为主要路线，其中包括皇家马球会、国际球技学院等体育运动区；第三个模块是以休闲创意为主要路线，其中主要包括环山绿道和神溪流水观景、观光农业园、霓影林相等参与型的休闲活动区；第四个模块是以养生度假为主要路线，其中包括主题酒店、养生度假村、葡萄酒庄园等旅游度假服务区。

主题公园项目将园区进行了极致的开发和利用，让前来的游客都能够参与到航天体育旅游主题公园的项目中。体验园区给游客带来不一样的体验感，也让他们在收获愉悦心情的同时，感受大自然的美感和体育运动带来的快感。

（资料来源：新浪网广东：神湾建国内首个参与性航天体验公园）

2.2.2 观赏型体育旅游

2.2.2.1 观赏型体育旅游概念

冯淑凤等人在2001年的《我国体育旅游消费市场的现状分析与发展对策研究》中提到，体育旅游是一个综合体，它把体育、娱乐、探险和观光作为一个具有专业旅游服务的综合体。体育旅游不仅是指参与的体育娱乐项目，也包含了前往旅游地进行的系列体育活动以及旅游目的地之间关系的集合。汪德根等人于2002年的《体育旅游市场特征及产品开发》① 中认为，体育资源和体育设施是作为体育旅游的基础，旅游商品形式是以提供各种健身、娱乐、休闲来展示在人们面前的，形成一个服务的项目组，以有型的一些形式展示，来获得无形的感受与体验。

观赏型旅游指的是游客去到旅游地进行旅游的同时，在当地观看、听闻和感观体育活动、体育景点以及体育场馆等进行观赏的体验过程。其中也包括一些民俗风情的体育项目，主要是观战体育赛事和观赏体育景观两大类体育旅游。观赏型体育赛事是一种兴起的体育文化，能让游客达到娱乐的效果。在1980年10月广州的“万宝路网球精英大赛”中，体育旅游向“观赏型”市场迈进，它也是“观赏型”体育旅游的开始阶段。由于当时我国体育体制所处的阶段是改革和发展的起步阶段，很多大众的消费观念和水平的标准在不断提升，所以“观赏型”体育旅游的消费市场也在逐步扩大发展。

随着人们生活水平的提高，人们逐渐追求更高品质的旅游需求，组团到海外旅游并进行体育赛事的观赏，俨然成为了众多体育爱好者热衷的旅游休闲方式。体育赛事旅游愈发受到旅游市场的关注，我国观赏型体育旅游产品也是在奥运会之后开始蓬勃发展。

2.2.2.2 观赏型体育旅游特点

观赏型体育旅游可持续发展性大，人们不断创造旅游价值。像一些大型的体育场馆、建筑物和体育文化产业，只需要进行日常的修整和维护，就能长时

---

① 《旅游学刊》2002年第1期。

间存在，并加以利用和发展。

观赏型体育旅游的价值传播迅速且广泛。对于具有较高价值观赏性的体育型旅游项目，除了主办方进行活动宣传外，网络主流媒体也会争相进行宣传，把体育活动项目展示给更多的人看，让更多的人知悉和观赏。

观赏型体育旅游具有观赏性和视觉吸引。观赏型体育旅游本身具有美感，游客通过观赏体育活动，在满足人们对物质追求的同时，也让人们获得了精神上的价值满足感和观赏时的审美体验感。

观赏型体育旅游的对象具有多样性。对象包括体育文化场所和运动赛事类型，其中这两项类型中有更为细分的体育项目。

2.2.2.3　观赏型体育旅游产品项目

观赏型体育旅游产品中，观光体育景观类主要是通过参观一些体育场馆、建筑和体育文化遗产等为主的旅游活动，体育文化场所有奥林匹克公园、鸟巢和水立方等，也有一些当地标志性的体育场所；观战体育赛事主要是旅游者欣赏和观看各类大型的运动比赛，如以观看奥运会、世界杯和篮球赛等为主要目的的旅游活动。

新西兰拥有丰富旅游资源的皇后镇，在观光旅游的基础上根据地势特点，开发了一系列的体育活动，把特色焦点聚集在体育运动上，皇后镇的发展模式也变成了体育与旅游共生的发展模式。

2.2.2.4　案例一：2008 年北京奥运会成功举办

2008 年的北京奥运会是万众瞩目的，在此之前的宣传如火如荼。在 2007 年，奥运会就已经完成了官网的链接，上面提供了各类住宿、旅游线路和旅游景点，为参与和观赏奥运会的人员提供了便利的旅游条件。北京市旅游局也对前来观赏奥运会的观众和旅游者，推出了各种类型的奥运旅游线路，像奥运场馆游、体育博物馆一日游、运动比赛游、北京文化休闲游等观赏型体育旅游活动，满足了许多游客游玩的需求。

临近 2008 年北京奥运会，北京推出了众多北京奥运会的宣传片。在非竞赛场馆奥运村中，开展了一系列的体育文化活动，演绎了东西方体育和文化的结合，让游客感受体育的魅力，开展了文化展览和体育互动的文化展示体验活动，吸引着众多中外游客的热切目光，让他们停下繁忙的工作和脚步观赏中国体育的艺术和文化。

北京奥运会上最标志性的两座建筑物，就是奥运鸟巢和北京水立方。不仅在北京举办奥运会期间进行了体育场馆内的活动运营，同时也在奥运会活动结束的后期继续进行体育场馆的运营，积极引进赛事活动、文艺表演和旅游接待活动，合理地开发和利用鸟巢的场馆资源价值。

北京奥运会开幕时，有9.1万多名观众以及多国元首政要参与其中，奥运会运动项目共有28个大项活动。在赛事前期，有来自各国的运动健将跃跃欲试，想要在赛场上发挥自身精湛的运动技能，获得荣誉，为国争光；在各项赛事进行的过程中，也吸引着来自世界各地的观众和游客观赏，观看运动场上运动健儿的矫健身姿。

（资料来源：中国网：北京打造奥运旅游拳头产品推出多条旅游精品线路）

2.2.2.5 案例二：体育之窗聚焦观赏型体育消费

2015年11月16日，北京体育之窗文化股份有限公司（下称“体育之窗”）正式在新三板挂牌。这是继广州恒大淘宝俱乐部之后，又一家专注中国互联网体育产业的中国领军足球体育企业，也敲响了俱乐部在新三板市场正式挂牌的第一个钟声。国内行业领先的运动体育产业信息综合研发与运营服务平台，是2001年成立的体育之窗，在这个信息服务平台上，为更多热爱体育运动的年轻人提供优质的现场运动体育信息互动体验与服务，让更多喜爱运动体育与艺术的年轻大众都能感受绝妙的体育艺术与文化。体育之窗通过组织管理运营国内外各类专业顶级的体育赛事和各种适合大众体育的运动项目，围绕各大城市体育场馆提供体育娱乐休闲服务，为广大客户和企业提供各类体育基础设施的服务。

随着生活质量的提高，体育消费形式也在升级，观赏型体育必将成为新的热点、新的消费热潮。通过多年的积累和快速发展，体育之窗已经形成了以顶级国际体育赛事的运营推广和体育休闲娱乐服务的发展为主要业务的支点，凭借着丰富的中国之窗梯队赛事、中超联赛、NBA中国公开赛、亚洲女子排球世界锦标赛以及中国女子网球公开赛等国内外多项顶级国际体育赛事的全球性影响力和优秀的中国体育运动爱好者，打造了一条涵盖体育赛事直播活动、场馆配套设施、体育运动爱好者、体育衍生商品及相关服务的一条多方位体育产业链，被称为打造中国体育产业综合运营第一服务平台。

（资料来源：搜狐网：继恒大后体育之窗登新三板聚焦观赏型体育消费）

2.2.3　竞技型体育旅游

2.1.3.1　竞技型体育旅游概念

竞技型体育是存在一定的制度和体系的竞争体育活动，通过击败对手而获得相应的价值。竞技型体育旅游是指以参加某种体育竞赛为目的，争夺比赛名次的旅游活动过程。

竞技型体育旅游能够满足人们追求运动的刺激感，它的发展体现在竞技型体育设施的建设热潮正由大城市转向中小城市。竞技型体育是需要人们具备相应的运动技能才能参加，危险性相对于参与型体育旅游高一些，参赛人员更加注重比赛时取得的竞赛成绩。竞技运动经理论和实践相结合，日渐完善竞技方法，扩大影响力，辐射社会各阶层。

2.2.3.2　竞技型体育旅游特点

竞技型体育旅游与大众体育最本质的特征是具有竞争性，全面展现自身体育实力，为争夺排名而进行的比赛活动。

竞技型体育旅游具有较为刺激的观赏性以及明显的抗衡性；运动员通过挑选后进行体育活动，追求成绩的最大化，发挥个人最大限度的能力，来获取优异的体育成绩，在视觉上会产生较大强度的冲击感。

竞技型体育旅游具有较强的专业性。参加竞技型体育旅游会有一定的标准，参加的运动者不仅需要有充沛的体力，更需要有较为专业的体育技能。

竞技型体育旅游是一种规范的体育运动。为保障运动员们发挥体育技能和战术，制定了一系列的运动规则来维持活动赛事的正常举行，而运动员的战术训练也需要在规范要求的基础之上建立。

竞技型体育旅游更是具有观赏性。竞技体育发展已经愈加成熟，各种体育运动不断普及，热爱参与和观看竞技运动的人逐年增加，各类运动都能持续发展，呈现出百花齐放的局面。

2.2.3.3 竞技型体育旅游产品项目

竞技型体育对活动设施和环境都有一定的要求，如在自然保护区、森林公园和山地旅游区等地，可以开发像山地自行车赛、越野汽车赛竞技型体育旅游项目，完善相关的旅游配套设施，抓住游客的眼球。

竞技体育由于有很强的观赏性，激发观众的兴趣，从而吸引众多观众驻足。像大型奥运会、世界杯、赛车、球类比赛等体育运动都属于竞技型体育旅游项目。国际性的体育赛事有着巨大的国际影响力，因此在举办时很大程度上会对举办地的旅游人数和收入具有促进作用，也正是因为这个缘故，越来越多的地区和国家都想获得相对火爆的赛事举办权，凭借赛事的影响力创造更为新颖且多元化的体育旅游产品，从而吸引更多的游客在观赏赛事后，重返赛事举办地游玩。

2.2.3.4 案例：环广西公路自行车世界巡回赛

体育旅游是旅游和体育产业深度结合的新兴产业形态。2017 年 10 月 19 日，第一届“格力·环广西自行车世界巡回赛”在广西举行。有 16 支来自世界各地的顶级职业车队和 2 支来自洲际的专业车队参加，126 名参赛选手，比赛路程全长 940 千米，时长 6 天，极具观赏性，为当地广大市民群众奉上文化、体育和旅游融为一体的竞技体育文化盛宴。

本次大赛以拥有滨海风光的北海为赛事起点，穿过大蚝之乡钦州、广西首府南宁和历史名城的柳州，最终以“甲天下”的漓江山水——桂林为比赛的终点，展示了独具特色的广西壮美风景和民俗风情文化，开拓出美丽的自行车道，向来自世界各地的参赛选手展示广西特有的风景。

此次比赛是以竞技型为主，各队选手争分夺秒、抢占先机，紧紧咬住对手不放。在最后冲刺阶段轮番领骑、毫不示弱，都为赢得比赛争抢有利的位置。韦伦斯在距离终点 200 米且坡度提升的路段，猛地发力，拉开了与其他对手的距离，把对手抛在身后。最后，蒂姆·韦伦斯以稳定的表现赢得了首届“世巡赛·环广西”的总冠军。本次赛事的举办，使得途经的地区大力发展“以赛促游”的新模式，带动体育旅游产业和当地经济的发展。

（资料来源：广西新闻网：环广西公路自行车世界巡回赛 2017 年）

2.3　按体育旅游活动的场所划分体育旅游

2.3.1　陆地项目体育旅游

2.3.1.1　陆地项目体育旅游概念

体育旅游是社会生活下人民物质文化需求的产物，以体育赛事观赏、体验体育运动、娱乐休闲为消费方式的旅游项目而受到消费者的热爱，改变了传统单一的产业发展模式，为体育和旅游产业创造优良的环境氛围。

陆地项目体育旅游主要是在陆地上进行的体育活动，一般指在平地、山地、草原和沙漠上进行的体育旅游活动。平地上会进行像长跑马拉松、陆地真人 CS 和徒步等运动；山地运动主要是依托山地地形资源优势积极开展体育旅游活动，这类体育活动多为登山、攀岩和探险等，山地运动不受时间、季节的限制；草原主要是在草场范围内进行草原赛马、草原滑草和草原摔跤等体育活动；沙漠上进行的体育运动有骑骆驼、沙漠探险和沙漠冲浪车等项目，体验在沙漠运动的悠闲愉悦时光。

2.3.1.2　陆地项目体育旅游特点

陆地项目体育旅游的场地选择范围较为宽泛，受限制少。像马拉松、攀登、骑行的陆地体育项目，一般场地都能开展，主要考虑活动项目区域能够承接多少数量的参与者。

陆地项目体育旅游受季节影响小。在进行陆地运动时，时间安排考虑季节的因素较少，不像冰雪运动会对季节或是温度有较高的要求，只有达到要求时才能实施和开展项目。

陆地项目体育旅游具有较高的参与性。在陆地上开展的项目是偏大众化的体育活动，主要有马拉松、骑行和徒步等，运动技能要求不高，所以就会极大地提高群众的参与性和积极性。

2.3.1.3　陆地体育旅游产品项目

陆地体育旅游主要有山地体育项目、草原项目、沙漠项目和森林体育项目等。山地体育运动项目，主要是在山地上进行一些越野山地运动、攀登、山地极限运动、拓展训练、探险等；草原上进行的则是赛马、摔跤类型的活动；沙漠上的是骑行骆驼、沙漠探险或是团队发起的穿越沙漠的徒步旅行等；森林体育项目会开展森林探险或是穿越森林之类的活动。

近年来，有许多陆地项目逐渐被发展起来，陆地冰壶虽然是属于冰雪体育项目，但是是在陆地上进行的，所以也把陆地冰壶归为陆地体育项目，游客可以观看陆地冰壶比赛、表演，也可以亲身去体验此项运动。陆地项目体育旅游此外还会包括一些少数民族特有的在陆地上进行的传统体育活动。

皇后镇位于新西兰奥塔哥区西南部，是知名的“户外运动之都”，体育运动也使得皇后镇成为旅游的焦点地区。当地的马拉松路线设计也是匠心独特，在进行马拉松运动时将当地美景一饱眼福，让参与者置身环境优美的湖光山色中达到运动、放松和观赏美景于一体。

2.3.1.4 案例一：贵州省六盘水市发展山地旅游

2017 年 9 月 30 日，为热爱山地运动和追求休闲健康的生活方式，贵州省六盘水市成立了山地运动协会，协会以“推进全民健身、推行健康生活、推介山地运动、推动凉都旅游”为宗旨，经常开展各类山地体育项目，像攀登、露营和徒步等，推进六盘水市积极健康的生活方式，让市民有更多的选择和体验，在运动健康的同时享受生活。

山地协会成立后，每月都会举办小型体育活动，每个季度会举办较为大型的体育项目，且每年会制订相应的赛事活动计划方案，逐步推进体育活动的开展和吸引更多的市民以及外地游客参与，既能有休闲健康的生活，又能推动城市的进一步发展。

在协会发展阶段，会借助和引进其他地区相关项目的成功经验，力争能够在六盘水举办区域性的山地运动比赛，以及发展到全国性户外运动比赛活动。依据地域优势，开展多项体育运动，把各项运动和旅游资源结合起来，把长线和短线结合起来，与相关组织单位进行友好互助合作，积极组织和举办丰富多彩且精品的山地体育旅游项目活动，推动当地的旅游业，发展当地经济。

（资料来源：搜狐网：六盘水市山地运动协会成立）

2.3.1.5 案例二：沙漠极限运动爱好者的聚集地——库木塔格沙漠

与城市零接触，与绿洲相连，新疆称之为神秘的沙漠——库木塔格沙漠，是沙漠极限运动爱好者的聚集地。这片沙漠靠着独有的地理位置、环境，吸引一大批游客前往游览。到库木塔格沙漠游玩的游客可以体验多种类型的沙漠陆地运动项目，如滑沙、骑骆驼、沙漠冲浪车等运动项目。游客乘坐滑板，运用滑沙技巧，从高的沙山往下坡的位置进行滑动，下滑时给游客带来心理上的快感和身体上的体验，让游客们流连忘返，不厌其烦地多次进行项目体验。

在广阔的沙漠中，极限运动占绝大多数，但在沙漠中也有偏向于舒缓的运动，像在沙漠中骑行骆驼和在沙漠中徒步就是偏向于缓和的运动。在库木塔格沙漠中除了可以进行各项的体育运动之外，游客还可以观赏到由沙堆积并凝固后雕琢的具有文化气息的沙雕，感受变幻多端的大自然和人文的创作之美，欣赏绿洲的草木茂盛，感叹世间的千奇百态。

（资料来源：搜狐网：神秘库木塔格——沙漠极限运动爱好者的聚集地）

2.3.2　水上项目体育旅游

2.3.2.1　水上项目体育旅游概念

我国的水上项目发展时间较晚，在 2004 年才实现中国水上项目的奥运金牌零突破，为了推进水上运功发展，实施了重点突破三个水上项目工程，相继推出“水上运动之都”和开办水上运动会。

水上体育项目是在进行体育运动时，主要在水上、水面和水下进行的体育活动。水上项目包括冲浪、游泳、钓鱼等活动，因为是水上项目，所以主要依靠水资源开展体育项目，如果缺少水资源，此项目是难以进行下去的。

水上体育旅游的市场在发展阶段，参与的游客在逐渐增加，目前大众对水上游乐项目及其旅游休闲娱乐产品的直接消费主要还是中低档旅游消费。像水上游艇、摩托艇等各类水上体育项目的设施，购买的费用相对于购买自行车、攀岩设备的费用要高一些，参与水上游乐项目也需要一定的安全技术和设施的保护，成本会较高，因此一般游客因为参与其中产生的安全保护费用就高一些。

近些年，政府有关部门采取了一系列的举措，保护现有的水生态资源，实行可持续发展的创新型治水战略和思路。积极保护和推进利用水资源与人民大众的生态环境、水利建设和休闲文化跨领域发展，大力发展现代水上运动休闲产业。以各地区开展的水上运动为主要途径，促进各国家和地区提升对水资源的保护、改善和治理的意识，在满足人们享受水资源、促进水上运动服务体系的建设时也能保护水资源。如今的水上运动已经呈现出娱乐化、休闲化和产业化的趋势，水上娱乐健康的文化理念也受到不同年龄层次人们的好评。

2.3.2.2 水上项目体育旅游特点

水上项目体育旅游对于体育项目的环境有一定的要求，必须有水才能进行，像游泳、钓鱼、冲浪这些都是需要依托水资源才能进行的运动项目，缺少水资源，就无法将活动开展下去。

水上体育运动具有很强的观赏性。帆船帆板、龙舟、游艇等水上体育项目时常会开展大型的比赛活动，观看赛事的人们多为水上运动爱好者。人们观赏水上体育运动，感受振奋人心的比赛氛围和水上运动的魅力。

水上体育运动具有较强的普及性。因为健康的生活方式已经成为当代人们所努力追求的，水上运动项目游乐与健身于一体，深受人们喜爱，所以简单的水上运动也逐渐普及到大众的生活中，带给他们新的健身方式。

2.3.2.3 水上体育旅游产品项目

水上体育旅游因其灵活、自由、刺激而受到大众的热爱和追捧，成为一种当下潮流、时尚的旅游方式。水上体育运动在国外也是时尚且市场前景广阔的旅游项目。2017 年国家体育总局等部门发布《水上运动产业规划》中提出在 2020 年水上运动规模要达到 3000 亿元，水上俱乐部达到 1000 个，全国水上（海上）国民休闲运动中心达到 10 个。

水上体育旅游项目不仅包括陆地水域的体育项目，也包括海上的体育项目。水上体育旅游产品项目的产生，是以水资源为基础开展的，其中包括在有水域地区开展的游艇、帆船、冲浪、滑水、滑板等系类体育活动。目前，我国的水域开放程度还不够，更多适合大众的水上项目还有待开发，基础设施也有待进一步完善，产品项目的提供和创新也需要提升。在现代生活中，人们为了满足生活需求，提高生活质量，追求刺激和创新，把更多陆地的体育运动项目转化成在水上也可以进行的活动，从而开发出新颖而健康的水上运动项目。

2.3.2.4 案例一：重庆市彭水县国际漂流大赛盛典

2017 年，在阿依河景区的“蚩尤九黎城”杯第六届中国 · 彭水阿依河国际漂流大赛拉开了体育赛事的序幕。此次活动，迎来了多个国家和地区知名的皮划艇参赛选手，以及近千名漂流爱好者共同欢聚在彭水阿依河景区展开激烈的体育活动，在举行赛事的同时，亲近自然世界中的青山绿水。

本届彭水漂流大赛活动是由重庆市彭水县人民政府、重庆旅游集团共同联合主办，由旅游集团重庆乌江画廊旅游开发有限公司统一承办的。主要目的是为众多喜欢漂流、喜欢水上运动的大众举办的一场以“点燃激情梦畅漂阿依河”为活动主题的阿依河漂流活动盛会，提高人们的生活参与感和生活满意度。本次漂流大赛主办方充分利用了阿依河旅游景区得天独厚的自然旅游资源优势，为参赛选手们量身准备了一条全长 13 千米的天然漂流赛道。选手们在尽情地享受比赛的过程时，可以尽情地体验到美丽的阿依河原生态的美景，将漂流比赛与休闲旅游完美地融合。

在乌江画廊公司积极践行“体育搭台、旅游唱戏”的活动中，阿依河国际漂流艺术大赛可以算得是一项重要的赛事之一。从 2012 年起，漂流大赛在当地已连续举办六年，它既是体育赛事、旅游资源，也是具有历史文化的漂流大赛。因为这个国际赛事把它们都有机地结合和统一了起来，更加有助于提升其在重庆市户外和体育休闲旅游资源的国际影响力，打造一个国际知名品牌的国际赛事，并且进一步奠定了重庆市彭水阿依河旅游景区成功创建为重庆市国家 5A 级旅游景区的良好基础。

（资料来源：彭水网：第六届中国·彭水阿依河国际漂流大赛开赛）

2.3.2.5　案例二：海口打造水上运动品牌

海口拥有得天独厚的水资源，发展水上运动具有很大的优势。海口通过把体育和旅游市场相结合，因地制宜地将水上运动做成推动体育旅游产业发展的重要品牌，积极推进体育和旅游的有机融合，打造国际化的大型体育赛事活动。

在 2018 年，海口举办了众多体育赛事活动，吸引着附近的市民和前来游玩的游客。8 月 4 日时，海口就承办了海南亲水运动季中的十多项体育运动，让来自远方的游客都能在海口体验和感受水上运动的乐趣。在国庆期间也举行了水上嘉年华活动，有十几万人参与了亲水运动挑战赛活动。活动的举办为市民和游客提供了节假日休闲的娱乐场所，也把健康的生活方式带给了大家。海口集结了众多水上互动项目，其中包括有速度与激情同在的快艇活动、舒适平稳的游艇以及自由浪漫的摩托艇游等活动。

海口有着优越的地理环境，全年都可开展水上运动项目，为想要进行训练的人们和团队提供了良好的训练场所。2018 年 10 月 7 日，国家帆船帆板队便集合于海口，进行一年一度的冬训。也正是因为海口地理环境的优越性，使得众多水上训练团队都集结于此，想要在海口进行冬训，但场地有限，有些团队的训练只能在海口的周边地区进行。海口不仅为训练团队提供了优越的水上场所，而且周边还有帆船帆板主题酒店，提供训练、休闲、商务为一体的场所，专门设立体能训练场地和康复机构为帆船帆板团队提供优质的服务。

入冬的海口因运动而显得火热。11 月 15 日，在海口国家帆船帆板队训练基地举办了国际旅游岛帆板大奖赛，吸引了 21 个俱乐部的 180 多名帆板爱好者参赛，促进了帆板文化的交流，也为当地运动注入了新的活力。12 月 9 日国际风筝帆船公开赛在海口落幕，不仅有来自国内 16 个省市的选手，也吸引了来自 7 个国家和地区的选手前往海口参赛。风筝帆船作为较时尚的海洋运动之一，深受国内外俱乐部和爱好者的喜爱和关注，也成为了 2018 年青奥会和 2024 年巴黎奥运会的比赛项目。

（资料来源：海口网：海口打造水上运动品牌 推动体育旅游产业发展）

2.3.3 海滩项目体育旅游

2.3.3.1 海滩项目体育旅游概念

海滩体育旅游顾名思义是在海和陆地之间的沙滩上开展的体育运动。在海滩上运动，可以作为旅游景点吸引游客的方面，让前往的游客和参与者可以在享受海滩、阳光和海浪的同时进行体育运动。这类新的包容性旅游活动，融合了旅游、娱乐、购物、餐饮和住宿的行为。

2.3.3.2 海滩项目体育旅游特点

海滩项目具有独特的地域性。海滩不是每个地方都会形成，需要在有大海的地方，由大海的泥沙堆积而成。海滩项目都是在沿海地区发展的，所以具有较强的地域性。

海滩项目具有一定的竞技性。海滩运动多以球类运动为主，参与的人员数量达到一定的人数后进行的分组对抗。

进行海滩项目时，体能消耗大。开展海滩的活动场地一般较宽广，方便游客的运动，游客在进行沙滩足球或是排球时，原本活动项目就比较消耗体能，再加上海滩上没有在平地上运动得流畅，就需要加大体力去运动，更加消耗参与者的体能。

2.3.3.3　海滩体育旅游产品项目

海滩体育旅游产品需要有沙滩资源才能进行，较受游客欢迎和喜爱的沙滩项目有沙滩网球和沙滩排球等。尹德涛和夏学英认为沙滩体育旅游也包括冲浪、游泳、帆船等体育运动。在有海水沙滩的地区，可以充分利用丰富的海岸线沙滩资源和相关的文化氛围、优雅宜人的环境等优势，打造出具有特色的体育旅游产品项目，推动沙滩运动和休闲的旅游产业发展。像三亚常常在沙滩上举办亚沙会，沙滩运动是亚沙会的形式之一，将沙滩运动和旅游休闲结合，碰撞出不一样的火花。

海南因得天独厚的地理环境和国家政策的支持和鼓励，海南抓住机遇，大力发展海南的沙滩运动和水上运动，开展各式各样的沙滩运动，吸引游客的加入，促进旅游消费，推动海南沙滩和水上运动的发展。广西北海银滩体育公园就是以海滩项目为主题的公园，众多游客慕名前往北海只为一睹银滩风光和体验银滩项目。我国沿海的城市有着广阔的海滩场地，能为海滩运动提供宽阔有利的条件。许多沿海城市的高校会在海滩上开设沙滩运动项目的选修课程，让学生在大自然的环境下享受体育的乐趣，接受教育的同时锻炼身体，强健体格，此课程的开设深受学生们的喜欢。

2.3.3.4　案例：甘肃省会兰州——理想沙排场

沙滩排球因其娱乐、竞争和公共性已经形成了庞大的群众基础，特别是在经济沿海地区，在其良好的自然条件下，沙滩排球表现出明显的优势。甘肃沙滩排球处于相对落后的位置，但是甘肃当地沙滩排球发展具有一定的优势，黄河穿城省会兰州，形成迷人的黄色线条风格，在黄河河岸两侧具有广阔的空间。黄河穿过的地区，一个小切口便会形成一个精细的沙排场地。

甘肃省的戈壁沙漠形态是理想的沙滩排球场地，沙滩排球场地是要求比较简单的场地，面积小，只需浅沙，中间挂上一个排球网，四周用 5 厘米的布袋作为四周的线就可以满足沙滩排球场地。使用的设备相对简单，除了正常范围和标准设备要求外，游戏很容易在未开发的河边进行。

沙滩排球不需要人们有太多经验，也可以很快适应这项活动，它有一定的趣味性和健身性，深受群众喜爱。多元化的发展趋势一直是沙滩排球独特的理论体系、技术和战术体系，沙滩排球的内容结构不仅具有原创的娱乐和时尚特征，而且往往具有科学性和独特性。技术沙滩排球比赛，由各种发球、垫球、传球、扣球、拦网等基本技能组成，已经积极用于战斗目的，既可以通过竞技进攻，也可以通过交错的防守运动，测试了运动员的体力和智力，提高了运动员团结合作意识，满足了人们在竞争中挑战的需求。

在中国甘肃省省会兰州，有 10 千米的黄河穿城。夏季，人们经常到黄河沿岸区域进行游览，夏季遮阳和观赏沙滩排球，休闲和户外沙滩以及健身房活动相结合，让人们更多地接触沙滩排球，喜欢上沙滩排球。在甘肃敦煌、河西地区、沙漠等地进行旅游，和中国传统海滨沙滩排球相互巧妙地完美结合，形成一个新的海滨休闲度假旅游生态文化体育资源，不仅展示了更多元化的沙滩排球形式，而且还提高了沙滩排球的知名度，使观赏和参与沙滩排球的人逐渐增多。

（资料来源：豆丁网：甘肃省沙滩排球运动现状与发展策略研究）

2.3.4 空中项目体育旅游

2.3.4.1 空中项目体育旅游概念

如今，国内外越来越多的旅游追求趋向于参与型、体验性和互动性相结合的体育旅游，由单一转变为多元化的体育旅游。体育旅游能够增强人们的体验感、满足感，也是将全民健身落到实处的有效途径之一。

空中体育旅游是为了满足消费者对飞行的体验需求和寻求冒险的刺激感，依据航空运动项目为载体来开展的健身、娱乐和冒险等游玩的体育项目。在经济的带动下，人们越发的向往蓝天白云，想体验空中的旅游。空中体育旅游能满足人们对于蓝天的期待，也能够使得参与者获得认同感。空中体育运动，是旅游产业转型升级的一个新方向，也是旅游消费的新亮点，是一种较为全新的旅游项目，给参与者带来身体上和心理上的刺激感。

2.3.4.2　空中项目体育旅游特点

空中体育旅游具有高端性，这是阻碍空中体育旅游发展极其重要的因素之一。虽然空中旅游土地使用广泛，但是投资大，运营成本高，它算是奢侈品消费中的一项奢侈活动，因此被称为“贵族运动”。

空中旅游是一项高风险活动，自然或是人为因素都容易对空中旅游造成威胁。飞机驾驶员作为空中运营过程中的关键环节，在操作上一个小小的失误就可能使游客的生命安全受到威胁。虽然管理部门对航空公司飞行员资格要求严格，但仍有一些航空旅游组织者在旅途中因设施设备不到位和飞行人员不合格，造成许多航空体育旅游事故的发生。

空中体育具有强烈的体验性。空中体育旅游体验包括直接去体验和间接去体验，能够给参与者带来深刻的感受。

开发形式多元化。空中体育旅游需要多个部门通力合作才能完成，需要有开发公司、专业的人员和政府共同去开展，才能有效地达到效果。

2.3.4.3　空中项目体育旅游产品项目

空中项目体育旅游的运动算是新兴的一类体育旅游项目。现阶段，我国基本形成较多样化的空中体育运动旅游的产品和服务体系，空中体育旅游项目主要包括空中体育表演、空中飞行体验和航空体育飞行项目，其中空中的飞行主要有高空滑翔伞、热气球等。空中体育旅游危险性大，对于器材的要求高，参加此类体育项目的人员，一般都需要有一定的经济实力。空中体育旅游的开发主要涉及基础设施开发、空中体育旅游相关的器材和服务以及专业的技术人员等方面。

2.3.4.4　案例一：中国大力发展航空体育旅游

国家旅游局和国家体育总局在 2016 年末联合制定并颁布了《关于大力发展体育旅游的指导意见》，其中表明了旅游局要树立大力发展现代化航空运动和体育休闲旅游的政策指导思想，对发展航空运动和体育旅游发展过程中的一些重要方面的问题提出了详细具体的指导实施意见。航空和体育休闲旅游的逐渐发展和兴起，航空和体育旅游的领域和规模也逐渐发展和扩大，各地都纷纷投资在航空的建设上，努力将当地的经济通过航空体育旅游进一步地发展起来。

空中体育旅游文化活动是一项惊险刺激的国际体育旅游活动，在空中体育旅游发展的过程中，阻碍其发展的因素主要是缺乏专业的人才，因此需要重视空中体育人才的培养，多渠道寻找优秀人才，从而满足空中体育旅游的发展要求，推进空中体育旅游的进一步发展。在2018年贵州省两会上，省政协委员樊小卉提出了打造低空旅游航空小镇，助推国家体育旅游示范区建设的提案。在多山的贵州地区，打造低空旅游，增添旅游新元素，设计出飞行旅游的路线。晋中市天外航空俱乐部举办的热气球结婚之旅，仅3个小时就需付费1.8万元，且有些航空公司还为个人推出几万元1小时的定制旅程。2019年，武宁县“体育+旅游”项目是江西唯一获批的国家航空飞行营地，其中运营的项目有自由气球、滑翔机、跳伞和小型飞艇等，也会经常举办相关的培训活动、举行飞行表演等，推动周边地区航空飞行运动的普及和旅游的发展。上海汇联皆景信息科技有限公司投资开通了中国上海3条水上飞机体验游航线，分别是“上海—嵊泗、嵊泗—舟山、舟山—上海”；有些地方还会进行降落伞表演。

（资料来源：搜狐网：国家旅游局 国家旅游总局关于大力发展体育旅游的指导意见）

2.3.4.5 案例二：贵州兴义：开启低空飞行模式

空中飞行体育项目由于自身发展成本较高，消费的人相对于陆地项目而言只占少部分，但随着经济的发展、科技的进步，使得越来越多的人接触到飞行运动。

为了加快航空体育事业和相关产业的发展，促进航空类体育项目的消费。在2014年，国家有关部门计划在全国范围内建设2万个“航空飞行营地”，营地在满足飞行起降的同时，还要为航空模型的爱好者提供一定的活动场所。低空飞行①是为了满足游客抚云俯天的期待进而发展的一类体育旅游产品，供游客参与体验，现在我国最为普遍的是飞行体验和低空运动两种形式。

近年来，贵州兴义市依靠其独特的户外运动资源，以建设国际知名的运动休闲基地和山地户外运动为目标，强有力地推进体育、旅游和文化等产业之间的相互融合与发展。2016年9月21日，中国航空运动协会航空飞行营地在兴

① 低空飞行：是距地面100～1000米之间的飞行，适用于训练、伞降、空投、侦察、强击和农林等作业。

义万峰林举行了开营仪式，通过此次活动，将体育与旅游进一步深度地融合在一起，开启从空中俯瞰兴义的体育旅游休闲体验模式。在营地现场不仅进行飞行的表演，也进行了热气球低空瑜伽表演，满足游客的视觉体验，游客参与这一项运动，获得了体验的乐趣，也能够在进行相关空中体育项目时锻炼身体，放松身心。这一营地运动的实施，是体育与旅游产业融合发展的重要举措。在营地上，人们可以了解到关于航空体育和飞行相关的文化知识，也可以观赏壮观的航空体育表演以及享受、尝试相应的飞行体验和技能培训，为想要接触飞行的人们提供了便利的条件。

（资料来源：新浪网：贵州兴义：低空飞行开启空中体育旅游模式）

2.3.5　冰雪项目体育旅游

2.3.5.1　冰雪项目体育旅游概念

冰雪体育旅游是旅游者借助冰雪所进行的体育锻炼、竞赛以及体育文化等综合性旅游活动。冰雪体育旅游是人们在工作中的闲暇时间，受自身体育需求的驱动，以冰上旅游资源为基础进行的体育活动。人们希望通过参与冰雪项目，身心得到享受和放松，与其他参与者进行互动并促进雪上运动。

我国成功申请 2022 年冬季奥林匹克，推动冰雪体育运动的发展，带动各地发展冰雪运动的热潮，也在一定程度上影响了冰雪体育旅游行业。冰雪体育旅游依靠“冰雪”作为运动项目开展的媒介，北方因其独特的地理环境、温度偏低，有着十分丰富的冰雪资源，适合开展冰雪相关的体育旅游娱乐活动，使得发展冰雪运动更为快速。

2.3.5.2　冰雪项目体育旅游特点

冰雪体育旅游具有极强的参与性。这一特征取决于冰雪旅游的出现和资源的开发利用，这些资源来自人们的日常活动，并取决于游客的旅游需求。当今的游客，已经不仅仅满足观赏冰雪景观，他们更愿意参加冰雪运动，在冰雪中玩耍。

冰雪体育旅游具有深刻的体验性。在东北，游客可以看到北国的风景，体验冰雪旅游、享受滑雪时的激情、自由和快乐。在冰雪覆盖的湖面上、积雪覆盖的地面上驱动雪地车，享受北方银色世界的魅力，身处广袤的雪域，感受生活的怀旧，坐在雪地里奔向冰雪和感受北国风光。

冰雪体育旅游耗费的时间较长。由于冰雪旅游是一项参与性和体验性极高的体育活动，所以冰雪体育旅游消费和游客重游率较高，花费在冰雪体育上的时间也就越多，产生的价值就更大，特别是滑雪成为一项体育赛事时，许多人也因此成为终身滑雪者。

冰雪体育旅游具有一定的依赖性。冰雪旅游的发展依赖于冰雪资源，需要寒冷的天气条件和适宜的地形条件。冰雪旅游景点旅游区一般在寒冷或温带地区，1 月和 2 月的平均气温为 -30℃ ~18℃。开发冰雪旅游的地区，不仅需要扁平的地面、轻而柔软、雪能长时间保持，而且也需要有合适开展滑雪运动的斜坡，否则无法建造滑雪场所。有许多低地山区没有自然降雪，如果想要进行滑雪项目，则需要人工进行制造。

冰雪体育旅游有健身性。滑雪是冰雪旅游的重要组成部分，参加体育活动，能够缓解疲劳和保持健康。对于那些长期在城市生活和工作的人来说，可以以此来减轻压力，摆脱单调的生活。在独特的冰雪环境中进行训练不仅可以提高人们抗寒的能力，还可以达到放松、调节生理、健身和休闲的目的。

2.3.5.3 冰雪体育旅游产品项目

我国体育业发展势头较猛，冰雪体育运动也成为体育运动的一大亮点，促使许多发展冰雪运动的城市旅游收入显著提升。冰雪体育旅游项目需要借助“冰雪”这一媒介来支撑体育项目的进行，它的体育旅游项目产品有冰雪观光类旅游、休闲游乐类冰雪旅游和运动类冰雪旅游。许多地区为发展冰雪体育旅游建设了大型的滑雪场，像吉林境内就建设有松花湖滑雪场、北山公园滑雪场、净月湖滑雪场等，为爱好冰雪运动的游客提供了最佳的运动游玩场所，开拓了冰雪体育旅游广阔的市场。

2.3.5.4 案例一：吉林发展冰雪体育旅游

吉林冰雪体育旅游中心主要集中在滑雪场，吉林目前存在大大小小十几个滑雪场，但主要的困境是滑雪基本上局限于滑雪场。北大壶滑雪场、松花湖滑雪场、北山冰雪旅游大世界、朱雀滑雪山庄、鸣山绿洲滑雪场和五家山滑雪场是六大滑雪胜地。目前吉林市也有一些小型的滑雪场，在发展滑雪场事业上，时常会有一些非标准的商业行为发展的过程，都是需要得到地方政府积极引导、规范和政策上的支持。为了规范体育旅游行业，吉林需尽早研究制定冬季体育运动旅游的行业标准、管理办法和相关的评估和实施程序，将雪地监管机构及其相关同行的职责下放到社区和组织，吉林省体育雪地治理机构继续支持和规范雪地管理工作。

北大壶滑雪场是中国相对较大的、先进的滑雪胜地。它曾是 2007 年第六届北京亚洲冬季运动会雪上项目的主要举办地，已成功举办多场大型国际性的冰雪体育比赛，为我国冰雪体育休闲旅游产业的进一步发展和壮大奠定了坚实的产业基础。2012 年第 12 届全国冬季运动会在中国吉林省举行，本届冬运会是首次由省级政府承办的大型综合性冬季赛会，43 个代表团 1067 名运动员参赛，5 个大项 12 个分项 105 个小项。经过 10 天的角逐，16 个代表团获得了金牌，28 个代表团获得了铜牌。同时，本届赛会短道速滑等 4 个分项 16 个小项前 8 名的成绩计入第十二届夏季全运会，有 6 个代表团获得了全运会金牌，8 个代表团获得了全运会奖牌，10 个代表团获得了全运会积分。本届冬运会共有 1 人 1 次创 1 项全国纪录。值得关注的是，吉林市完成了越野滑雪、跳台滑雪、高山地滑雪等多项冰雪运动。每年吉林市体育协会都会举办盛大的滑雪活动，为吉林市体育事业的持续健康发展和进步提供了良好的机遇。吉林市目前的雪上运动并没有像中国哈尔滨和中国长春那样成熟，因此吉林市还需要不断地探索学习和创新。

（资料来源：人民网：第十二届全国冬季运动会）

2.3.5.5　案例二：青海打造冰雪体育旅游项目

当“文化 + 体育 + 旅游”多个产业融合起来发展已经逐渐成为一种发展趋势和发展潮流，各地都在努力乘坐这趟崭新的列车继续向前推进和发展。青海省紧紧抓住“东奥”这个发展冰雪体育运动的黄金时期，从竞技体育运动、全民健身、冰雪体育产业以及国内外品牌体育赛事有机结合，实现了经济效益和社会效益互利共赢的良好局面。

在 2018 年 11 月，为推动青海省的冰雪运动和冰雪产业的发展，打造高原冰雪体育旅游季，将“冷资源”变成“热资源”。18 日在青海省乐都瞿昙寺国际滑雪场举行了 2018 年青海省冬季冰雪体育旅游活动暨第四届青海省全民健身冰雪运动会①。在运动会现场，开展了众多的冰雪类体育赛事让参与者进行切身体验，也让观众的视觉上得到了享受，还有关于冰雪类的表演、冰雪类文化可供各地游客进行观赏。在赛场上，会看到拔河比赛在如火如荼地进行着；滑雪场上有来自世界各地的爱好运动的群众来到宽阔的滑雪场进行滑雪运动，有刚接触滑雪运动的，也有身经百战的专业热爱者，即使现场是寒冷的，也抵挡不住他们热爱滑雪、热爱运动的心。

近年来，冰雪运动逐渐进入人们的视野，人们对冰雪运动的关注程度也有很大提升，冰雪运动的设施也逐渐完善起来，滑雪场馆在数量上、设施上以及规模上都得到了极大的提高和改进。

（资料来源：中国新闻网：青海打造冰雪体育旅游项目“冷资源”变“热产业”）

2.4 小结

体育旅游作为体育行业和旅游行业相融部分，也是一项实力与美丽并存的朝阳产业，同步推动了两个产业的进步。在旅游的时候进行体育活动，在参加体育活动的同时游览观光。两个具有极大发展潜力的产业，不仅能够发展自身，还会带动一大批相互依靠的产业兴起发展，也能够一定程度上推动经济的迅速发展。

在体育旅游的分类中，以参与者的目的可分为参与型、观赏型和竞技型三大类，这三大类体育旅游涵盖了绝大多数参与者参与体育旅游的主要目的。而依据体育旅游所开展的活动场所来入手，则是有陆地项目体育旅游、水上项目体育旅游、海滩项目体育旅游、空中项目体育旅游和冰雪项目体育旅游五种不同活动场所的体育旅游。这些细分下的体育旅游中，都会有自身的特性，主要是通过组合的方式，以“体育＋旅游”的模式开展，给大众带来新型的体育旅游体验，推动经济的快速发展和进步，打造当地的体育旅游特色。

① 中国新闻网：《青海打造冰雪体育旅游项目“冷资源”变“热产业”》。

第3章　体育旅游项目经济效益评价及案例研究

3.1　旅游项目经济效益评价相关理论

3.1.1　财务经济学基本理论

财务经济学是以资源理性配置理论为基础，由一组彼此联系又互相独立的概念集、按其内在逻辑关系排列而成的一个有机整体。基于财务学基础之上，财务经济学与传统财务学不同。合经济学和财务学为一体，由于交叉学科导致其具有经济学和财务学的共同特点。

财务资源配置是指资本在不同来源渠道的组合和不同经济用途之间的分配，其涉及到财务活动的两个方面。一方面是对资本的形成进行组合，即融资中的资源配置；另一方面是对资本的使用进行分配①。

3.1.1.1　我国体育产业经济的发展现状

从全球体育产业经济发展来看，我国体育产业起步较晚，发展较慢，缺乏经验。虽说近年来国内体育旅游发展很快，但相较于一些发达国家还是有所差距。2008 年，中国的体育产业为 2000 亿元人民币，占 GDP 的 0.69%，相比于发达国家体育产业占国家 GDP 的 1% ~5% 还有很大差距。纵使我国体育旅游发展起步较晚，但是发展潜力巨大，具有十分可观的发展前景。

目前，我国的体育产业依然处于起步发展阶段，体育产业结构仍有待完善，且我国东西部地区环境、经济、文化等方面均有较大差异，由于东部地区经济较

① 王德发．论财务经济学理论体系的构建［J］．财会通讯（学术版），2007（4）：23 -25.

发达，导致体育产业的不均匀分布，东部沿海地区的体育产业较为成熟，产业规模面积大，设施种类齐全，而西部有资源可开发，但却未开发出较为成熟的体育产业体系。在发展体育产业过程中，应注重东西方全面发展，发展具有所在地区当地特色的地区特色产业，在体育产业发展方面我国还需向发达国家借鉴学习。

3.1.1.2 我国体育产业发展与国家经济发展的关系

现如今我国已经成为世界上的经济大国，但体育经济 GDP 产值仍较低。体育产业在国家的经济发展中具有十分重要的作用，且具有广阔的发展前景，体育产业与经济发展需要互相依存共同发展。只有体育产业与国家经济发展相互平衡，国家的整体经济才能稳步增长。发展体育产业可以完善旅游产业结构，带动地区经济发展。为此，要开发创新体育产业形式，调整体育产业结构，充分利用体育产业的发展空间。作为新兴产业，发展潜力和人才需求量巨大，对我国经济发展有着全方位的促进作用。

3.1.2 项目管理理论

3.1.2.1 我国体育旅游项目的资源基础

体育旅游资源是激发游客的旅游动机且为体育旅游行业带来经济效益的根本因素。体育旅游资源是体育旅游行业生存与发展的根本条件，也是体育旅游爱好者出行选择的首要考虑因素。我国地大物博，民族众多，资源丰富，按照体育旅游资源的类型划分，可分为：自然资源、人文资源、开发的体育旅游资源和利用大型运动竞赛开发的体育旅游资源①。

1）体育旅游自然资源

体育旅游自然资源是指未经人工改造而天然形成的，可向旅游者提供体育旅游活动支持的自然生态资源。如山川、沙漠、河流、温泉等天然赋予的体育旅游资源。近年来，人们利用自然资源开发了很多体育旅游项目。如大连、青岛等滨海城市，开拓水上摩托、沙滩排球、冲浪等体育旅游项目；利用沙漠、草原、平原等自然资源，开拓骑骆驼、射箭、赛马等民族传统项目；利用峡

① 刘俊民. 我国体育旅游项目的分类与开发策略研究［J］. 旅游纵览（下半月），2014（14）：107－108.

谷、山脉、河流等天然优势，开拓野外求生、盘山索道、滑翔伞等探险项目。自然体育旅游资源是有限的，是人类不可创造的。

2）体育旅游人文资源

体育旅游人文资源是指非自然形成的，经过人工开发后向旅游者提供体育旅游活动的体育旅游资源，是古今人类集智慧、科技、艺术于一体的成果展示。我国的人文体育旅游资源十分丰富，包括湘江战役沉浸式体验、红色文化体验拓展训练基地、“革命旧址—数字科技”互动体验等革命历史纪念基地；香港迪士尼乐园、深圳欢乐谷、广州长隆欢乐世界等大型主题乐园；以及各地区各民族的传统文化等。与自然体育旅游资源不同，人文体育旅游资源是无限的，是人类可以创造出来的。

3）开发的体育旅游资源

开发的体育旅游资源是指利用旅游地的先天地理优势开发符合特点且具有特色的体育旅游项目。从目前我国的体育旅游发展来看，可以把开发的体育旅游资源主要分为四类：第一类，漂流、高尔夫、放风筝等休闲健身类体育旅游；第二类，跳伞、潜水、秘境探险等刺激探险类体育旅游；第三类，越野赛、沙漠汽车拉力赛、摔跤等激烈竞技类体育旅游；第四类，藏族赛马会、蒙古族那达慕大会、傣族泼水节等民俗传统类体育旅游。

4）利用大型运动竞赛开发的体育旅游资源

举办大型运动竞赛，在竞赛举办期间实施相关政策，积极鼓励和组织国内外各地区观众前来参观体育赛事，体育赛事与地区经济联动发展。同时，开发和经营与本场体育赛事相关的旅游项目，吸引来参观体育赛事的旅游者。如体育展馆等。

3.1.2.2　我国体育旅游项目的开发思路

1）建立联动模式，打造特色旅游项目

把具有特色的体育旅游项目与旅游产品相结合，抓住旅游产品特色，建立联动模式，实现可持续发展。找到产品地区优势及特色，一个项目的特色往往是项目成败的关键之所在。单一的旅游产品或单一规模的旅游项目很难产出较大的经济效益，树立特色产品形象，稳固及培养市场，扩大产品规模以保持持续推动力。通过带动当地经济文化产业发展，扩大影响范围并提高影响力，可达到该项目可持续发展的目的。

2）培养专业人才，提升旅游服务水平

随着经济的飞速发展，人们对生活品质的要求也日益提高，旅游消费者的需求已形成了一个大的市场，为了迎合游客消费需求与提高旅游服务水平，这就需要一支专业的团队指导。体育旅游分为参与式体育旅游和观战式体育旅游两种类型。其中，参与式体育旅游需要旅游者实践参与体育旅游项目中，为考虑旅游者的人身安全且保证旅游者最好的效果体验，很多体育旅游项目需要经过专门教练指导之后才能参与。如蹦极、跳伞、潜水等，因此提高专业人才的理论知识和实践能力既能够有效保障旅游者的安全，又能为旅游者带来更好的项目体验感。

3）提高文化自信，突出独特民族文化

我国是由56个民族集合而成的多民族国家，民族文化多样。旅游者在旅游期间除了欣赏不同的风景外，还可以通过民族活动领略不同民族的风情。如广西环江毛南族分龙节，当地民众身着节日盛装欢庆节日的到来，纳亭仪式、放长生鸡、撒福禄寿米等，演绎“五龙布雨”的民间传说。傩舞、傩歌、傩乐、傩战、傩面及乐器和服饰等有300多年历史的毛南族傩文化，吸引众多游客参与体验；在我国的北方，有着广阔的草原，“那达慕”就是牧民们庆贺丰收的节日，在那达慕大会上有惊险的赛马、摔跤；令人惊叹的射箭、棋艺；热情似火的歌舞与焰火，男女老少穿着节日盛装，不远万里齐聚与草原母亲的怀抱。精彩的比赛、热情的蒙古族人民、甘甜的马奶酒引得无数游客纷纷止步、融入其中等。

4）迎合市场导向，珍惜资源适度开发

我国幅员辽阔，地形结构复杂，气候类型多样，众多山川河流交错纵横，具有开发体育旅游的绝对优势。然而自然资源是有限的，因此我们应重视资源开发，在适度开发的同时保证自然资源得到最好的利用。第一，根据地区的具体情况，因地制宜发展体育旅游项目。在草原、平原等地可开展射箭、骑马等休闲型体育旅游项目；在我国东部沿海地区可开展潜水、冲浪等竞技型体育旅游项目；在泰山、黄山、峡谷等地可开展攀岩、漂流、蹦极等刺激型体育旅游项目。第二，建立独特风格的体育旅游体系，如温泉山庄、滑雪度假村等。第三，结合民风民俗，开创民族特色体育旅游项目，如摔跤、赛龙舟等。

3.1.3　旅游地生命周期理论

3.1.3.1　旅游地生命周期理论

1）旅游地生命周期

旅游地，是指吸引旅游者在当地作短暂停留、参观游览游玩的地方，它拥有能够吸引游客的自然资源或人造工程，又被称为旅游风景区、旅游胜地、旅游目的地等。一般情况下，任何一个旅游地都会经历探索、起步、发展、稳固、停滞和衰落或复苏六个发展阶段。

旅游地的生命周期，是一种客观存在的现象。旅游地的发展要摆脱生命周期的更替，必须持续发展旅游地的主导旅游产品，并与时俱进地更新主导旅游产品。

2）旅游地生命周期的阶段及特征（见图3－1）

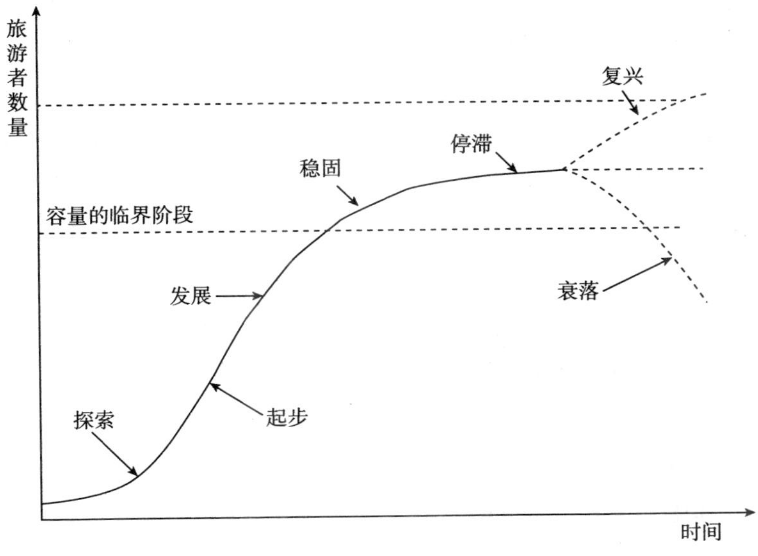

图3－1　巴特勒的旅游地生命周期阶段划分模型

（1）探索阶段

未经过任何加工改造的自然资源，资源的可开发潜力大，游客较少，勘察者较多，无法给当地带来经济效益，未因旅游发展对当地的经济、政治、文化和社会环境产生影响。

（2）参与阶段

经考察发掘其可开发价值，当地开始对旅游地进行投资，初步开发旅游资源，提供基础的公共设施，旅游设施的建设吸引旅游人数逐渐增多，出现了具有组织性的旅游活动，当地旅游行业逐渐发展起来。同时也带动了该地区的经济、文化和社会发展，驱动当地政府对交通和公共设施的完善。

（3）发展阶段

游客量增长幅度较大，市场需求不断扩大，加大旅游宣传力度，为旅游地吸引外来投资，基础设施建设得以完善的同时现代化设施骤增。此阶段过程中，旅游地的面貌较于探索阶段已发生巨大改变。

（4）巩固阶段

游客量增长幅度较小，但仍保持上涨趋势。当地旅游业与其他经济紧密相连，形成大市场，带动当地居民生活水平，但旅游业的高速发展也为当地居民的生活带来了困扰，使得居民反感。

（5）停滞阶段

当旅游地处于停滞阶段，游客量达到最高点，大批量的现代设施取代了自然资源，旅游容量达到饱和，宣传塑造的旅游形象与自然环境资源形象严重不符，相关问题接踵而至。开发商开始向周边进行开发与考察，创新型待开发项目开始转移。

（6）衰落阶段

旅游市场走向下滑趋势，游客越来越少，现代化设施过时却不再更新，当地对旅游的投资越来越少，导致旅游经济不断下滑。

（7）复苏阶段

开发新的旅游资源，通过增加新的建筑设施、人造景观、发掘历史文化等形式进行复苏式开发，继续增加旅游点对旅游者的吸引力。

3）旅游地生命周期的影响因素及策略

（1）适应需求变化

旅游地的开发潜力是有限的，所以一个地区的旅游发展必须考虑该旅游地的生命周期。旅行的潮流和游客的受众度是随时更新的，旅游地应及时顺应游客的需求变化进行创新，同时还要注意旅游地的开发要适度，以及对旅游爱好者进行有针对性开发吸引。此外，开发旅游项目需跟进当下流行趋势，达到有效开发。

（2）保障生态环境

在开发旅游项目过程中要注意保护生态环境，绝不能以破坏环境为代价，且需及时关注当时的流行趋势，避免过度开发和逆向开发，否则不但无法达到预期发展效果反而还会适得其反，过度开发既污染环境又浪费资源。

（3）及时更新

旅游项目需及时更新，如一些娱乐设施需定期检查、维修、护理与更换，保证游客的人身安全；旅游爱好者的旅游趋势是会随很多因素变化的，比如，特殊活动、纪念日等，旅游地需随着旅游流行趋势及时更新旅游产品，避免被淘汰。根据时代下的流行趋势，不断升级更替、创新发展新型旅游项目可以更好地吸引游客，使旅游地得到蓬勃发展。

3.1.3.2　旅游产品生命周期理论

1）旅游产品生命周期理论

旅游产品，亦称旅游服务产品，指旅游实体产品和旅游过程中的服务。包括景区景点、旅行过程中的交通食宿、娱乐设施和特色旅游线路产品。由景区、旅行社、饭店及酒店等一系列相关企业向游客提供的服务和产品。

所谓旅游产品生命周期就是指一个旅游产品经历了设计开发、成品后投放市场及被市场淘汰出局的过程。随着旅游市场的不断更迭，旅游景点、旅游项目、景区娱乐项目、旅游线路等大多都会经历从一个旅游产品的周期，即刚开发出来的零名气，到通过宣传活动实现名气增长，再到最后无法适应最新市场而遭淘汰。旅游产品所处生命周期的阶段是依据旅游产品在某阶段所创的销售额和利润进行判定的。

2）旅游产品生命周期的阶段及特征

（1）介绍期

新研发的旅游产品刚投放市场的时期，销售效果增长缓慢，因前期投入成本量大，很少盈利。产品质量价值等方面仍有待完善，为吸引游客购买，销售价格不会太高，甚至会举办促销优惠活动，但因新开发的旅游产品性能不稳定，很少会有回头客，与市场上的同行竞争力也比较小。

（2）成长期

旅游产品得到相应的完善，克服介绍期存在的问题，开始形成一道独立的旅游特色，打造特色旅游产品线。对旅游产品的投资相对减少，平衡前期亏损之余开始渐渐盈利，宣传效果显著，出现部分回头客，旅游产品出现很好的市场。在这个时候，会出现一些明显的同行竞争现象，市场上开始出现同类型产品，产品的市场竞争也随之增大。

（3）成熟期

这个阶段的旅游产品已经十分成熟，旅游产品的宣传和知名度很广，利润最大，销量最高，当达到成熟期饱和点之后，销量增长的趋势逐渐放缓，旅游产品的利润下降，销售量随之下滑。同时，产品市场竞争激烈，新产品可能会代替旅游产品市场。

（4）衰退期

随着产品的更新换代，新产品占据市场主导地位，原先的旅游产品失去竞争力，无法吸引游客。在与新产品竞争市场时价格被迫下跌，利润减少，销量不佳，导致亏损甚至退出市场。

3）旅游产品生命周期的影响因素及策略

（1）更新旅游消费者的需求

旅游产品生命周期阶段不同，游客的消费需求也随之变化，应根据各个阶段的特点，制定满足该阶段下消费者需求的策略，保证消费者需求在各个阶段得以体现。同时，旅游产品在不同的生命周期过程中需要注重推陈出新，更替升级旧的旅游产品，不断创新开发新型旅游产品，主动推动旅游新趋势。

（2）迎合旅游效应的影响

旅游效应的影响包括旅游经济效应、旅游环境效应和旅游社会文化效应。旅游经济效应是指旅游业对该地区的经济上产生的影响。一直以来，旅游业与当地的经济都是相互依存的关系，适应旅游业所带来的经济效应有利于当地的发展；旅游环境效应是指发展旅游业过程中对所发展地区的环境产生的影响与作用。在发展旅游业过程中需注重环境保护与资源节约等环境问题，最大限度地降低对环境的负效应；旅游社会文化效应是指在旅游业的发展过程中，旅游活动对该地区社会、生产生活、民风民俗以及文化等方面产生的影响。在旅游发展过程中，要注重保护当地的传统民族文化。旅游效应带来的利害关系是双重的，必须积极控制旅游效应带来的消极影响，充分发挥积极作用。

（3）提高旅游产品的创新性

提高旅游产品的创新性可以增加旅游产品对游客的吸引力，根据流行趋势及旅游地区的特色不断创新旅游产品，满足外来游客的消费需求，可以带动旅游地区市场经济发展，也可以提高旅游地经济文化水平。

（4）完善旅游项目的内部管理

无论是旅游地的建设过程还是旅游产品研发过程又或是营销过程，都需要规范的内部管理团队进行统筹、规划与运营，只有完善的内部管理才能在不同阶段选用合适方案，才能有效应对旅游发展过程中所产生的危机，优秀的团队管理可以提高产品在市场上的竞争力。

3.2　我国体育旅游直接的经济效益研究

3.2.1　吸引海外游客，提升国际知名度

3.2.1.1　创立特色旅游项目吸引海外游客

世界旅游组织经济报告显示，在许多国家中，旅游作为五大创汇部门之一，在外汇来源中占有重要位置。以足球工业为主要体育产业的意大利，在 20 世纪 80 年代末体育旅游的年产值已经达到 180 亿美元，顺利跻身进入意大利国民经济十大部门。目前已超过烟草工业的产值；据统计，瑞士每年在滑雪旅游项目中接到外国游客高达到千万次，创汇 70 亿美元左右；美国、英国、加拿大等国家的体育产业占 GDP 比重超过汽车制造业；韩国、日本的滑雪体育产业也十分活跃。

我国有许多具有地区特色的体育旅游项目，如素有“冰城”著称的哈尔滨，自 1985 年以来共举办了 35 届国际冰雪节，参与旅游、文化、时尚、经贸、体育五大类别百余项目活动；世界啤酒之都的青岛，一年一度的国际啤酒节集文化、旅游、体育、经贸于一体，吸引了大量外国客商根据我国不同地区不同环境，开发独特的体育旅游项目会吸引大量外国游客，有助于提高我国外汇收入。与此同时，大量外国旅游者入境参与活动之余也会对当地的经济、文

化、交通等方面进行考察，进而带动部分外商投资。

3.2.1.2 举办大型体育赛事增加外汇收入

举办一场大型的体育赛事给主办方带来的绝不仅仅是一场精彩绝伦的高手比赛，还有一条体育、交通、住宿、餐饮、购物、旅游为一体的消费线。来自世界各地的体育、娱乐、传媒等群体为主办城市的旅游、文化等各项经济都带来了巨大效益。

2008 年北京奥运会带来的直接经济效益超过了 20 亿美元，北京周边会展、体育等行业迎来高速发展期、提升中国的国际形象、带动中国文化走向世界。2017 年 10 月举办的第一届环广西公路自行车世界巡回赛，使广西一跃成为世界自行车运动的重要赛事基地之一，广西的壮美山水渐渐走进全世界观众的眼前。

举办大型体育赛事大力发展体育旅游，可以吸引许多国际资金的注入，带动我国体育旅游参与国际市场竞争，进而完善我国对外经济关系、提高国际地位。现如今，国际体育交流越来越频繁，发展我国的体育旅游产业可以借此机遇吸引大量国外游客在国内旅游。

3.2.1.3 弘扬传统文化增强国际知名度

中华文化博大精深，充满魅力的东方风情、历史悠久的名胜古迹还有代代相传的民族传统，吸引了众多海外游客的入境旅游。谷歌与市场调研机构益普索合作发布的《2017 年外国来华游客中国城市认知及态度研究》调查显示，56% 的入境游客认为中国的独特吸引力在于“历史悠久”。

2018 年“美岁天地杯”第七届厦门国际武术大赛，来自美国、俄罗斯、韩国等 27 个国家和地区的 405 支队伍、6068 名选手组队参赛，推动我国传统的中华武术精神走向了世界。第 36 届中国洛阳牡丹文化节期间，洛阳市旅发委联合组织 21 名外国人举行了“游在中国”线下活动，并通过其海外的媒体平台进行了追踪报道，向海外展示了这座历史文化久远的千年古都。因此，开发传统文化旅游项目，既可以弘扬我国传统文化，又可以吸引大量海外游客入境旅游。

3.2.2 有效回笼货币，调整国内供需水平

就一个国家而言，投放的货币量需与市场商品价格达到平衡，若两者失衡

会造成通货膨胀，进而引发一系列经济问题。为避免通货膨胀，国家需通过多种途径从市场中流通回一定的货币。如我国通过商品收入、服务收入、税金收入等途径进行货币回笼。

3.2.2.1　通过“产品 + 服务”实现货币回笼

随着经济的发展，人们的生活水平也得以提高，有了一定的经济基础，民众已不再满足于基本的日常生活，开始追求更高层次的生活，“健身”一直以来是一个时尚且备受追捧的运动方式，“旅游”提高了人们的精神生活水平，“健身”和“旅游”结合起来形成的“体育 + 旅游”的新模式更是使人们精神生活得到又一突破。

体育旅游通过商品销售收入和服务收入两种途径进行货币回笼。发展旅游业，向游客提供具有特色的旅游商品，满足游客消费需求的同时实现货币回笼；体育旅游项目向体育旅游爱好者提供现代化的旅游服务，满足游客体验需求的同时也实现了货币回笼。在此期间，服务所得经济收入要明显高于商品的销售收入。因此，体育旅游通过服务收入实现的货币回笼更见成效。

体育旅游项目的游客访问量越多，该项目的货币回笼量越大，在我国货币回笼过程中的作用也就越大。

3.2.2.2　带动停滞地区复苏

旅游产品是旅游地向游客提供的商品，是旅游地旅游发展的产物。在旅游地的生命周期范围内旅游产品具有一定价值，然而当旅游地发展达到停滞阶段，接下来旅游地将面临衰落，旅游产品也将面临衰落。为防止旅游地衰退，旅游产品的及时创新与更替十分重要。开发体育旅游项目可以有效地带动旅游地复苏，创新该地区的旅游产业及形式，完善旅游产业结构，吸引更多体育旅游爱好者扩大旅游地的服务领域，汇集新型游客源，高效助力该地区旅游行业发展。同时，大量外来游客也为当地区的餐饮、住宿、交通运输等多行业带来经济效益；开发创新型的旅游产品可以更高效地实现旅游地的货币回笼。

3.2.2.3　提高国内供需水平

旅游业作为我国的第三大产业，经济发展稳定。大力发展体育旅游对我国调整经济结构、提高供需水平具有十分重要的作用。近几年来，喜欢旅游的人数越来越多，旅游者的出行次数也逐渐增加，人们的消费水平与消费倾向也有所转变，在满足人们观光休闲的旅游目的下开拓体育旅游产业进一步满足人类精神文明需求，丰富了我国旅游资源，有助于地区发展及社会的资金周转，有效平衡国内供需水平，为我国经济发展的稳定增长提供了必要保障。

发展体育旅游，通过产品销售收入和服务收入流通货币，调整国内供需水平，可以有效避免通货膨胀。

3.2.3 优化投资环境，加深对外经贸交流

3.2.3.1 完善产业结构

经济发展与产业结构关系密切，近几年为带动经济，我国一直致力于推动产业结构调整，但却仍发展缓慢，最主要的原因在于收入不高。发展体育旅游既可以弘扬当地传统文化，又可以带动酒店、餐饮、广告、媒体等行业形成新的消费链条，为当地带来巨大经济收益。例如，在景区开发娱乐项目，需要体育用品和体育器材设施等材料直接性地刺激制造业生产。同时，体育旅游不同于大众观光旅游，很多体育旅游产品无法以实物的形式展现出来，需要通过大众媒体进行传播，无论是游客纪念品还是旅游项目宣传都直接性地刺激广告和媒体行业。最后，外来游客来旅游需要酒店、特产、美食、活动等直接性地刺激了当地现代服务行业经济。体育旅游发展对完善产业结构具有重要作用。

3.2.3.2 吸引海外游客

旅游业作为我国第三大产业，传统的大众观光旅游发展十分稳定。体育有着全世界人的共同语言，发展体育旅游不仅可以带动我国游客的运动热情，也是作为连接国际旅游市场的极好桥梁。

2018 年是传统意义上的体育大年，平昌冬奥会、俄罗斯世界杯与雅加达亚运会相继开幕，引发全球的体育从业者和体育爱好者关注。平昌冬奥会期间，为吸引中国大量游客观看冬奥会，韩国官方宣布 2017 年 12 月 1 日至 2018 年 3 月 31 日期间，向中国公民有条件实施 15 天免签入境政策。俄罗斯也一样开放签证政策吸引海外游客，从 2017 年 9 月开始，俄罗斯正式允许包含中国在内的 18 个国家的公民可以免签入境俄罗斯的远东地区。此外，为了刺激俄罗斯旅游业发展，俄罗斯政府开始发行“Fan ID”的电子证件，球迷只需要购买比赛的球票，无须办理签证，即可凭借球票免签证进入俄罗斯并观看比赛。

2018 年 8 月开幕的雅加达亚运会，印度尼西亚凭借举办亚运会的机会，吸引大量外国游客，尤其是中国游客。在此期间，印度尼西亚旅游部设计了多达 75 个相关旅游套餐，印度尼西亚国家旅游部部长阿里夫·雅赫亚表示，欢迎中国体育及旅游爱好者前往，做到观赛、旅游两全其美。在举办大型体育赛事的同时推出相关开放政策，大力吸引海外游客观赛、旅游，能够有效实现旅游行业的高速发展。

3.2.3.3　开拓海外市场

“体育 + 旅游”是一种新型旅游模式，投资开发潜力大，市场前景广阔，特别是我国传统的体育项目和我国特有的少数民族传统体育活动，市场前景十分广阔。近年来，市场上有对外国游客来华旅游做了许多兴趣调查，中华传统文化成为了众多外国游客的关注点，我国各民族历史悠久，可以发展具有传统特色的体育旅游项目，如郑州少林武术节，集武术、旅游、文化于一体的娱乐盛会；西藏羌塘赛马节，骑马射箭、马术表演等活动组成的隆重节日；贵州摔跤节，著名的侗族摔跤、斗鸡吹笙，盛大的民族传统活动等。可开发海外市场，吸引海外游客，了解中华文化，体验东方民族风情。

开发特色体育旅游可以吸引海外游客，带动旅游行业的发展，优化投资环境，加深对外经贸交流，进一步完善我国旅游产业结构。

3.2.4　开发就业岗位，催动地区经济发展

3.2.4.1　创立新型就业岗位

体育旅游发展创立了许多新型的工作岗位。由于体育旅游不同于传统观光旅游形式，更多的是游客参与到娱乐项目之中，满足旅游需求的同时最重要的是保障体验者的人身安全。因此，在游客体验过程中要有专业人员进行专业的教学与指挥。在发展体育旅游过程中产生了许多新型就业岗位，如潜水教练、骑马教练、各种项目活动中的救生员等。这些新型岗位的出现一定程度上解决了我国人口的就业问题。除此之外，发展体育旅游可以鼓励大众创业，开发创新旅游项目，解决了大众就业问题，也完善了旅游产业结构。

3.2.4.2　促进地区经济

体育旅游的发展不仅可以带动当地经济发展，还可以解决当地居民的就业

问题。老话讲“靠山吃山，靠水吃水”，景区的开发也是当地居民重要的收入来源之一，有许多当地居民会把景区工作作为维持家庭生计的主要来源，随着旅游地的发展，当旅游地处于停滞阶段时，当地的居民工作者也将面临十分严峻的挑战。大力开发体育旅游项目会提供更多新的工作岗位，为当地居民带来直接的经济效益；当景区发展体育旅游时，景区的竞争力也随之提高，带动整个景区及周边的产业链，进而提高当地居民的生活水平，为当地居民带来了间接的经济效益。

3.2.4.3　推动其他行业发展

体育旅游的发展推动了媒体与广告行业的高速发展。与传统的观光旅游产品不同的是，体育旅游产品几乎无法以实体物品的形式进行传递、纪念甚至是宣传。无论是景区方通过项目宣传吸引外来游客，还是为了向游客提供更好的服务体验，体育旅游产品都需要以一种不同的形式进行传递，这也为媒体和广告行业带来了新的商机。很多景区体育旅游项目都是通过录制视频为体验者留作纪念，也是通过媒体渠道进行景区宣传。

发展体育旅游可以解决部分人员就业问题；培养新型体育旅游项目专业人才，丰富我国人才市场结构。同时，发展体育旅游可以带动周边的经济发展，通过外来游客对酒店、餐饮等需求促进其他行业发展。

3.3　我国体育旅游间接的经济效益研究

3.3.1　丰富旅游资源，促进国民身心健康

3.3.1.1　开发新型旅游资源

我国体育旅游大力开发旅游资源，在旅游业的发展上得到了质的飞跃。我国传统的大众旅游主要以观光为主，游客的参与度相对较弱，近年来提倡“投资＋情怀”的大众旅游模式提高了游客的代入感，但仍无法满足游客对探险、刺激等旅游项目的消费需求。体育旅游在传统大众旅游模式上开拓新兴旅游模式，让游客完全参与到体验项目中，有效提升景区对游客的吸引力。

开发旅游新模式，在大众观光旅游基础上增加具有独立特色的体育娱乐活

动项目，使我国的旅游资源更加丰富。

3.3.1.2　享受生活

体育与旅游的融合可以进一步帮助人们达到健身的目的，在体育娱乐项目中，无论是旅游文化的交融还是娱乐休闲过程中，都能够把体育活动的魅力展现出来，吸引游客积极投入体育项目中。

在体育旅游发展过程中，除了娱乐项目外，还有许多优质的自然资源可供游客欣赏，在高速发展的时代下，人们在学习、工作和生活等方面都面临着巨大压力，脱离城市的喧嚣，欣赏祖国大美山水，放下节奏用心感受生活，真的是令人心旷神怡。

3.3.1.3　提高国民健康意识

快餐时代下的人们追求高速度，在这生活便利却压力沉重的时代，很多职场人员出现颈椎、腰椎等毛病，对人们的身心健康造成了极大威胁，久坐的上班族、极少运动的青少年、“三高”的工作者等。体育旅游吸引游客体验娱乐项目，引导游客树立健身运动观念，树立健康意识，对提高国民的身心健康有所帮助。

发展体育旅游开发旅游新模式，完善大众观光旅游形式，创立特色娱乐活动项目，丰富我国的旅游资源，提供“观光 + 体育 + 旅游”三位一体的旅游服务，间接提高国民的身心健康，对我国人民的整体身体素质具有积极作用。

3.3.2　结合地方特色，弘扬民族传统文化

3.3.2.1　通过体育项目发展地域文化

体育不仅能与景区共同建立旅游新模式，还可以同地区建立城市新名片。颇受中华儿女喜爱的中国武术瑰宝——太极拳，作为中国传统体育文化的代表项目，走进了人们的旅游视野之中，也通过体育旅游项目发展吸引了无数国际粉丝。获“太极拳圣地”称号的邯郸自 1991 年起共举办了 16 届邯郸国际太极拳大会，吸引众多国际友人参与，成为具有国际影响力的品牌赛事活动，把我国的优秀传统文化推向了世界，对当地的文化发展与传承都具有十分重要的意义。

3.3.2.2　开发地域特色体育旅游

我国地大物博，幅员辽阔，地形多样，气候不一。根据地形特点可开发具有当地文化特色的体育旅游项目。

海上娱乐项目。像三亚、青岛、大连等滨海城市开发沿海旅游景区，开拓水上摩托、潜水、划船、冲浪等娱乐项目。满足游客休闲观光需求的同时，引领游客实现全新的海上挑战。

雪上娱乐项目。像哈尔滨、长春等拥有白色冬季的城市开发滑雪、溜冰、滑板等娱乐项目；而西藏、云南等地有常年庄严肃穆的雪山，向来自世界各地的探险者发起挑战。

沙漠娱乐项目。像塔克拉玛干、腾格里、库布齐等沙漠开发徒步、滑沙、沙漠探险、沙漠摩托、沙漠赛车、沙浴、骑骆驼等娱乐项目，在黄沙漫天之中体验古人“大漠孤烟直，长河落日圆”的意境。

诸如此类，根据不同地形开发不同的娱乐项目，弘扬当地传统文化。

3.3.2.3　开发民族特色体育旅游

我国是个多民族国家，可以开发独具民族特色的旅游项目，进而增加扶贫力度，带动局部地区少数民族经济发展，也可以增加各民族之间文化的交流与进步。

生活在北方的蒙古族，是性格爽朗、慷慨热情的游牧民族，他们擅长射箭、摔跤、赛布鲁（投掷）、赛马、马术、赛骆驼等传统体育项目。每年为期五天的那达慕大会已不仅仅是蒙古族人民的节日盛会，更是各族人民对蒙古族文化的一场庄严追溯。热情的歌舞、激情的赛马摔跤和高超的棋艺，吸引游客纷纷融入其中，品味一场蒙古族的文化盛宴。

每个民族都有独特的民族文化以及传统体育活动，开发民族特色体育旅游，散发各民族的独特魅力，使得我国民族文化得到更好的交流与融合。结合我国优秀的传统文化发展体育旅游项目，鼓励全民参与，共同学习及弘扬我国的传统文化，对加强民族文化自信有着促进作用，对时代新的文化传承具有深远的影响。

3.3.3　构建和谐空间，增进国际友好交流

3.3.3.1　实现差距平衡

近年来，我国的体育旅游发展很快，但相比与国外体育旅游发展仍是较

慢。体育旅游在许多发达国家一直高速发展，曾被称为“小世界杯”的意大利足球，在 20 世纪 80 年代末体育旅游的年产值已经达到 180 亿美元，瑞士每年在滑雪旅游项目中接待外国游客高达到千万人次，创汇 70 亿美元左右，高速发展体育旅游为国家带来直接的经济效益与无限商机。而我国的体育旅游虽在快速发展，但仍须加大力度，抓住创新，发展特色，实现差距平衡，甚至是超越差距。

3. 3. 3. 2　吸引外来游客

随着我国体育旅游的快速发展，各种休闲娱乐旅游项目突破创新，体育活动设施、体育旅游服务和休闲观光各个方面都有了质的飞跃，创新型的娱乐项目，具有国际性的旅游体验，吸引众多旅游爱好者参与体验，来访者已不局限于是国内游客，还吸引到许多国外游客前来体验。既增进了国内外的友好交流，也进一步开拓了我国体育旅游市场。

3. 3. 3. 3　加强国际交流

体育运动使不同国家、民族、文化的人们聚集在一起，互相学习相互促进。如一场国际体育比赛，来自不同国家的选手互相切磋。纵使参赛选手们语言不同，但比赛有着他们公认的评定标准，他们尊重每一位不同且又同样具有优秀精神品质的对手，这不仅是一场国际体育比赛，更是不同文化的深度交流。在运动健儿为国争光的同时，也创造了一个可以与世界沟通的高平台。

发展体育旅游不仅推动我国经济发展，在大型竞技中，吸收借鉴和学习国外先进知识，提高自身竞争力，还有机会加强国际交流与合作。

3. 3. 4　发展体育赛事，推动技术交流传播

3. 3. 4. 1　积极举办体育赛事

积极举办体育赛事，举办体育赛事对举办地的政治经济发展具有深远意义。政治上，体育赛事对国际外交具有推进作用。1971 年 3 月份世乒赛在日本举行，中国与美国参赛选手相处较好，外交部邀请美国乒乓球选手来华游玩。第二年，尼克松访华打破了两国冷战的僵局，这就是著名的“乒乓球外交”事件。经济上，体育赛事拉动当地经济，提高知名度，推动产业发展。

举办大型体育赛事不仅局限于参赛选手，也可以吸引观光型游客。在大型

运动竞赛举办期间，一方面吸引全世界的体育赛事粉丝前来观看体育比赛，另一方面开发与赛事相关的其他旅游项目，进一步吸引这些观赏型体育爱好者前来参观。如体育邮票展厅、体育健身健美器材博览会等。

3.3.4.2 提高国际影响力

一场大型运动竞技比赛，能够带动举办城市及周边地区良性的经济发展，不仅能够带来直接的经济收益，还可以带来许多间接的经济效益。如2008年的北京奥运会，除了超过20亿美元的直接收益外，鸟巢、水立方等场地的建设为许多人提供了就业机会，建筑材料也拉动了我国制造行业经济发展，在奥运会期间，北京及周边地区的交通运输服务更加完善，北京酒店、餐饮、旅游、交通、建筑等行业得到高速发展。而最大的经济效益是中国在世界舞台的形象有了极大提升，这是多少经济收益比不了的。

3.3.4.3 推动技术交流传播

体育竞技项目作为体育旅游的重要组成部分，不仅对参赛选手的身体素质提出考验，更是现代技术的优质成果。竞技项目多样、涉猎领域广阔，在大型国际竞技比赛中，有传统的竞技方式，也有现代科技竞技武器。为了突破创新，越来越多的科技竞技出现在了竞技赛场上，如场地的智能化系统等，使得科技成为了体育旅游竞技项目中重要的交流媒介。通过大型国际竞技比赛互相借鉴学习，实现自我突破。

发展体育赛事对政治和经济发展具有重要作用，快速提高地区的影响力和经济实力，更好地促进技术交流传播。

3.4 相关案例分析

近几年，我国体育旅游发展很快，体育旅游在国家发展中占据着越来越重要的地位，我国有许多经典的体育旅游项目，许多独具特色的度假小镇案例可供参考学习，根据度假小镇的主要发展方向可分为以休闲、运动和商务产业为主的体育旅游项目、以体育产业发展为主的体育旅游项目和以开发户外运动拓展项目为主的体育旅游项目三大类进行案例分析。

3.4.1　以休闲运动商务产业为主的体育旅游项目

3.4.1.1　平湖九龙山航空运动小镇

1）项目概况

平湖九龙山航空运动小镇位于浙江省嘉兴市平湖市东南部，规划面积 3.35 平方千米，由浙江九龙山开发有限公司开发建设，位于平湖市九龙山省级旅游度假区内。小镇由户外运动休闲区、商务休闲度假区等五大功能区组成，打造商务、休闲、运动、养生全面综合的度假小镇。

2）发展特色

星海湾国际安养基地、九龙山阿平汉国际学校等一批支撑项目可以提供健康、休闲的旅游服务，以养生、健康、体育为主题，发展健康休闲旅游产业，打造出一套集休闲观光、健身娱乐、养老养生于一体的综合产业体系。景区内设有航空体育运动、水上运动、赛车等刺激挑战项目；也有高尔夫、马球及各种球类运动俱乐部休闲娱乐；更有瑜伽、禅修等养生项目，具备一整套全面的休闲度假体系，适合满足休闲娱乐、观光旅游、商务活动、养生养老等人群。

3）参考价值

以“体育 + 休闲 + 健康”为主题方向发展的特色旅游度假区，通过健康旅游特色吸引游客。

依靠高端活动及品牌的集聚优势开展交流活动，弘扬品牌文化的同时吸引了高端消费者；举办国内外的大型峰会论坛等活动，入选了省级特色小镇创建名单，随后又转型为健康休闲的运动项目之中，而转型过后的运动项目更加大众化，大大提高了消费群体范围，此外还提出了健康养老的概念。发挥地理位置优势，打造商务、养生、休闲全方位的综合型度假小镇。

（案例来源：前瞻产业研究院）

3.4.1.2　绍兴柯桥酷玩小镇

1）项目概况

坐落在绍兴柯桥区的柯桥酷玩小镇紧扣“酷玩”主题，是一所集运动、旅游、产业功能“三位一体”的综合型度假小镇。小镇内分为“水文化区”“时尚极限运动区”“山水游乐区”“高端休闲区”4 个区块，囊括了东方山水风情园、若航直升机场、鉴湖高尔夫球场等众多运动休闲资源，将着力打造“旅游小镇、运动小镇、产业小镇”。

2）发展特色

小镇开发了丰富的体育旅游项目，包括天马赛车场、环鉴湖慢行道、综合体育场等八大休闲类体育项目，不仅可以满足游客的休闲娱乐需求，也可以向专业体育爱好者提供高端服务，提供高质量、全方位优质服务。

小镇追求旅游、运动和产业三个方位共同发展，大力开发相关类型体育项目，体验“酷玩”的现代运动的新风向；选址于柯岩风景区之内，鉴湖景区展现了绍兴母亲湖“昔日”的风采，凸显了绍兴特有的水文化、桥文化、酒文化的丰富内涵，体验古韵小镇的风土人情；小镇内有东方山水风情园、浙江国际赛车场、若航直升机场等体育旅游资源，独自开发了一条体育旅游产业链。小镇拥有得天独厚的地理优势、区内环境优美、附近交通发达，全方位打造主题形象。

3）参考价值

柯桥酷玩小镇创新休闲旅游，打造体育新视野，倡导培养多端品质服务，无论是大众休闲娱乐建设，还是高端体育产业发展，在“政府＋企业”合作模式下，高效且成果可观。融合基础服务、休闲旅游、运动体验于一体的特色小镇，为柯桥和绍兴带来经济、社会和生态多重效益。塑造“酷玩”形象，提供主题特色体育旅游服务，吸引海外游客，构建和谐空间，增进国际友好交流。

（案例来源：前瞻产业研究院）

3.4.2 以体育产业发展为主的体育旅游项目

3.4.2.1 德清莫干山“裸心”体育小镇

1）项目概况

德清莫干山“裸心”体育小镇位于浙江德清莫干山，莫干山是天目山之余脉，位于浙江省湖州市德清县境内，美丽富饶的沪、宁、杭金三角的中心。地理位置优越，环境优美，是我国四大避暑胜地之一。莫干山山峦连绵起伏，风景秀丽多姿，享有“江南第一山”之美誉。

目前德清本地是以四个大产业为主，由 70 多家单位共同组成的集合，主要以场馆服务、体育健身休闲及体育用品的制造与销售为主，其体育休闲产品的出口额、销售额、增速等方面在行业内均处于领先位置，地方特色产业优势明显。

2）发展特色

德清县近几年来以运营体育场地、发展休闲体育项目、体育协会和生产体育产品等方面为主继续扩大发展范围，已经形成了四大产业集合的莫干山户外运动基地、全球“探索极限基地”“象月湖”户外休闲体验基地的三大基地产业布局。

小镇以打造“裸心”体育为主题，提倡“一心一带两翼多区”的特色发展，打造山上山下互动的户外场地。结合健康、文化、体育、旅游等多种有机元素，发展探索运动、户外休闲、骑行文化等特色项目，实现生产、生活、生态的融合发展，不仅可以满足大众游客的休闲需求，也可以满足高端客户的特殊要求。

3）参考价值

依托当地的体育产业文化，开发“体育 + 旅游”的旅游项目。利用莫干山独特的地理优势，拓展长三角地区体育产业市场发展。将旅游、体育、文化三元素有机结合，在青山绿水中发展体育产业，打造具有特色的体育用品研发地、户外运动集散地、拓展训练聚集地。通过经济产业带动文化产业，又通过文化产业稳固和促进经济产业的发展。通过建立独特的体育产业文化，进而弘扬民族特色传统文化。

（案例来源：前瞻产业研究院）

3.4.2.2　银湖智慧体育产业基地

1）项目概况

银湖智慧体育产业基地位于浙江富阳银湖新区，涵盖智慧体育相关领域的总部经济业态、旅游休闲娱乐业态、产学研综合业态，是国内首个智慧体育特色小镇。

随着发展，银湖智慧体育产业基地先后被命名为“中国球拍之乡”“中国滑翔伞训练基地”“中国龙舟器材研发中心”“中国赛艇研发制造基地”，并荣获“中国十大特色休闲基地”“国家体育产业基地”“国家运动休闲示范区”

等名片。而后以“把运动休闲业培育成为国民经济的战略性支柱产业和人民群众更加满意的现代服务业”作为发展目标，致力于打造城市特色品牌。①

2）发展特色

富阳古称富春，是浙江省杭州市管辖的一个区，位于杭州的西南面，是一座历史悠久的城市。富阳地处丘陵，有大片山区景色，历史文化悠久，人文底蕴深厚。因其独特的地理位置，作为杭州通往西面交通运输的重要枢纽，素有“杭州西大门”之称。

在这个历史文化悠久，自然环境优美，地理位置优越，交通运输便利的度假小镇开发智慧型体育旅游项目，创新娱乐活动，游客可以在室内体验各种刺激冒险项目，也可以在室外亲身体验模拟环境的 VR/AR 体育体验项目，如 3D 马球、3D 滑雪、3D 高尔夫等娱乐活动。利用得天独厚的地理环境，依托“金山银山”发展优质的现代服务行业，开创中国智慧体育度假小镇新纪元。

3）参考价值

在发展体育旅游基础上创新，实现智慧型体育旅游，可以同时满足游客室内室外各种模式环境的体育娱乐活动体验，在体育旅游产业发展上有了很大创新。同时，体育旅游与智慧产业的融合为双方产业注入新鲜血液，智慧产业驱动体育旅游发展成独特的娱乐休闲旅游项目，打造成智慧型体育旅游度假小镇。在发展上突出了“智慧体育”特色，创新发展体育产业，实现了其他产业与体育产业的有机融合，促进体育产业在当下经济社会的稳固发展。

（案例来源：前瞻产业研究院）

3.4.3 以开发户外运动拓展项目为主的体育旅游项目

3.4.3.1 嵩皇体育小镇

1）项目概况

嵩皇体育小镇位于河南登封嵩山三皇寨风景区，由河南嵩皇体育产业有限公司和河南省锦绣智达置业有限公司主导，与河南户外人体育用品公司和龙道

① 林峰．如何玩转体育小镇与赛事 IP ［J］．中国房地产，2018（20）：55－58.

国际集团合作打造，规划占地 31 平方千米，合作方涉及体育、航空、旅游、户外等领域，为小镇引入丰富的行业资源，主打航空、赛车、拓展等运动训练项目。

嵩皇体育小镇依托嵩山美丽的自然风光，融合赛车、航空体育、登山、拓展等多种运动项目集为一体，形成了涵盖大众运动体验、餐饮、住宿、采摘、养生等多种元素的户外主题公园。

2）发展特色

小镇在多行业单位的合作带动下发展成为游客提供休闲式、专业化和多样性的运动旅游小镇。同时提供观光旅游、会展服务、体育训练、田园采摘等多项主题服务。体验田园风情注重文化发展；开发航空体育、登山竞技等拓展多种类多形式体育运动；举办婚礼、会议、商务论坛等主题活动提供高端服务。专注航空、赛车、登山、拓展等多种专业运动训练项目，同时也有融合休闲观光、会展服务、田园采摘等多元素的休闲户外活动项目，共同打造“体育 + 旅游 + 休闲 + 文化 + 运动”的多主题小镇。

3）参考价值

嵩皇体育小镇在风景秀丽的三皇寨基础上继续探索体育项目，举办七彩风筝节等活动为游客带来一场场的文化盛宴，武术、跳绳、踢毽子、推铁环、发电自行车……还有孩子们喜欢的儿童乐园，活动现场氛围浓厚充满了青春活力。

河南登封被誉为“功夫之都”“武术之乡”，游客流量大，以武术文化引入，发展多种体育旅游项目，体育小镇凭借少林寺在武术界的影响力，以及武术之乡登封的文化产业，拓展赛车、登山等其他运动项目，逐渐向多元方向发展。

嵩皇体育小镇凭借天然的地理优势及合作资源，发展成为集旅游、运动、文化、商务于一体的多元化拓展训练基地，为登封及其周边地区带来了可观的经济效益。

（案例来源：前瞻产业研究院）

3.4.3.2　海宁马拉松小镇

1）项目概况

海宁马拉松小镇位于中国长江三角洲南翼、浙江省北部、南濒钱塘江，是以马拉松运动主题为核心的休闲运动旅游小镇，附着发展竞走、露营等相关体育项目，形成旅游与休闲运动相结合的体育旅游发展模式。

盐官拥有钱塘江大潮之奇观，每年吸引众多游客欣赏。景区内有一条临江生态绿道，因其独特的地理位置优势与气候环境，碧绿成荫的植被将其打造成为了一条天然的避暑跑道，且临江环境优美，在跑步的同时也可欣赏浩瀚的大江大潮，吸引马拉松爱好者前来体验。

2）发展特色

盐官风景区利用临江生态绿道专门打造马拉松项目，休闲与体育的结合也促进了当地旅游行业发展，不少爱好者都被百里钱塘景色吸引而来。因为地处长三角中心区域，交通便捷，特别是与杭州相邻，利用地域优势，成功举办“中国经济潮流人物”评选活动，继续开发与发展以马拉松为特色的休闲旅游项目，还计划融入帐篷酒店、房车营地等旅游休闲产业，进一步用运动休闲刺激当地的体育旅游产业发展。

3）参考价值

海宁马拉松小镇充分发挥体育赛事和独特景色相结合的特点，凭借盐官的景区优势，发展以马拉松为特色的运动休闲旅游，带动当地旅游行业发展。向马拉松爱好者开发一条龙服务，为马拉松爱好者提供训练、体验、测试等一条龙服务，定位成为马拉松爱好者的天堂，提高边缘产业经济。且杭州申办亚运会的成功也可直接辐射到海宁等周边地区，激发全民健身热情，因海宁独具休闲体育优势，海宁旅游行业会得到很大的发展。

利用先天的地理环境优势和后天的发展定位规划，打造出特色的马拉松小镇。同时，开发休闲旅游项目和露营、骑行等户外运动项目刺激旅游行业的发展，打造盐官马拉松小镇的特色品牌。

（案例来源：前瞻产业研究院）

3.5 小结

对于一个国家而言，发展体育旅游无论从政治、经济还是文化方面都具有深远的意义。通过体育交流可以进行国家与国家之间的政治交流，有助于国家的外交工作。近年来，发展体育旅游所带来的直接经济效益是有目共睹的，而体育旅游所带来的间接经济效益更是超出预期效果，带来的很多间接经济效益是无法用直观的经济收益去衡量的。发展体育旅游直观上带动旅游行业高速发展，弘扬了我国优秀的传统文化，更是使国家的文化交流得到了新的升华。

从体育旅游所带来的直接经济效益上来看，发展体育旅游所带来的直接经济效益十分明显。第一，举办一场大型的体育赛事给主办方带来的绝不仅仅是一场精彩绝伦的高手比赛，还有一条体育、交通、住宿、餐饮、购物、旅游为一体的消费线。来自世界各地的体育、娱乐、传媒等群体为主办城市的旅游、文化等各项经济都带来了巨大效益。创新旅游项目，发挥旅游地特色，开发特色体育旅游产品可以吸引大量海外游客来华旅游，平衡国际收支关系，维持国际收支平衡。第二，体育旅游通过商品销售收入和服务收入两种途径进行货币回笼。发展旅游业，向游客提供具有特色的旅游商品，满足游客消费需求的同时实现货币回笼；体育旅游项目向体育旅游爱好者提供现代化的旅游服务，满足游客体验需求的同时也实现了货币回笼。发展体育旅游带动停滞旅游地复苏，通过产品销售收入和服务收入流通货币，调整国内供需水平，可以有效避免通货膨胀。第三，刺激边缘产业，完善产业结构，发挥民族特色，实现国际化交流。体育有着全世界通用的语言方式，发展体育旅游可以作为连接国际旅游市场的极好桥梁。近年来，我国传统的体育项目和我国特有的少数民族传统体育活动发展前景广阔，可开发海外市场，传播东方民族风情。优化旅游行业的投资环境，加深对外经贸交流，则可以进一步完善我国旅游产业结构。第四，在游客体验体育娱乐项目过程中需要有专业人员进行专业的教学与指挥，在发展体育旅游过程中产生了许多新型就业岗位，一定程度上解决了一部分人的就业问题。同时，由于体育旅游产品较传统旅游产品有所不同，在传播过程中发展了当地的广告和传媒行业，加之旅游行业本身吸引外来游客会刺激当地的住宿、餐饮等行业发展，进而催动当地经济发展。

2014 年南京青奥会是中国首次举办的青奥会，也是中国第二次举办的奥运赛事，青奥会也为南京带来了众多经济效益。第一，优化产业结构，旅游行业及相关行业迅速发展，尤其是旅游业、餐饮业、社会服务业、文化产业等，对经济发展都有明显的拉动作用。举办大型体育赛事对城市产业结构的调整和环境质量的提高具有显著成效。第二，加速南京城市建设。举办大型赛事的城市交通、建设、运输行业会得到高速发展，为营造良好的城市风貌，建筑行业须引进大批优质人才与技术，周边交通运输建设也更加便捷，直接拉动举办城市及周边城市的经济发展。第三，为南京城市发展增添许多新元素。在举办大型国际赛事过程中，除带来经济效益之外还会带来众多文化效益，南京这座城市从经济、社会、文化等多方面都更趋于国际化。

体育旅游不仅可以带来直接的经济效益，从间接经济效益上来看也是十分可观的。主要有以下几个方面：第一，打破我国以观光为主的传统大众旅游模式，可以解决游客的参与度相对较弱的问题。且在高速发展的时代下，人们在学习、工作和生活等方面都顶着巨大压力，脱离城市的喧嚣，在山川河流中欣赏祖国大美山水的同时，又可参与体育娱乐项目，既丰富了我国的旅游资源，又促进了国民的身心健康。第二，我国是多民族国家，在发展体育旅游的同时，注意发挥民族特色，开展具有民族传统的娱乐项目，既弘扬民族传统文化又带动民族经济发展，对加强国民的文化自信，传承优秀传统文化也具有十分重要的意义。第三，体育运动使得不同国家、民族、文化的人们聚集在一起，互相学习，相互促进。一场国际赛事已不仅仅是一场简单的比赛，更是不同文化的深度交流。在运动健儿为国争光的同时，也创造了一个沟通世界的平台，促进和谐的交流空间，增进国际上的友谊交流。第四，体育竞技项目作为体育旅游的重要组成部分，不仅对参赛选手的身体素质提出考验，更是现代技术的优质成果。大型国际赛事更是为各个国家和民族提供了技术交流传播的平台。因此，大力发展体育旅游可以发展多元化的体育赛事，催动技术的交流传播。

2008 年北京奥运会为我国经济、文化等带来了多方面的经济效益。2001 年奥运会申办的成功极大地振奋了国人的心。自申办成功之日起，北京的经济发展、生态文明环境等方面都有了巨大变化，大大提高了北京的环境质量。2008 年奥运会期间来自世界各地的参赛选手和体育爱好者齐聚中国，借此机会在中国旅游的游客并不只有北京这一个选择，带动了全国的旅游发展。北京奥运会带动了京津冀地区蓬勃发展，建设高速运行的城际列车，缩短京津冀三地乘车时间，形成了“30 分钟经济圈”，加速三地的经济、文化、科技等方面的沟通交流，对发展京津冀一体化经济具有十分重要的作用。而在 20 多亿美元的经济效益外，有着更多直观上所看不到的间接效益，2008 年的中国大门敞开，2008 年的北京向全世界招手，“中国” 成为了当时世界上集聚焦点的热门话题，使得中国在世界也有了更大的影响力。2008 年的热门话题除了“北京奥运会”以外还有“汶川大地震”，“5·12”汶川特大地震颤动了大半个中国，8 月 8 日隆重开幕，令全国人民震撼，强大的民族凝聚力向全世界表达了我们不畏挫折的拼搏精神，提高了中华文化自信。相比较而言，奥运会所带来的文化效益绝不亚于经济效益。

随着经济的发展，人们生活水平的提升，人们对精神生活的追求也有了更高的提升。大力发展体育旅游，开拓新型旅游模式，创立新型娱乐项目可以丰富旅游形式，为游客提供更多的娱乐选择，鼓励游客在节假日期间进行旅游消费。同时，在旅游加入“情怀”“体育”等新元素下，也加深了旅游行业与其他行业的交流，促进产业之间的相互融合，由此可见，体育旅游的发展前景十分广阔。

第 4 章　体育旅游资源开发及案例研究

4.1　体育旅游资源开发的概念

综合国力的提升，不仅只体现在经济的增长，更多的是人们对于科教文卫体育事业的关注。文化体育事业走进大众，深入大众，文化体育方面的发展在我国迎来了全新的时期。体育旅游资源开发成为一种新兴的、受欢迎的旅游项目开发。依托体育活动和体育文化的内涵知识进行旅游资源开发的过程就是体育旅游资源的开发。

关于体育旅游资源开发的概念，大体可分为两种：（1）广义的体育旅游资源开发是指消费者在体育旅游过程中进行的体育锻炼、娱乐活动、文化体验、体育比赛等参与体育文化活动的一种形式，它与该地区的旅游产业、体育发展、资源开发息息相关；（2）狭义的体育旅游资源开发是一种丰富社会文化生活的方式，通过组织进行多元化的体育旅游活动，满足游客消费者的体育旅游需求，从而使身心达到预期的发展过程。

体育旅游资源开发的理解，界内学者理解大同小异，但都认可体育旅游资源开发是通过各种形式依附于体育活动的资源开发行为，可通过将体育资源和旅游资源的整合，迸发出一种新的形式不一的活动，将普遍的精神文化生活带给更多的人民群众，并产生了相应经济效益回报。体育旅游资源的开发不能仅仅停留在表面资源层面的开发，它还应该包括基础构架、内容设置、体系完成等各个方面，成功地进行体育资源开发活动可以促进当地的经济发展，提升城乡居民的就业率，维护社区稳定。

4.1.1　体育旅游资源开发的意义

经济发展步伐的稳步提升使居民的生活得到保障，人们的关注点逐步向体育相关产业转移，人们希望拥有更多的选择、更加贴心的服务和更加有保障的完整市场体系。因此，国家颁布多项政策鼓励体育事业的发展。事实证明，在国家的高度重视，政策的强有力扶持，2018 年中国体育事业总规模达 2.4 万亿元，同比增长 9.09%，数据说明体育事业已经成为新的经济增长点。我国体育产业表现出惊人的发展速度和作出巨大的经济贡献，让研究者对其巨大的潜能感到惊艳，在产业转型和经济贡献中发挥着重要作用。旅游行业一直是我国国民经济体系中重要的组成部分，游客对旅游产品的需求变得越来越多样，选择上更具有主动性，传统的旅游产品已经无法满足游客需求。所以，线上旅游阶段的到来，加快了节事旅游产品开发进入转折点的步伐。随着旅游产业和体育产业在格局和发展上不断成熟，体育与旅游相互交融形成了产业新形势，体育旅游渐渐步入了消费者的视线。经过 20 多年的发展，体育产业现已初具规模并且朝着一个越来越好的方向不断向前迈进，体育旅游产业成为一个拥有前景未来的朝阳产业。

体育旅游资源开发不只看重经济效益，保护和继承传统体育文化活动，振兴国民健康体质也将是体育旅游资源开发的重要部分。现代化发展越迅速，对传统文化的冲击就越大，传统体育项目也不例外。一大批优秀传统体育文化正在消失，国民的体育热潮逐渐“西方化”，大型的国际赛事奥运会、国际足联世界杯引得世界观众阵阵喝彩和支持，但传统体育则无人问津，是本身没有特色吗？并不是，是因为缺乏宣传。主流媒体，日常广告投放中，很少能看见传统体育文化的宣扬和报道，在社会现代化生活下，传统的文化正在消失，保护传统文化，需要从现在开始引起人们的重视。我国的传统体育文化丰富，依靠地理优势形成自身特点，例如我国“雪乡”的冰雪项目，得天独厚的冰雪环境，为黑龙江地区开展冰雪项目如滑冰、滑雪等提供了发展条件。除此之外，河南嵩山少林寺则吸引了很多武术爱好者聚集在此学习少林功夫，将传统武术发扬光大。以武术为代表的传统体育，蕴含坚忍不拔等优良品质，反映当地的风土人情，经过几千年的传承，留下了浓墨重彩的一笔，是当之无愧的瑰宝，推行体育旅游如果能推动当地的传统体育活动，则会使更多游客了解传统体育项目，扩大影响面。通过组织游客参与传统的体育活动当中，能增加游客对当地传统体育文化的理解，结合当地的一些传统特色活动，从而增加活动参加者的体验感，并鼓励游客多拍照，发布在个人的社交媒体账号上，是一种很不错的宣传推广方式，也能使体验者留下深刻印象。保护传统体育一定要结合当今时代的发展趋势，不创新就不会有进步，进步才能使其留存。

4.1.2 体育旅游资源开发的现状

4.1.2.1 体育旅游资源开发的特点

体育旅游资源开发和利用这方面，国外更具优势。国外对体育资源的开发意识比国内早，并且开发经验比中国多，主要的原因是国外的体育事业进行较早，受到国民的支持和欢迎。国外体育旅游资源的开发主要有两种：体育旅游参与型和体育旅游观赏型。其中，体育旅游参与型占据了大部分的市场份额。国外崇尚与大自然的接触，追求自然与社会的平衡。不少家庭在周末举家出游，到达邻镇或者在公园草地上野餐。另一种观赏型的体育旅游形式主要是到场观看大型体育赛事活动，出于对某种运动的喜爱，当该体育项目有赛事安排时，会积极地购票参观，到现场支持喜欢的队伍。国外的赛事氛围很浓烈，每逢一些赛事开始时，便会举家大小到达赛场为选手加油鼓励表示支持，就连明星们也有会到达现场为他们加油鼓劲。还有一种体育游玩项目也受到大人小孩的喜欢，比如风靡全球的迪士尼乐园，作为参与型体育活动，园内的体育游乐设施能满足所有消费者的需求，在每个游乐项目前面都能看到游客在排队等待，火热程度可见一斑。如今的迪士尼依旧是很多人心中的乐园，随着市场份额的扩大，在全球范围内，也拥有了四家分园。

相对于国外体育旅游资源开发，国内的体育旅游资源起步慢，开发意识弱，但随着国民关注度的持续上升，国家大力推进体育项目，运动员在国际赛事上频传佳绩，体育产业成为新的经济增长点；旅游产业已经大致发展成熟，正在积极探求转型期。借此契机，体育产业和旅游产业的交融是经济发展的大势所趋。在中国这片辽阔疆域的土地上，各民族都有独特的体育运动和文化活动。例如东北地区，因地理位置远离赤道，冰雪自然资源丰富，人们在这样的环境中，早就练就了一身滑雪溜冰的好技术，依靠冰雪体育项目，吸引了大量想接触“冰雪世界”的游客前来体验，我国的气候南北差异大，很多南方的游客在冬季来到北方，目睹一番“北国风光”。

根据现有的数据显示，体育事业在很长一段时间内都会走势良好，体育旅游资源开发的发展前景在业内也是普遍看好的。

（资料来源：中国经济网中国东北冰雪经济发展迎来“黄金机遇期”。）

4.1.2.2　我国体育旅游资源开发的局限性

体育旅游市场发展迅速，行业迅速增长的同时，也暴露出一些问题。疆域辽阔所导致的地区差异，出现了地区发展不平衡的状况。在东部发达地区，一些马拉松、山地自行车比赛项目和铁人三项等运动项目能迅速地聚集一大批参与者，这些活动往往带有大众性和参与性，人们的参与度和话题活跃度高，使群众积极地参加其中。但是在西部的一些偏远地区，一些传统的体育项目却很少有人能关注。类似西北地区的人们向来骁勇果敢，骑马摔跤等运动盛行，但由于受众面小、地域限制等因素，无法让更多的人参与进来，再者，它的大众参与度低，有技术要求，所以在推广宣传上具有一定的难度。这些都有可能造成体育项目的地域局限性，使之得不到满意的发展。一个行业的发展少不了问题的出现，正是因为这些问题的出现，在不断的完善过程中使这个行业变得规范，才会令这个行业能够发展得越来越好。在快速发展的同时，也相应的缺乏专业人才，没有充足的理论基础作为指导，单凭经验，在开发的过程中免不了出现错误。这几年的发展中，研究这一领域的专家学者越来越多，有更多的人能看到这一行业的可发展操作性。我们也希望在未来的日子里，体育旅游资源开发能让更多的人看到，并从中获得更大的社会经济效益，提高群众的精神文化素养。

1）体系不完整

维护社会的和谐平稳运行，需要建立一个制度体系去规范社会上人们的行为和思想道德。在体育旅游资源开发的过程中，首先应该做到的是体育旅游的资源规划，应对当地的社会资源进行全面的了解后再对体育旅游资源状况评估。事实上，体育旅游资源开发很容易会出现错误，开发一个体育活动项目，需要评估体育旅游是否适合开展，至少满足六个要素，除了自然条件之外，还要充分考虑客源分布情况、基础设施、服务设施、投资情况和地区可进入性，在满足这六个条件的基础上，减少可控影响因素，才能增加所选的体育活动适合体育旅游资源开发的概率。

2）规模程度小

国外的大型体育赛事有很多，在国际上，一些受到欢迎的赛事，如“国际足联世界杯”“温布尔登网球锦标赛”等赛事，一经确定时间和场地，就有无数爱好者从世界各地以各种形式，漂洋过海到达举办地观看比赛。赛事一般为期3~4天，时间长的则会安排1个月的赛事活动，在赛事举办期间，观众的住宿、出行、饮食等各方面的消费为当地居民带来收入，促进当地经济发展。这就是大型赛事带来的经济效益，世界级别的赛事并不常有，每四年一届，在这段空白期内，国内所举办的体育赛事，特别是西部地区的活动，规模小、参与度低。

3）缺乏品牌效应

活动没有产生品牌效应很难长时间存活。品牌包含的文化价值层面才是活动策划者应该更多关注的问题，这关系到体育旅游产品的生命周期长短。全球最大的综合性运动会，分别是奥运会、世界杯、世界一级方程式锦标赛，它们被称为世界三大体育赛事。这些国际性赛事，往往是国际旅游目的地必争的“兵家之地”。近几年，在中国的赛事发展迅速，在大众视野上出现了大大小小、种类多样的体育比赛项目。较为出名的是中国的帆船比赛，帆船比赛最开始的受众很小，只能作为一种兴趣爱好，但随着民众的关注度不断提高，越来越多的人加入到帆船项目，现在的帆船比赛已经小具规模，原本是在深港地区性赛事，在通过十年的艰难发展后，转变成了世界级的知名品牌帆船赛。

我国的综合实力不断增强，体育活动事业的发展受到了政府相关文件的支持，使这几年的体育产业发展取得令人喜悦的成绩。虽然目前国内体育活动资源开发中成功案例的影响力并不出众，但是越来越多的体育活动进入我们的生活，家庭的饭桌上渐渐有了健身、体育的话题，这点点滴滴的变化都在显示我国体育活动的蓬勃发展，由于国内缺乏影响范围广的体育活动，难以形成体育品牌效应，达不到预期的经济文化目标。所以现在应思考如何将一些特色的体育资源开发成群众影响力高、品牌效应好的体育产品，才能在日后的发展中更好地发挥体育品牌效应，带动更多的人领略其中的魅力。

（资料来源：中国杯帆船赛官网：关于中国杯）

4.2　体育旅游开发模式的主要分类及代表

4.2.1　体育旅游开发模式的主要分类

体育旅游已经成为国家大力鼓励的阳光产业，政府给予了很多的政策帮扶，政府通过在政策帮扶上的支持，放宽对体育项目审批的限制，以及对体育项目的保护性，能鼓励更多的人进入行业内，在行业内产生积极影响。在政府的帮助下，一些地区开始关注被遗忘的体育项目，结合当地的特色，利用现代推广营销策略，组织各类活动，先让一部分人了解认识，再带动更多的人参与进来，通过这一过程，最终展现在社会大众面前，让传统体育项目重新“活”起来。并且，政府还在城市建设规划时将更多的空间划分至体育事业，使更多的项目进入一个地区的发展进程中，充分发现机会，让体育产业和旅游产业建立更多的联系。国内的体育旅游事业发展正在加速进程中，但仅靠体育活动吸引游客显然是不够的，还需要与城市的吃、住、行、游、购、娱结合起来，发挥集体的力量，与其他产业相辅相成，才能达到城市建设的共赢。

体育旅游资源的开发目前在国内主要有三类，分别是与自然观光旅游相结合的嵌入型体育旅游、是以体育赛事为主题的体育旅游，以及结合社会资源进行整体营销的体育旅游。

4.2.1.1　与自然观光旅游相结合的嵌入式体育旅游

近年来出行旅游的人数很多，有的通过自驾游的方式，有的跟旅行社的团队出发，也有一些旅客选择独自前往目的地。旅游出行的人数众多，其中占绝大多数游客的出行目的便是希望到达目的地，亲身领略大自然的奥妙之处。目前，以自然观光旅游相结合的嵌入式旅游占据三类旅游开发模式的大多数，以侗族自治州为例，游客在侗族自治州除了能领略到壮美的山水风光，感受到当地的风土人情，还能体验当地的体育游乐项目，像跳竹竿这一类能带动游客上前参与的，能引发游客的共鸣，体验之后也能发现这项体育活动的乐趣所在。一些影响力大、传播范围广的国内综艺节目，一旦成为综艺节目的取景地，让明星们体验一次项目，节目播出后如果得到广泛好评，就会吸引游客们前来打卡，也能促进当地旅游的发展。在旅途中这些有特色的体育活动还能增加乐趣，很多游客就会对此产生好感，并在回到出行地时对身边的亲人朋友进行宣传，对当地的体育旅游也是一种很好的帮助。

4.2.1.2 以体育赛事为主题的体育旅游

除了自然风光，吸引大家前来旅游的另一个原因就是体育赛事，综合性的赛事是最能吸引眼球的，因为赛事包含的项目多，观众层面丰富。世界上著名的体育赛事能引发全球观众狂热追捧，世界杯举办期间全民狂热，即使不能到现场亲自观看，人们也会聚在一起，在酒吧等一些场所观看比赛，世界杯带动了全球的经济热潮，商家在世界杯事件上做营销，获得经济效益。据有关数据表明，世界杯期间，消费者的消费指数有了上升。这足以看出一个具有强大影响力的体育活动能引起人们的消费欲望，更别说在世界杯主赛场、球迷们的消费直接拉动了当地的经济水平。大型赛事往往会直接带动当地的经济发展，更直接的是能增加当地的游客量，所以，赛事活动和旅游产业有着千丝万缕的关联。

4.2.1.3 一体化营销式体育旅游

一体化的营销需要一个全局的观念。基础设施往往是关系城市发展的重要表现，城市基础建设会直接影响游客对这次旅游的满意程度，也是决定游客是否再次游览此地的一个重要条件。大型体育赛事在选择举办地时，组委会往往会考虑竞争国家的综合国力是否具有支撑起世界赛事的能力。如果要承办大型的世界级赛事，首先需要考虑的问题是，该地区是否能承受大量的人员涌入，这关系到住房、交通、饮食等生活问题能不能解决，还有一个重要的因素是当地居民的支持接受程度。国际赛事的筹备需要花费巨额经费，但是它所带来的经济收益也是巨大的，综合起来，利大于弊。正因如此，全球国家之间的竞争一直存在，获得承办权后，筹备工作也是一件巨大的工程，所以综合实力是他们做出选择的重要影响因素。

2014 年巴西世界杯可以说是一场国际性的狂欢盛宴，不仅举办地巴西，其他城市也纷纷做起世界杯的生意。数据显示，在世界杯期间，商家们利用世界杯的一些元素，制作世界杯的周边产品，吸引球迷们的购买，就算和世界杯没有关联的一些产品，在推广营销时也会想尽办法在世界杯中分一杯羹。有 45% 的被访网民在接受采访时表示，自己在世界杯期间购买相关的周边产品，以彩票为例，2014 年世界杯期间，竞彩类彩票销量高达 129. 21 亿元，其中决赛当日销量达到历史最高——8. 74 亿元，[①] 这是相当大的一个数字，任何一个商家都想从世界杯这一巨大商机中获得盈利。赛事如此火热，除了赛事每四年一届，让球迷们望穿秋水之外，另一个重要的原因还是整个世界杯的一体化营销，营造“全民世界杯”的氛围，带动了群众的情绪，使整个世界杯的营销获得成功。

（资料来源：手机央视网：世界杯期间竞彩销量 129. 21 亿元）

4. 2. 2　体育旅游开发模式的代表

目前我国体育旅游资源开发市场的成就，已经初步有了规模，在资源开发的形式上，体育旅游资源主要有六种模式，主要有高端运动俱乐部、运动休闲度假模式、体育竞技赛事模式、体育节庆活动模式、体育特色小镇模式和运动主题公园模式。这些模式依靠开发运动资源，结合地方特色，充分利用当地的地理优势和地区资源，找到体育和旅游资源的结合点，很好地帮助当地旅游事业的发展，并且给体育事业的发展提供了良好的道路。就以下六种模式的代表案例进行一一说明。

4. 2. 2. 1　高端运动俱乐部

根据当地的特色资源如海洋、山地等资源，提供固定相应的场地、设备和专业的渠道，定期组织训练及举办一些赛事活动，有单项运动俱乐部和综合性俱乐部之分。国内的一线城市，沿海地区可依靠宽阔的海域进行帆船运动，深处内陆的可凭借山林资源开展户外拓展运动。俱乐部便是这些活动产生的必然产物，俱乐部是经工商部门许可、盈利性的组织，一般提供封闭式的、只对会员开放的活动空间和服务项目。它可集娱乐、运动、餐饮为一体，通常俱乐部内的活动依据本身制定的活动规章。俱乐部具有一定数量的会员，这些会员是俱乐部大部分的收入来源。沿海俱乐部的三亚鸿州国际游艇会是一个代表。三亚鸿州国际游艇会是一个集游艇租赁、游艇销售服务于一体的游艇产业项目，并已铸造国内综合功能较齐备的游艇港及中国较为完整的游艇产业链。游艇会

---

① 世界杯期间竞彩销量 129 亿元 – i. m. cctv. com – 手机央视网。

采用会员制运营模式，已经发展成为拥有 1400 多名会员的较有规模的俱乐部。游艇会采用一条龙服务，从游艇会的租赁到专业人员的训练，包括售后等后续工作，专业而又个性化的服务是该游艇会最值得借鉴的地方。在当今产品同质化程度越来越高的环境下，服务品质在竞争中占有越来越重要的地位。

（资料来源：凤凰网海南：三亚鸿洲国际游艇会码头）

4.2.2.2 运动休闲度假模式

依靠当地的体育资源，将运动作为主打项目，开发休闲运动、鼓励游客以运动的方式，融入当地的人文特色，在亲身体验的过程中品味生活的乐趣。这类运动休闲度假模式一般通过度假村、农家乐、运动场的形式开展，是集休闲、观光、运动、娱乐为一体的旅游模式，利用当地的自然风光和城市基础建设，给游客由外向内的放松体验。

阳朔杨堤——十里画廊的这一段旅游区，是颇受游客赞誉的一条线路。桂林作为一个老牌的旅游城市，在这个城市的发展轨道和方向上，旅游业一定是最具有浓墨重彩的一个环节，关于桂林山水的小调、歌谣，还有一些相关的歌曲仍在传诵。但是，经过这十几年来的发展，桂林的旅游业到了现在这个阶段变得停滞不前，如果想要继续发展，继续走以前的老路是不行的，想要发展就必须改变。恰逢新一轮发展体育事业的浪潮，桂林市规划局拟发展骑行这项运动。在新投入使用的桂阳公路两旁，加入两条的骑行道路，这样，骑行爱好者就可以骑着自己的爱车，自由地往来桂林与阳朔之间。两岸的风景和舒适的道路，令不少骑行爱好者前来。并且，桂林还成为了世界环公路自行车骑行大赛的举办地。桂林，真真正正地成为了骑行爱好者的乐园。

十里画廊骑行路线是阳朔旅游的一个缩影，城市规划者新建了一条宽敞舒适的骑行道路，支持当地骑行运动的发展，另外，桂林也成为了世界环自行车大赛的举办地，这也为桂林吸引来更多的骑行爱好者前来旅游骑行。骑行路线可以提供旅游咨询、骑行线路、能量补给、活动会议、维修保障、单车租赁等服务。此外，途中的驿站还配备了游客体验中心，游客可以在骑行中感受度假村的风光。

便利的“加油站”——骑行驿站。沿途不仅有风光，更有遮风挡雨的骑行驿站，驿站的主要功能是补给骑行爱好者的不时之需，为广大的骑行者爱好者提供强大的后备力量。驿站功能齐全：常用防晒用品、日常单车维护用品、必需品如水、常用应急药品等一应俱全，满足了骑行者的需求，骑者累了还能停下来休息一会，感受本地的气息。在这个运动休闲度假的模式中，我们能借鉴的是在一个满是风景的城市，多样的旅游体验就显得尤其重要。在阳朔——十里画廊的骑行路段中，优美的风景令人心旷神怡，在骑行的过程中与大自然亲密接触，达到放松的目的，一方面，骑行途中有各式的骑行驿站，可以从中购买到防晒用品，骑行养护用品以及食品，使骑行者得到保障，这对与骑行者来说是十分便利的；另一方面也体现出对骑行者的整体满意度进行了考虑。这里既有优美的景色，又有便利的“加油站”，满足了不同类型的旅游者，也能以体育运动为核心，满足不同类型的旅游者需求，以此获得市场关注。通过完善的配套设施和创新的体育项目发展多样性游客，将游客吸引之后，通过民宿、书院等配套设施的打造，吸引游客兴趣，延长停留时间，留住游客。

（资料来源：阳朔旅游网：十里画廊一日游玩攻略）

4.2.2.3　体育竞技赛事模式

通过借助各项竞技赛事活动进行宣传可以增加体育旅游目的地的曝光率，吸引赛事爱好者前往举办地观看、体验各种项目活动，这些案例往往发生在举办相关大型赛事的城市和一些具有代表性的地区。以体育赛事为主的体育旅游发展模式，主要依靠体育、旅游、娱乐、购物、度假等几大活动来获取相应的社会效益。这类以体育赛事为主的旅游资源开发，多以兴建体育场地，在赛事后开放成为热门的旅游景点，例如里约热内卢在准备 2016 年的奥运会时，兴建了许多体育场馆，比如马拉卡纳体育场、卡里奥卡体育馆、奥林匹克水上运动中心、国家马术中心、国家射击中心等众多奥运会新建场馆。

要举办一场成功的运动会，不仅仅是要提升比赛时使用的场地，在城市的基础设施方面，都需要下一番功夫“吃、住、行、游、购、娱”是游客到达目的地后要满足的需求，即使到里约热内卢的目的是为了看一场令人激动的赛事盛宴，但是，为了满足这一目的，需要关系到影响游客满意度的六要素，城市的规划者提高城市基础设施的完善度，才能实现城市的升级和更新换代。抓住大型赛事时机，趁机打造多元化产品吸引游客。同样的道理也可适用于我国的北京，近几年北京举办了许多大大小小的赛事，作为国家政治中心，北京在国际城市影响力中地位很高。承办国际性体育赛事所带来的收益十分明显，这也是很多国家争相获得这些赛事举办权的一个重要原因。抓住国际赛事的舆论影响力，借机推出多元化的体育旅游产品，就有机会利用热度进行宣传，吸引众多的游客前来项目地进行游览。

4.2.2.4 体育节庆活动模式

充分了解当地的文化资源，探索当地传统体育活动，并通过举办节庆活动，还原节庆活动的原汁原味，并且通过服装、仪式的保留，真实地还原当时人们欢度节日的喜悦。通过这类体育活动，吸引游客前来参与和参观，有助于提高区域知名度，拓宽客源市场，带动地方经济发展。如在风筝运动中，潍坊国际风筝节最有影响力。每年 4 月 20 日左右，就有大量的风筝爱好者到达潍坊，进行一年一度的风筝狂欢，不管会不会放风筝，只要到达潍坊，就会被吸引。在这座风筝文化的发源地，各式风筝的风采都能在潍坊的上空被亲眼看见。不只是看风筝的人大饱眼福，放风筝的人也斗志十足。为了丰富风筝节的活动内容，举办方还加入了开幕式、比赛等形式，吸引了风筝爱好者前来参与。“风筝十绝”“国际风筝比赛”等活动满足了风筝竞赛者的需求，风筝博物馆、民俗旅游村的设立则让游客们娱乐与学习两手抓。

每年风筝节都吸引了国内外的风筝爱好者和游客前来参与，通过风筝节大大促进了旅游业的发展，不仅如此，在风筝节期间，还举办了鲁台贸洽会、昌乐珠宝展销会等经贸活动，拉动了当地的经济。据统计，在风筝节期间，前来潍坊进行商贸洽谈、文化交流、观光旅游的宾客就达到 60 万人。

我国的传统节庆活动还有很多，譬如西藏的晒佛节，具有传统的佛教文化，吸引了世界佛教主义者前来参加。优秀的传统文化需要注入新的活力，需要在新时代赋予新的动力，才能使一些优秀的中国瑰宝不断地繁衍生息，世世代代传承下去，守护民族精神。这样，才不会使古老的文化流失，失去了自己的精华。

（资料来源：潍坊工美风筝网：潍坊国际风筝节）

4.2.2.5 体育特色小镇模式

体育小镇是近年来才兴起的一种体育旅游项目，是以体育产业进行体育旅游项目的产业生态链。体育小镇集体育项目、体育文化、旅游和社区等功能于一身。目前国内的体育特色小镇有休闲、度假、探险、养生等四类。许家崖航空运动小镇是在国家体育总局试点项目中唯一的航空运动类特色小镇。航空运动少见，航空运动类的小镇少之又少。许家崖航空小镇本身具有稀缺性。以其为试点，率先培育，企图打造航空类小镇的先行。小镇主打三大业务：主流业务、旅游体验和社会培训。最主要的主流业务具有专业的航空设备，飞行场地、器械，并开设相关的课程培训，为航空爱好者提供专业的培训，帮助培养业内专业人员。

不仅如此，为了提高小镇的知名度，成功举办了首个综合飞行运动体验嘉年华，在当时，小镇刚设立，基础设施、设备条件并不完善，但航空运动的口号吸引大量游客前来观看参与。经过这几年的发展，嘉年华的举办受到更多人的欢迎，每年的嘉年华开展得如火如荼。

（资料来源：环球资讯：许家崖如何打造“航空运动 + 特色小镇”新模式）

4.2.2.6　运动主题公园模式

运动主题公园社区已成为国内外城市流行趋势。从英国的“摄政园”到纽约的“中央公园”，运动主题公园已成为国外城市公园的流行趋势，在各类公园设计相关的大奖上崭露头角。国内的传统公园有很多，这几年陆陆续续有许多运动主题的公园诞生。运动主题公园是以运动为主题的公园，来到运动主题公园，就会涌起一股运动的情绪。比利时的 Genk 运动公园就是其中一个。运动公园内的公共空间和山谷连接起来，使身边充满绿色，在绿色中享受运动的乐趣。而它除了丰富的景观之外，更有健全的运动设施。你可以选择在双跑道肆意奔跑，也可以去滑雪场感受激情与速度。

运动场上总是聚集着一群热血青年的身影，打篮球、踢足球……动时可尽情地挥洒汗水，静时可呼吸到葱郁林木间清新的空气。当大家都渐渐意识到运动主题公园的优势之后，又有人有了更好的想法：如果我下个楼就能置身那种环境呢？会不会更加有利于身体健康，这就是规划者所说的运动公园社区化。据了解，拥有运动主题公园的社区最受欢迎。日本东京这几年新的社区格外注重社区的绿色生活，打造社区与森林的无缝衔接，出门就是风景，这就相当于把一个公园搬到了家门口，成为了社区居民生活的一部分。

我国各运动主题公园在建设过程中很好地融合了中国传统文化和地方特色文化，将文化融入景区建设中。让公园不仅有一眼可见的美丽景色，还是一个可以感受到文化氛围的运动场所；注重生态性打造。公园在进行体育主题建设时不忘对生态环境的保护，将生态与体育很好地融合了起来，让人们在良好的生态环境下进行体育锻炼，更有利于身心健康；与周围休闲业态联合发展，提升公园吸引力。在公园周边也可增加一些属于儿童的游乐设施，还能增加一些公园附近的运动周边礼品，用于传达热爱生活，健康生活的生活理念。

这六种类型为我国主要的体育旅游资源开发的模式，它们之中有集百家之长的体育小镇，有结合传统的体育节庆活动，有国际影响力巨大的大型体育赛事，有贴近生活的运动主题公园，还有令人望而却步的高级俱乐部，这几种类型组成了我国体育旅游资源开发的新篇章。

（资料来源：搜狐网：运动公园，到底有多受欢迎）

4.3 相关案例分析

我国发展体育事业以来，在全国范围，有不少城市积极响应中央的政策，结合自身的地区差异，明显获得社会经济效益，闯出了自己的一条路。本书将从两个城市发展体育旅游的探索途径出发：湖北与河南，分析来年各个城市在不同的环境下如何利用社会资源。湖北与河南这两个城市，可以成为全国体育旅游资源开发的一个缩影，由这两个城市可以看出，城市在进行城市体育资源开发中所遇到的问题和解决方法，有一个经验借鉴的过程。

国内有很多的学者分别就自己生活的城市在体育资源开发发展这方面提出了很多自己的见解，说明有更多的人看到了在社会发展过程中文体事业的发展，也越来越关系到居民们的生活。特别是在我国的主要矛盾发生变化之后，人民对精神方面的追求，强身健体方面的关注，日益的增加是对我国体育资源开发是一个很大的契机，如果能抓住这次的契机，那么对城市的体育事业升级发展带来巨大的进步。

4.3.1 湖北省的体育资源开发

湖北省拥有丰富的旅游资源，因其地理位置处在第二阶梯、第三阶梯的国土地带，多山地、丘陵。因此，山地资源和湖水资源丰富，是国内旅游的黄金胜地，旅游业发展较快。除了旅游产业发展迅速，湖北省的体育事业也有不错的发展。湖北省的运动员在国际比赛中获得过 77 项冠军、48 项亚军和 39 项季军；在国内的各类大小比赛中，湖北省的体育健儿也获得了优异的成绩。湖北省注重体育事业的发展，关心体育产业的发展态势，培养了很多世界级的冠军。

湖北省的体育资源开发仍旧处在一个初期发展的阶段，体育事业的发展需要完善体制和发展空间，也需要专门的体制进行规范。如果缺乏相应健全的管理制度和规范，周边配套设施没有及时跟进，将会很大程度上影响体育产业的发展，体育旅游的发展也就无从说起。体育产业和旅游产业的联动需要一个产业体系内相对完善的规章制度，并在这些基础上寻求两者之间的结合点。

湖北省最新发布的《湖北省体育“十二五”发展规划》中提到：在中部地区崛起的关键 5 年中，是发展建设体育强省，推进科学发展、跨越发展的重要阶段。湖北省针对这个阶段认为科学的编制在发展体育产业具有关键作用。湖北省在旅游产业态势稳步增长的情况下，必须将体育产业发展壮大，进行旅游产业和体育产业的联动，开创体育旅游发展的新局面。为此，湖北省体育局针对这一时期的体育发展做出了一些相应的措施。

加强体育领域公共服务，在全省推进“健康惠民工程”的实施，鼓励全省参与，全民参与的体育发展状态；改革竞技体育管理体制，完善体育行业的管理制度，从内部进行整顿，提升全省整体体育竞争力，推出优质的体育项目重点突破；加强体育人才队伍建设，在全省范围内进行体育人才的培养，鼓励高校增设体育类专业项目，为体育事业储备后备军；改善体育产业发展环境，提高思想意识，不断提高自身的创新意识，促进体育事业质的飞跃；强化组织领导，坚持依法治体，为体育工作营造良好的保障环境。

湖北省政府重视这次所面临的机遇，规划当中指出：“十二五”时期，广大人民群众对于体育的需求不断增长，但是提供的社会体育资源远远不足，在今后的发展中，这一需求的矛盾将日渐增加，政府对待这一矛盾的需求应当重视，并通过提高体育公共职能将更多的体育资源提供给广大群众。群众体育健身活动科学化、社会化程度有待进一步提高；中小学生健康状况有待进一步改善；体育场馆、全民健身设施等基础设施仍然难以满足人民群众的需求。竞技体育面临严峻挑战，一些传统的具有广泛群众基础的足球、篮球、排球水平不断下降，省传统优势乒乓球、羽毛球、网球等小球项目整体优势逐渐下滑，基础大项田径、游泳、水上等“122”（三个奥运、全运项目共设122块金牌）项目的发展尚未取得实质性的突破，与国内领先水平相比，仍有一定的差距。规划中还分析了湖北省目前所存在的几个比较突出的问题：体育后备人才基础薄弱；体育科技人员，教练队伍的培养、运动员的文化教育、退役保障安置等问题没有得到系统化的解决；体育产业的发展缓慢，总产值与国内总产值仍有一段距离，培养人才队伍的速度没有跟上，出现空缺；体育法律法规体系建设与体育事业发展需求差距较大，依法治体有待进一步加强。湖北省政府体育总局指出在“十二五”时期，必须迎难而上，根据现存问题，努力解决阻碍和制约体育事业发展的矛盾和问题。

通过这份“十二五”的规划，可以看出湖北省政府对于当前形势的把控，明确指出，在这个充满机遇和挑战的阶段，湖北省的体育旅游资源可发展空间比较大，但是目前的城市设施依旧跟不上发展，在专业的领域上缺少了专业的人才，政策也没有给予太大的帮助。所以，在这份最新的规划中，可以看到湖北省的在接下来的时间里有做出的一系列调整，相信在不久后，会有一个令人满意的结果。

（资料来源：湖北省发展和改革委员会：湖北省体育事业“十二五”发展规划的建议）

4.3.2 河北省体育旅游资源开发

河北是我国唯一兼有高原、山地、丘陵、海滨、平原、草原的省份，河北省的旅游产业有其独特的地理优势，因其本身自带多种地貌，游客在河北游览时能够拥有多种选择，这为旅游产品的多样性提供了基础。河北省还是中华民族的发祥地之一，每年都吸引着国内外专家学者以及游客前来学习。河北省的体育发展并不突出，在2018年，河北省运动员在国际性比赛中，获得过11枚金牌，3枚银牌和4枚铜牌，这个数据与湖北省相比仍有一段差距。

河北省接下来要准备两场大型国际赛事，即备战2022年北京冬奥会和2020年东京奥运会。不久前，河北省召开全省体育工作会议，明确提出2019年全省体育工作总体思路：抢抓2022年北京冬奥会历史机遇，围绕一个中心、突出备战、深化改革、强化保障、抓好重点工作。具体措施为：竞技体育要稳步拓展重点项目布局，培育建设一流教练团队，强化科技支撑，在国内外大赛上争金夺银，多拿金牌；要推进“健康中国”的战略在群众体育中落实，鼓励和引导全民健身、创造性推动战略的落地；多创品牌；要认真听取群众内心的想法，满足群众对体育健身的需求，“创新 + 体育”模式，打造名牌，提高体育产业在河北省 GDP 中占有率和贡献率；借鉴先进省市成功经验，创新体育系统内部管理、优化部门职能，整顿内部环境，认真处理政府与市场机制的关系，要提供高效的、充满活力的体制机制；增强体育发展的内生动力；在体育文化上，多打招牌，使体育精神成为涵养社会主义核心价值观的重要手段，成为社会优秀道德品质的传播手段和重要途径。河北在全省范围内，开展了探索推广“体育综合体 + 体育赛事 + 旅游 + 其他”和“体育赛事 + 旅游 + 其他”扶贫模式，是以体育事业为杠杆来打造。具体实施中，聚焦 10 个深度贫困县，结合当地资源，找准体育扶贫定位；2019 年省级超收体彩公益金投入及中央转移支付资金分配重点向深度贫困地区倾斜，积极引导社会团体、社会组织等对贫困、偏远地区的扶持，以投资等形式填补资金空缺所引起的社会体育资源不足，加快推进相关配套政策落实。

为了落实这些相关的政策，河北省还高举党的鲜明旗帜，明确自己的立场：提高政治觉悟，明确政治站位；要坚持把加强党的领导认真落实党中央对体育事业健康发展的期望，在全省范围内积极宣传，认真做实事，要始终坚持党的基本路线，贯彻党的方针。推动工作作风转变：一要打开“国门”，组织 1 ~ 2 批次体育系统干部出国考察、学习培训，重点学习冰雪、社会组织管理等先进理念与经验，引进高水平体育人才。二要打开“省门”，对标体育发达省份，开展务实合作。三要打开“机关门”，主动联系服务省直机关，增进各战线对体育工作的了解和支持。四要完善体育激励机制，充分发挥体育精神，把更多的优质社会资本引进来。弘扬体育精神：在这个过程中，要充分发挥，典型人物、榜样的支撑和鼓励作用，将一些大家耳熟能详的运动名将，宣扬其艰苦奋斗、勇创佳绩的拼搏精神，挖掘高质量的优秀体育案例，将运动员的体育精神传播到群众中，这也是建设一省文化重要的精神内涵，营造狠抓落实工作的氛围。

（资料来源：河北省体育局：探索体育扶贫模式 助力脱贫攻坚）

4.3.3 从案例中所得的经验

从湖北省和河北省在2019年关于全省体育发展道路的情况上看，两省目前的体育现状可总结为以下内容：

①发展程度不一，地区之间存在落差。在不考虑其他的综合因素下，两省的体育事业普遍都暴露出发展不均衡的问题，省会及周边的城市因受经济发展的影响，当居民的人均生活水平有所上升时，考虑到的就不仅仅是物质方面的追求，还会表现出想要延年益寿的想法，这时，体育事业会更容易被人们接受。但是，一些发展没有那么迅速的城市，除了要抓经济建设，人民的关注点仍旧停留在生存的层面，就没有更多的精力去享受精神上的追求，因此经济的发展对体育旅游产业具有很大的影响。

②体育资源开发的规模化程度小。这个问题不仅仅只出现在湖北省和河北省，在全国范围内，我国体育资源开发的局限性里面都有提到这一点。我国幅员辽阔，地大物博，在很多时候，一些优秀的体育项目，往往被局限在一定的地域，不能很好地发挥出体育项目独特的魅力，没有在社会上得到关注。另外，即使在信息快速发展的时代，一些地区因为缺乏相关的宣传人员，没有利用好网络媒体的便利性，导致一些优秀的体育项目被埋没在人群之中，若干年后，这些体育项目，失去传承的渠道，小一辈只能通过书籍去了解其中的奥妙，没有机会亲身体验一番。

③集中化程度低，出现地区差异。湖北省多丘陵山地，地区与地区之间相隔太远，这就导致了一些活动不能吸引更多的居民参加，乡与乡之间，镇与镇之间，城市与城市之间没有形成紧密的联系，导致活动群众参与程度不高，活动效果不佳，数次下来，影响了举办者的积极性，也影响了参与者的投入程度，形成恶性循环，进一步阻碍了当地体育旅游行业的发展。

④缺乏专业的人才和专业的实施者。专业的人才队伍一直是整个国家的财富，不论在哪个领域。体育资源开发的过程中需要有人“慧眼识项目”，要看到体育资源的稀缺性和可创造性，要有“广而告之”的宣传者，帮助体育资源项目走出去，到达大众的视野，要有“潜心修炼”的传承者，在保护和传承这方面，需要有人领略体育项目的独特美，愿意为它放下喧嚣，沉着稳定，静下心，去学习，去领略。我们需要这些人才的出现，体育旅游资源的发展也

需要更多的人才。

⑤市场化机制不完善，缺乏相应的法规制度约束。市场的运行规律注定了优胜劣汰，如果政府的干预过多，那么就有可能出现留在市场上的产品，并不一定是群众被需要、被认可的。一个健全的市场制度可以保障市场的正常化运作，能够促进企业之间的公平竞争。但是，目前市场并不完善，导致很多细节没有规范的法律条文约束，容易出现混乱。所以，在正常的市场运转当中，难免还会有很多的问题出现，再加上政府干预过大，市场做不出应有的反应机制，体育资源开发市场进程缓慢。

体育资源开发的过程，我国才走出了最初的一步，这片市场仍然有很多方面可以继续深入地进行研究，尽管在发展的过程中，我们出现了不少问题，但是从另一方面来说，体育资源开发的市场确实有很大发展空间。针对湖北和河北两个省份已经出现的问题，可以针对这些问题进行相应的改善：

第一，加强人才培养的力度，吸引更多有想法的专业人才。人才的流失对当地的经济发展影响是巨大的，21 世纪的战争是人才的竞争，地区应该注重人才的培养，努力打造一支高、精、尖的队伍，多方面听取意见，包容开放，创建良好的行业氛围。在一些偏远地区，更应为积极地引进人才、争取更多的人才干部为一方开发做出贡献，加大对人才的优惠政策，例如通过一些人才安抚政策吸引专业的人才留在本地，也可通过一些优惠的政策进行人才引进，丰富本省的人才资源，使这些有才之士能留在本省，为城市的建设贡献自己的青春和热血。

第二，规模化能给行业带来标准的度量标准，在社会生产活动中，能起到对产品优胜劣汰的作用，为社会的生产活动带来良好的秩序，对资源整合、促进产业技术升级、调节配合区域间的生产起到重要作用。体育旅游资源的开发是否就能根据自己的喜好来发展，答案不言而喻。资源的开发需要考虑资源的可利用率、资源的可使用寿命。如何进行资源开发等多个问题的组合，行业内也应有相关的条文明确规定。客观上，体育旅游资源的开发需要使规定和现实实际生活中的生产活动高度密切，才能保证体育旅游资源开发的正常进行。规模化能给体育旅游资源开发带来强有力的竞争性，如果资源开发能做到规模化，则地区之间的资金流转和各方面就有了竞争优势。体育资源的开发不仅单靠资源，还要与其他相关的传媒、资金、土地、人员等，都是需要关注的方面。

体育旅游资源开发能进行规模化的整合，这对当地而言，也是一件好事；另一方面，由于体育资源的开发，规模化带来了就业率，提高了当地的经济，当地居民会自然而然地支持这一项目的进行，拥有了群众的支持，在日后项目进行的过程中，政策的推行和颁布，阻力变小，将会促进体育资源开发的进程，增加项目的成功率。为达到产业的规模化，可做到以下几点：

①完善市场机制，发挥市场在资源配置中的决定性作用。在市场经济条件下，只有合理、公平的价格才会促进资源配置的结构优化和效率的提高。完善市场机制，优化资源配置是地区发展快速提高，完善社会主义经济体制的重要举措。政府过度干涉，则会影响市场机制的发挥，并在一定程度上影响企业的积极性，搅乱市场秩序。政府在面对市场时，应该简政放权，在规定的条例法规范围内，让市场“活”起来，充分发挥市场的杠杆作用，将体育资源开发中以假充次、浑水摸鱼的企业淘汰出去，交给市场来决定，什么样的项目才是人民群众真正需要的，什么才是需要鼓励与支持的。

②产业联合，旅游行业和体育行业资源应当分享。体育旅游资源，体育和旅游不能分离。离开了旅游，就变成了体育活动，离开了体育，就只剩下单一的旅游活动。体育产业是最近十几年才慢慢进入人们的生活之中，人们对于它也还停留在一个大体上的理解：“体育 = 比赛 = 国际赛场”。但是今天，要让体育在生活中的概念被更多的人知晓。消费者在面对这两个产业时，旅游所依靠的客源市场在经历了长时间的发展后，单一的观赏性旅游已经不能满足游客的需求，纯粹的体育活动令一部分游客望而止步。体育旅游市场是新兴的具有活力的市场，“体育 + 旅游”的创新模式必定能吸引游客的参与度。随着经济的发展，互联网的普及，让更多的人意识到，在旅游的过程中也能达到锻炼身体，身心合一的状态，让更多的游客知道，体育旅游作为这几年新兴的旅游方式出现在大众面前。如何争夺市场获得最大的市场效益，依旧是发展体育旅游的要点。体育旅游资源开发时，应充分考虑利用自身市场的体育旅游优势，通过营销手段，多渠道曝光产品，提高产品的知名度；通过策划多元素的活动，面向市场，吸引不同层次的关注，认真剖析多元化需求，开发丰富的旅游产品，进而提高体育旅游产品的经济效益。

③走品牌化路线，加强宣传促销。体育旅游资源的开发与发展，从根本上

离不开品牌影响力。在资源开发过程中，需要树立起自己的品牌，对体育旅游产品的开发，要认识到体育旅游产品应具备自身特色，充分挖掘可开发程度，创新形式内容，与时俱进。品牌化路线的影响力绝对是不可估量的，特别是品牌化有助于企业产品细分市场。通过品牌所传播给消费者的特定信息，可以自然将消费者划分出不同的群体，即对消费者进行市场细分，能使企业发现市场机会。多品牌战略、满足需求，对“人无我有”这类资源，应当牢牢把握，着重特色做文章。结合市场消费需求、产品特色，打造独具特色的体育旅游产品，同时，要在充分利用资源的情况下，优化和整合资源，保护体育旅游资源的品牌特色，确保“人有我优”。同时，在积极开发体育旅游产品的同时，要积极地向外推广，利用时下的流行媒体，进行广告的投放，增加产品的市场曝光，为产品顺利进入市场，迅速扩大市场化份额打下基础。当今世界已经不是“酒香不怕巷子深”的时代，面对新环境，新产品更加需要敏锐的洞察力，把握时机，让产品走出去，也是体育旅游产品的突破点。

4.4　小结

我国的体育资源开发进程当中存在着一些问题，这些问题主要有：

①体育旅游的基础设施设备供应不完善。旅游目的地的接待应具备有相应的资格和配备新颖的体育设备，这些设施是衡量是否有能力接待游客的硬性要求。这些设施细分下来就好似围绕在旅游六要素：“吃、住、行、游、购、娱”。分别是吃饭的餐厅、住宿的酒店、行走的交通工具、游玩的设施设备、购物的场所、娱乐的项目。作为一个游客接待目的地，这些都应该齐全。另外，一些相应的体育项目，比如滑雪项目，则应当配备滑雪板等滑雪装备、滑雪所需服装、滑雪运动保护设备和一些应急的设施设备，做好滑雪的保护和防范工作，如果是水上运动就需要配备滑水板、救生艇、摩托艇，以及救生艇等常见的项目器械设备。尽管我们现在部分城市已经能达到这样的设施设备要求，但是一些偏远地区或者生产能力没有那么强的地区，还是会出现体育旅游设施设备不齐全的现象。

②体育旅游产品结构单一、形式老化、内容多年不变。很容易出现的一个状况是：当一个体育旅游产品在一定时间获得经济效益后，在往后的很长一段

时间里一直会延续当时的形式存在，多年之后依然没有改变。这会大大减少二次到访的游客，面对一成不变形式和内容，游客对于体育旅游产品的信心降低，没有创新就没有新的活力，没有活力就会被市场的发展洪流所摒弃。面对越来越喜欢多样化和更加严格的消费者，一旦产品缺乏多元性，吸引力与竞争力就会减弱。目前我国体育旅游资源的开发面临着许多问题，这些问题影响体育旅游资源的发展脚步。定位雷同，缺乏创新的发展内涵，项目之间存在想法雷同，缺乏精品项目，大大降低了地区体育旅游的吸引力、竞争力和影响力。并且，如果存在模仿其他地区的低层次开发，这种低级别重复建设，不仅耗费大量资金，导致设备景观的浪费，而且导致体育旅游者在选择上受限容易陷入主观印象。

③大众对于体育旅游的概念依旧认识不全面。体育旅游在我国进入了发展阶段，相对于人们在刚进入起步阶段时，在认知这方面，已经有了很大的提升。但是，人们对其概念、作用、本质的认识了解和体验尚不够深入。在积极开发新的体育旅游产品的同时，也要注意宣传体育旅游的概念，向消费者全面的传达这一新兴产业的开发过程，争取群众基础，为新产品面世打下基础。

④专业人才缺乏，营销宣传不足。营销现在是时下热门的词汇，一个产品，想要更好地出现在大众面前，营销手段免不了，体育旅游资源的开发需要依靠宣传推广，是一个对外开放性的项目，对于宣传的依赖性非常高。目前，国内对于体育旅游的宣传力度和营销力度投入的精力和资金并不多，这就导致了体育旅游产品的影响力不足，只能在当地激起水花，而不是一石激起千层浪。

一旦发现了问题，应该积极地去解决，虽然我国体育旅游资源在一定程度上还是落后于一些其他的国家，但是体育资源在我国是新兴的产业，在未来的发展道路中，找对方法，找稳路子，体育旅游产业一定会迎来属于它的黄金时代。

针对目前体育旅游行业出现的这些问题，总结出以下对策：

①以科学发展观为指导，坚持可持续发展战略。在发展的过程中，既要金山银山，也要留住地球的绿水青山。体育旅游资源开发的过程中要注意资源的可持续性，要坚持以人为本，统筹全局。让游客获得最舒适的旅游体验，是体育旅游资源开发追求的目标，对体育旅游资源项目的开发、线路规划、设备服

务的提升等这些资源都是为了使游客获得最适宜的体验。同时要兼顾起协调体育旅游目的地原生居民的经济、生态效益。发展体育旅游的各地区之间应加强联系，互相协调，紧密联系，协调各城市之间的发展。发展还应切合生活水平，不超前消费，也不能滞后于经济水平。

②增加体育旅游人才的储备进程，增强体育旅游人才队伍专业培养。在人才培养方面，可以围绕体育旅游的文创周边产品开发、景区项目游乐设施的建立和计划、户外体育运动的选址和建设、发展特色旅游等为主要学习内容，进一步加快储备和实施一批体育旅游人才的培训和引入，人才市场的引进可以在短期内通过一系列扶持政策引进外地体育旅游人才，以此壮大人才队伍，促进专业人才之间进行交流，促进沟通，学习经验，也可以通过人才帮扶政策，吸引更多的体育旅游行业人才。

③提升区域通达性，促成规模化的进程。各省之间的体育旅游产业发展程度不一，一些早期的发展城市，经济水平远远超过了偏远城市，在资源的利用上更有经验、发展的程度往往也比偏远城市高。各省之间应该加强联系，多向已经发展初具规模的城市学习经验，在发展过程中，总有相似的问题出现，各省如能加强联系和沟通，经济大省带动周边城市的发展，将产品的影响力扩大到别的城市，也是一种难得的宣传机会，地区形成规模化，则会触发规模化效应，带动产业升级换代，促进体育旅游经济的迅速发展。

第 5 章　体育旅游产品市场营销及案例研究

5.1　体育旅游产品市场营销策略及相关概念

5.1.1　体育旅游产品的概念

体育旅游产品是体育旅游者从家开始到整个行程的终点处理它包含的内容。这个过程是：吃、住、行、游、购、娱等，总之，可以称为体育旅游产品或产品组合型体育旅游。

站在现代营销的角度来看，该产品是由消费者的看法、旅游市场营销角度、有形货物或无形商品运动消耗交换，以满足人们的需求和欲望的因素或手段来满足消费者需求的一种形式，体育旅游产品是指在旅游过程中，能够为旅游者带来体育效用、旅游效用并满足其所需消费和服务的总和，体育旅游产品是它的衍生产品，也包含了旅游学的基本要素。

5.1.2　体育旅游产品的种类

我国有着世界级体育旅游线路，能够开展许多的体育旅游产品项目，在体育旅行社中处在较成熟的地位。因此，出现了一些体育旅游产品项目与观光结合起来的旅游线路，以下介绍了我国最常见的几种体育旅游产品的种类。

攀岩。攀岩是流行的户外活动，是年轻人最喜爱的运动之一。攀登天然悬崖峭壁的体能运动，具有一定的刺激挑战。攀岩分为室内和室外攀岩登山，特别是户外攀岩，攀岩是体育游客可通过自我表现对自身进行的一种突破，在这个过程中也能够领悟大自然的美丽。我国拥有几家高质量的攀岩场，能够抓住喜爱攀岩运动的国内体育旅游者和国外体育旅游者的眼球。

徒步。徒步是体育旅游当中最为常见的一种运动，也被人们公认为是最休闲的运动之一。徒步不是通常意义上的散步，也不是走，而是有目的地进入城市郊区、林间小道、山间长距离地步行锻炼。徒步不会让人感受到枯燥无味，一般来说，体育旅游者会选择沿着河岸走或者山间小路走，在这个过程中，增添了享受美景的乐趣，以达到自己休闲健身、释放压力的目的。

漂流。漂流是追求刺激体育旅游产品项目的人们的首选。驾驶小船，用船桨来掌握方向，沿着河中的水流，亲身近距离感受大自然，在这个过程中充分感受到激流之中的乐趣，是追求户外活动的刺激性运动项目的首选。在河中，人们乘着小船沿着水流顺流而下，在阳光的沐浴下，有时享受水的温柔，有时享受激流。在快节奏的城市生活中，漂流成为了人们想要减轻压力，释放自我的首选的户外运动项目，不少人在工作之余选择此项运动项目。

骑行。骑行是一种绿色健康的旅游形式，在骑车的过程中，可以充分享受旅行过程中的美好。骑行又名背包旅行，简单又环保，符合可持续发展的政策。它可作为户外体育比赛项目，在追逐名次的过程中享受着胜利快感。骑行可以对人们改善记忆力有一定帮助。骑行需要充分的运动量，做到全身心处于运动的状态，尤其对于大脑区域，长时间的骑行锻炼能够促进人们记忆力的提高，也能够缓解帕金森综合征症状。据科学研究表明，身体长期活动更可能减少癌症的诱发，经常锻炼并长期坚持骑自行车能够有助于增强免疫力，提高机能的新陈代谢，还能起到预防疾病的健身作用。

野营。野营指的是人们可以步行或驾车前往露营地。野营深受人们喜欢，野营经常被用来作为增进人们社交关系的户外活动。通常地点选择在湖边、山谷、海边等地。夜幕降临人们会在自己的帐篷附近燃起篝火，在篝火旁烧烤，唱歌等，这是最常见的露营活动，通过使用更方便和紧凑的户外野营装备，在野营中能够亲密地接触自然感受大自然的美好，也能够体会先祖露天生活的感受。

5.1.3　体育旅游产品的特点

特色体育旅游产品是基于运动的游客的需求为核心的体育和旅游，体育和体育旅游产品的组合，可以提供一些游客的参与活动和观赏性的企业。体育和旅游，是满足旅游产品的两个先决条件，可以称为体育旅游产品，体育旅游产品具有以下特点：

5.1.3.1 休闲性

都市人民生活在长期的工作中，处于一种疲惫、有压力的状态，这些长期工作的人们压力大，精神紧绷，所以他们需要通过一些形式能够让自己暂时摆脱工作、生活来寻求释放压力的方式。而参与体育旅游活动，则让人们在当中获得愉悦，释放以及减少压力从而达到舒缓心情、调整身体以及滋养心灵、休闲放松的目的。

5.1.3.2 健身性

从本质上来说，体育旅游是一种有着自身运动方式特征的运动，促使游客保持身体健康。有一些体育旅游产品项目是具有挑战性和刺激性的，挑战性运动可以使游客以挑战的方式来放松身体以得到满足健身需求，愉快和健身的作用。

5.1.3.3 交际性

体育旅游不受年龄、时间、空间的限制，体育旅游产品的许多项目，也受到很多年轻人和中年人的喜爱，老年阶段可以在旅游中参加体育运动。体育旅游的形式可多变，根据需求可调整，从而使身体条件较差的人也能参与活动。

随着现代化发展，人们的交际方式日益丰富且多样化，人们更热衷于在休闲时间进行沟通，增加彼此间的联系，而体育旅游是一种能够成为载体的交际方式供人们选择，例如：节假日、周末一家人或者约上好友一起登山、划船、越野等，在这过程中既能接触自然，又可欣赏异地文化与山光风水，满足自身交际的同时，也能够增进感情。

体育旅游产品的优势在于不用实物来交换，体育旅游经营者可以将更多的时间和精力花在销售和营销上。体育旅游产品的生产和消费的同时，它以体育为中心，以服务为核心。生产和消费是在同一时间，当旅游者到来就开始生产，消费在同时进行，体育旅游产品贯穿旅游服务整个运动过程中。但同时它具有高弹性，体育旅游产品是建立在人的感受以及需求之中，如果体育旅游产品不满足人们的层次需求，极有可能被人们舍弃。

5.1.4　体育旅游产品的分类

5.1.4.1　赛事型体育旅游产品

以体育赛事为中心，观众组织去观看体育赛事，并提供基于对体育运动的休闲体验活动旅游产品、事件类型体育旅游产品。体育赛事受到人们的关注，而大型的体育赛事更受到定向人们的关注，在此基础上，在组织、承办体育赛事时，除了赛事本身还需要将注意力放在到赛事参与者、参观游客的衣食住行等方面，这就需要配套酒店、餐饮、翻译等方面。而在赛事结束后，可以结合运动体验、教学；场馆参观；周边产品、纪念品等形式提供旅游休闲活动。

5.1.4.2　休闲型体育旅游产品

在体育健身活动的体育旅游游客的参与下，随着人们对各种休闲度假、疗养的需求相结合，同时也顺便实现体育旅游消费娱乐的目的，亲自体验和感觉体育活动的过程，以满足旅游者自己的心理需求，它强调的是旅游的体育性。

5.1.4.3　民俗型体育旅游产品

以民族习俗为特点的体育旅游产品，与其他类型体育旅游产品相比，是以一个国家或地区的历史和文化为特征，体现出独特的本土体育文化，与当地的风俗、习惯、信仰密切相关。

5.1.4.4　刺激型体育旅游产品

具有挑战性、冒险性，使旅游者体验刺激、惊险的场景，从心理上充分感受到激烈惊险等独特感受，也是体育旅游者体验体育旅游消费过程的一种方式。

5.1.5　体育旅游产品市场营销的概念

在现代化的发展进程中，城市化不断加快，营销策略在其中体现出尤为重要的位置。对于体育旅游经营者来说，如何做好营销，如何让体育旅游发展地更好是关键之处。体育旅游如果想要发展得好，有一定的生存空间，首先要将营销放在重要位置。体育旅游设置为出售企业的领先地位，对促进体育旅游相关产业资源的发展起着重要的作用。

随着现代化水平的飞速发展，人民生活水平在不断提高，在日益快节奏的生活中，人们开始重视体育健身活动，运动和旅游产品——体育旅游的诞生，受到广大游客的欢迎。

而旅游体育具有高弹性，要想在这方面有所成就，发展得好，必须明确体育旅游产品的营销策略的定位，同时，及时掌握体育旅游的市场动向，充分了解满足旅游者的需求，这是体育旅游经营者最基本的要求。

在体育旅游产品分析的基础上，需要遵循区域划分，在不同的区域可以选择不同的目标市场，根据需要更新独特的体育旅游项目，推动整体市场扩展和体育旅游市场的发展，从而提高了市场营销策略的可行性。

充分了解体育旅游市场环境制约因素，体育旅游产品比较依赖于大自然，它会受到大自然环境因素等影响，体育旅游经营者如出现类似情况，就需要及时采取措施，避免造成不必要的损失。

5.1.5.1 体育旅游产品市场营销模式

1）服务营销

体育旅游是以服务为核心，在体育旅游产品服务营销中，不仅仅是要对旅游者提供体育旅游产品，更是在体育旅游服务过程中，能够满足体育旅游者的需求，使其达到休闲健身、释放压力的目的。营销服务是营销的一个更深层次，侧重于消费者的满意度。做好体育旅游服务营销，是打好体育旅游产品的第一张牌。

2）体验营销

体育旅游产品项目具有多样化，一些体育旅游者除了希望达到休闲健身的目的外，想要追求刺激，具有挑战性的体育旅游产品项目，而体验营销能够让体育旅游者的特有需求，体验营销重在旅游者主动、亲身体验以旅游者体验需求为重点，丰富其项目内容，不断改进、创新，从而提升体育旅游的生存空间。

3）概念营销①

因信息化时代迅速发展，因此更要抓住旅游者的注意力，满足其需求。新媒体网络的作用不可忽略，可借助热门新媒体网络大力宣传体育旅游全新概念，赋予体育旅游特定的定位，引起体育旅游者的关注和认可。

5.1.5.2 体育旅游在国内市场的发展前景

体育旅游是近年来兴起的现代化旅游方式，主要以身体娱乐、休闲健身、体育竞赛、体育文化等为内容，体育旅游产品则是体育和旅游结合的新领域。对于体育旅游产品在国内的发展前景，可分为以下四个方面来分析：

1）中国有丰富的旅游资源

旅游资源是一个发展中的国家或地区的旅游业依靠生存和发展的最基本的条件，旅游业依赖于旅游资源，同理，体育旅游和相关旅游资源是分不开的。中国有广袤的土地和丰富多样的自然区域，复杂的自然结构和区域差异以及古老的历史，民俗和风土人情。例如：四川三岔湖，在四川省简阳市龙泉山麓三岔镇等。体育旅游可将依托其水域、山地、绿地等资源，引进丰富的项目，有水上运动、登高运动、野外运动等多种时尚热门的运动和体育项目；每个民族地区都有自己独特的民间体育文化和民俗的活动：比如内蒙古与奶食相关的白节、壮族的“三月三歌会”、傣族“泼水节”等这些民间的体育文化活动不仅蕴涵着浓郁的民俗文化，还有蕴含着独特的地域文化风情，都是可以很好地作为发展民间体育休闲旅游的资源。

2）旅游者对体育旅游的需求

随着现代城市化快速发展，人们长期在快节奏城市生活中居住、工作。对身体，心理造成了一定的负担，人们的旅游意识逐渐增强，并希望借助这一方式到外面开阔视野，增长见识，在这个过程中，能够让自己的身体，心理得到一定满足。体育旅游运动作为目前新兴起的一种旅游运动模式已经能够很好地满足了人们的旅游需求，人们更想通过传统的体育运动旅游达到休闲健康、释放精神压力的休闲旅游目的。在这一方面，体育旅游产业具有很大的发展空

---

① 概念营销：所谓概念营销，指企业将市场需求趋势转化为产品项目开发的同时，利用说服与促销，提供近期的消费走向及其相应的产品信息，引起消费者关注与认同，并唤起消费者对新产品期待的一种营销观念或策略。

间，具有巨大的市场发展潜力。

3）国家对于体育和旅游的高度重视和积极鼓励

体育旅游业是我国现代社会服务业的重要组成部分，同时它也是一个综合性的产业，能够对加快体育旅游业的建设和发展，带动其他与体育相关的旅游产业融合发展，扩大城乡居民的就业机会，拉动城乡居民内需的消费、加速体育旅游经济的发展等都具有很大的促进作用。由于体育旅游具有巨大的发展潜力以及未来发展前景较好，能够带动经济发展，国家先后出台了多项体育旅游政策法规，有力地保障体育旅游业的发展，例如推出体育旅游带薪休假补贴制度、加快体育旅游基础性配套设施的建设、给予多方财政资金的支持，以及在高校相关专业为专业人才开展体育休闲旅游活动等诸多方面的政策，全力地支持和推动了体育和旅游相关产业的发展。国家对此给予了一定的相关政策，使体育旅游有了一定的法律保障，能够稳定地发展。为什么体育旅游属于国家大力扶持的重点产业之一，首先就是体育文化旅游作为新兴产业是国家拉动居民消费和产业升级的重要驱动方式体现，能够缓解国内消费和就业市场积压、扩大内需，从而促进文化旅游产业结构调整转型升级，“体育 + 旅游”的新兴产业发展模式有其内在的逻辑和现实的需求。体育文化旅游的发展有利于国家的重大发展政策和扶持，即便在没有经济发展的空间中，以及在国家法律的保障下也可稳定健康发展。

4）体育旅游对国外的旅游者具有一定的吸引力

不仅在国内有市场，在国外也同样有市场。很多国外友人对中国的文化有着浓厚的兴趣，他们希望了解见识中国的著名的景点，以及了解贯穿五千多年的传统文化，国外的旅游者也可以借助体育旅游体验中国独特的山水、民族风情、地方特色、体育文化等，也可以体验刺激、具体挑战性的全新体育旅游产品项目。所以我们认为体育旅游作为新型的旅游文化产业在我国市场上可以发展的空间范围大，具有极大的市场开发力，可持续着重促进产业发展。

5.1.6 体育消费者对体育旅游产品需求

对从事体育运动和旅游及其文化产品的需求，体育运动和旅游产品需求的整体性主要是指体育运动和旅游的消费者对从事体育旅游的产品和其服务消费者需求的整体性。

这一整体性是我国从事体育运动和旅游的物质产品，以及旅游市场不同于其他国家的物质产品和旅游市场的显著特征。对体育运动和旅游消费者需求的整体性主要贯穿在体育旅游者在享受体育运动和旅游的过程中心理需要的各个方面，他们的需要有生理需要、安全的需要，又有享受和共同发展的传统文化需要。因此，要充分了解体育旅游者全方面的需求。具体来说，在包价体育旅游中，体育旅游产品表现为一条具有体育旅游指向性的线路，而在自助体育线路旅游中，则是满足了旅游六要素（吃、住、行、游、购、娱）。体育旅游需求的整体性要求体育旅游产品经营者必须根据体育旅游者的需要，将旅游者的需求和体育旅游供给的服务结合起来，再根据实际的情况对旅游者进行组合协调，以此组合来保证和满足体育旅游需求的整体性。

体育旅游需求的指向性有两重含义：第一，是指体育旅游消费者必须离开居住地而向旅游目的地运动，通过旅游目的地各种运动方式来适应和满足自身对体育旅游的指向性和需求。由于体育旅游需求市场要随着时代的要求变化，必须要求体育旅游产品经营者必须根据市场的变动，来制定出一套适合自身需求发展的体育旅游经营管理战略以及市场营销的策略，引起更多的体育旅游消费者的兴趣并吸引到体育旅游供给地来。第二，是指体育旅游消费者根据自身的兴趣、爱好，以及自身的需求和对特定的体育运动与旅游的产品爱好不同而产生的各种旅游需求。[①] 不同的自助体育线路使旅游者有着自己的兴趣爱好，随着体育运动和旅游娱乐产品的不一样，体育爱好者对旅游运动和产品的爱好和要求也不同。对体育旅游者来说，他可能对某种体育旅游产品具有强烈的需求，而对其他的体育旅游产品提不起兴趣。体育对旅游产品需求的指向性角度要求体育对旅游需求产品的经营者必须根据自身的体育旅游需求产品的类型、性能和产品质地对自身的体育旅游消费者需求产品市场的区域进行了细分，才能从中选择一个最适合的消费者和目标人群的产品进入市场。

从对体育旅游者的指向性角度要求来看，大多数的职业体育旅游者都是长期居住在一线城市的工作者，生活的压力对身体和精神上造成了一定的负荷，人们都希望自己能够通过运动在体育休闲旅游中能够更好地达到充分释放心理压力，修身养性，提高社会大众身体素质的目的，体育旅游的产品可更好地迎

① 百度百科．体育旅游市场．

合广大体育休闲旅游者的喜好和需求，那如何来设计和制定合适的体育休闲旅游的产品和项目，吸引社会大众体育休闲旅游者的注意力和眼球。体育旅游者的需求有很多种，体育旅游产品可根据体育旅游者的需求进行量身定制，确保能够满足体育旅游者的需求。

5.1.7 体育旅游产品促销优化策略

5.1.7.1 优化旅游产品策略

好的产品决定了体育旅游企业的立足根本，好的体育旅游产品能够让体育消费者喜爱，体育旅游产品需要不断优化升级，顺应时代潮流，设计满足消费者需要的体育旅游产品。体育旅游企业想要稳定发展，那么对体育旅游产品的质量一定要高且过硬。体育旅游产品的定位是高端青年消费群体，这类消费者追求高质量体验，注重产品的创新，所以，经营者想要长久的发展，就必须加强体育旅游产品内容设计能力、提高体育旅游产品的服务质量、不断完善和创新产品的内容来迎合消费者的需求。具体相关旅游行程优化的策略建议如下内容。

1）进一步优化体育旅游项目和产品的设计以及景点观光行程内容

体育旅游项目和产品往往是传统体育和竞技性旅游的结合体，故而在其设计上也往往明显地偏向传统体育，在其重心始终偏向于打造大型竞技性的体育赛事，时常甚至会让消费者忽略了景点观光行程的安排。而且在旅游行程上安排单一、路线不合理、简单无趣等问题，使体育产品失去了高质量服务的水准，这些也经常受到消费者的诟病，并且会影响体育旅游企业的口碑，这是对体育旅游来说是一个很不好的发展。比如大理联手拍摄《天龙八部》影视城“逍遥江湖”这个成功的案例。借助大理联手天龙八部影视城以及其他多部影视剧的实景拍摄，借此影视城作为一个契机，使天龙八部大理现代文化旅游的品牌形象焕然一新，在电影《五朵金花》之后，在国内迅速掀起了大理旅游的第二次高潮，吸引了不少的中外游客组团前往，从而充分有效推动了大理当地旅游业的繁荣和发展，带动了大理当地社会经济。在目前的大理传统旅游文化体系中将传统严肃的文化、传统文化和商业文化完美结合。加入“逍遥”一词可以是指游山玩水、琴棋书画、吃喝玩乐等，大理的旅游将传统文化旅游和亲身体验的江湖文化结合了起来，来吸引大理当地人们的眼球，亲身体验影视剧的活动项目，让游客除了能够领悟到大理独特的美景外也能能够体会到拍摄影视剧的新鲜体验感，喜爱小说《金庸武侠》的游客也能在此旅游中亲身体验天龙八部每一位人物的人生经历，增加了游客的新鲜感和喜爱之情。从这个例子我们可以看出，在对体育旅游产品上，一定要对体育旅游产品进行内容上的创新和完善，丰富其内容，设计打造出更完美、更优质的体育旅游产品，这样能够提高体育旅游企业的竞争力，也能受到体育消费者的青睐。

2）提高了体育旅游服务产品的客户服务满意度和质量

在体育旅游的产品中，核心的是其满意度和服务质量，体育旅游的产品服务高质量能够做到让更多的消费者在过程中觉得物有所值，不好的体育旅游产品的服务质量往往会被更多的消费者批评和诟病，从而大大降低了体育旅游产品在企业的竞争力和口碑。所以，熟练的服务团队和其专业知识在这一旅游产品提高其服务质量上的作用是绝对不可缺少的。企业要想有效提高其服务质量，第一，对于其管理人员必须定期进行相对专业化的管理和培训，设计编制出相对完善的标准化和相对规范化的体育旅游服务管理流程。第二，完善对员工的奖励制度，对于优秀员工要给予表彰以及奖励，这些能够促进提高对员工的积极性，增强员工的工作热情，从而提高服务质量。

3）加入新颖的体育文化项目，增加新意的体育旅游活动项目

创新往往能够给产品注入新的灵魂以及活力，唯有不断创新，增强消费者体验感，使体育旅游产品销售更进一步。在目前市场上，多数是观赏性体育赛事，缺乏节目性的互动，针对这个问题可以结合现有旅游资源加入新颖的体育文化项目。

5.1.7.2　优化体育旅游产品价格策略

保持核心产品高利润，非核心产品低价低利润的定价策略。每一家体育旅游产品都会有自己的核心体育旅游产品，在核心产品中价格不能变动，将其作为招牌特色，为了提高同行竞争力，可以在核心产品上提高服务质量以及塑造产品高端形象，可避免一些同行恶性竞争。在非核心产品市场上实行低成本利润价格的策略，定价低于其他产品市场同类型的产品价格，在不影响自身的经营成本和其产品质量不变的情况下，适当地调低其价格，对其产品提升市场的核心竞争力，吸引更多的消费者，提升其自身非核心产品的销量与市场关注度。

5.1.7.3 优化体育旅游产品销售渠道

发展体育旅游销售渠道对体育旅游企业非常重要，多样化的销售渠道能够帮助消费者了解到更多的体育旅游产品，并且能够根据自己喜好选择，所以，体育旅游产品想要发展得好，就必须要优化其销售渠道。

1）发展二、三线城市体育旅游

现在随着社会和国家综合国力的不断提高和增强，城市化发展水平不断地提高，一线和热点城市虽然城市化发展水平高，存在着较高的竞争力，但二、三线城市仍然具有一定的经济基础，人口基数大，市场经济覆盖率大，随着社会和经济的不断改革和发展，二、三线城市迅速崛起，目前的潜在的市场量可观，运用好这些消费市场对体育旅游产品有着重要的作用，能够有效地让体育旅游产品销售市场渠道的范围进一步扩大。

2）发展互联网销售渠道

互联网销售是时下最热门的销售方式，消费者通过网络找到自己所需求的商品，提交订单付款，收到商品完成交易。这样的专业销售人员管理方式，能够很好地让广大消费者足不出户就能及时了解自己购买的体育休闲旅游产品的价格以及相关信息，根据自己的喜好和实际需求对产品进行个性化的挑选。体育旅游产品经营者可以选择淘宝、旅途等网上软件，开设网上店铺，将体育旅游产品投放在网上店铺进行销售来满足部分喜好网上消费的消费者。

3）新媒体网络销售渠道

现在网络信息化技术水平的发展迅速，网络热门营销软件层出不穷，根据青少年使用热门营销软件用户的情况来看，微博、抖音等网络热门软件深受青少年的喜爱，青少年非常善于发现、追求新鲜的事物，所以研究和推广新型的网络营销软件销售服务模式是非常必要的。以传统的宣传推广而言，新型网络推广费用成本低，并且不会受到很明显的地域限制，所以新型网络推广无疑是体育旅游企业重要的推广手段之一。以热门软件抖音来说，一条热门抖音能够可以推送每个个体，继而吸引其消费者的眼球，帮助卖家实现精准性营销，带去最直接的效益。体育旅游经营者可根据其体育旅游产品的特点，设计适合有特色的宣传方式，更好地发展新媒体网络销售渠道。

5.1.8　体育旅游和休闲产品价格的策略

分析体育运动旅游和休闲产品，本身就是一个体育和休闲旅游的结合体，它们本身就是有形的体育旅游产品和一种看不见的体育旅游服务的组合，在未来的体育旅游和休闲产品的发展中，价格受到直接影响的首要决定性因素之一就是产品价格。制定体育旅游产品的价格要着重考虑市场需求，利润目标，成本费用等。

在体育旅游中，经营者希望能够扣除成本外获得客观的利润，其中，成本包括出行、食宿、游览等产品价格以及户外产生的一些费用，例如外出导向费。由于旅游具有灵活、多变、季节、淡旺季性，体育旅游产品的价格相对来说弹性较大。经营者需要根据以上的因素来制定差异定价策略，能够提高销售收入，扩大市场空间。

根据时间而制定价格策略，体育旅游有明显的季节、淡旺季性，经营者根据产品日期，季节调整价格平衡客源量，在淡季中可降低产品价格，旺季中可提高产品价格来平衡体育旅游市场客源量。

根据顾客而制定价格策略，根据不同的顾客可以制定不同的产品价格，对于需要高端定制多人团，例如公司，学校，家庭等这些团体，价格可以比散客的价格相对高一点，高端定制多人对于体育旅游产品价格高低不太敏感，他们希望给出的高价格能够收获相对应的高质量的体育旅游服务，而散客对于价格相对来说比较敏感，对于散客可制订单项体育旅游产品方案，体育旅游产品的价格可以考虑在接受的范围内。

针对需求不同的客人，可以为其制订合适的体育旅游产品方案供其挑选，一来能够满足顾客对体育旅游的需求，提高体育旅游服务质量；二来能够为经营者带来更大的利润。

5.2　体育旅游产品市场营销策略相关理论

5.2.1　体育旅游产品营销策略的基础理论

市场营销理论是企业把市场营销活动作为首要研究对象的应用性科学。其主要的目的就是指导和研究如何把适当的企业，或者产品以适当的质量和价格在适当的销售时间和地点，用适当的方法销售产品给更多的消费者和顾客，以最大的程度满足企业市场经济需要的同时来从中获取客观的经济利润。企业市场营销战略管理的一个实质内容就是如何使企业管理者能够根据自身的市场经济发展实际情况，来合理制定适应环境和市场变化的企业市场营销管理战略。这个理论同样应用于体育旅游产品营销策略。

根据体育旅游产品的营销策略，首先要做到瞄准消费者的需求和期望，经营者要了解、研究并且分析消费者的需求以及市场的动向，也要了解消费者所能接受的价格范围再制定价格定价，并且在这个过程中，体育旅游服务是非常重要的，以消费者为中心，实施营销沟通，根据消费者的需求来进行内容上的调整，所以说有一个好的营销策略能够更好地帮助体育企业长远地生存和发展。

5.2.1.1 了解体育旅游者的需求是制定体育旅游产品市场营销计划的首要前提条件

体育旅游者是一个特殊的群体，它和普通旅游者不同，又属于体育的爱好者，是在体育和旅游之间有着独特的心理需求。因此在市场营销的观念中，关键在于明确体育旅游目标市场的定位和需求，并能以比其他竞争对手更有效的和更高效的营销方法去满足市场的需要。快节奏城市化生活和城镇化虽然给人们的生活带来了大量的财富，但同时也给人们带来了诸多对人们健康和身体不利的心理因素。例如，由于不适当的锻炼、工作的压力大、居住的环境差等诸多原因使各种疾病缠身，因此人们更希望能够通过一些方式来缓解压力、调理自己身体，让自己更加健康有青春活力地去面对城市化的生活，而体育旅游则较好地满足了一部分人的这种心理需求。

5.2.1.2 构建体育旅游相关产品的市场区域定位策略和营销策略组合

着重体育旅游相关产品本身各个功能和方面的基础上，按照市场区域定位来进行体育旅游相关产品的市场定位和细分，找准了体育旅游产品的市场定位，准确找到目标市场，来构建一条满足我国体育旅游开发产品整体消费需求的体育旅游产品发展路线和体育旅游产品策略研究项目，这也是体育旅游市场策略分析的首要研究目标和任务。为了能够更好地构建有利于体育旅游开发产品的区域市场定位营销策略和市场营销策略的组合，可以考虑开发一些适应性较强的地域性特色体育产品和旅游营销策略产品，设计一些具有特色的体育产品和旅游营销策略产品，这样就更有利于体育旅游开发产品整体的市场。

5. 2. 1. 3　制定和选择合适的体育旅游产品营销策略

体育旅游产品营销策略是体育旅游产品营销的核心，体育旅游产品要想发展得好，首先要有一个适合自身产品的营销策略，策略其中主要包括多元化的体育休闲旅游项目和产品的开发和经营、新一代体育休闲旅游产品的技术开发和经营，以及体育休闲旅游产品项目和线路的规划和设计等十几个方面。首先要从市场、消费需求的角度来树立多元化的体育休闲旅游项目和产品的品牌，让更多的消费者对产品易于理解和辨识，起到刺激更多消费者的购买兴趣和需求，提起更多消费者的兴趣。其次在规划和设计多元化的体育休闲旅游的产品线时，要始终坚持围绕市场、主题突出、创新、顺序和灵活等基本原则，同时也要让消费者注意其营销策略的正确性和可行性。

5. 2. 2　体育旅游和体育旅游产品共生理论

共生单元指的是人类之间，自然之间，人与自然之间形成的一种相互依存、和谐统一的关系和命运，那是一种普遍存在的自然生物现象出现的，也就是说共生单元是在某种共生单元之间的，在一定共生环境中形成某种共生模式的关系。共生单元是一个企业模式和生态系统中各种自然生物的主体，包括一些国有企业、民营企业和其他外资企业①，这个共生理论同样可以适用于其他体育旅游和体育旅游之类的产品。体育旅游是体育和旅游结合的新领域，而体育旅游之类的产品在本质上是由其他体育和旅游的衍生产品发展出来，没有了体育和旅游，就不会出现有其他体育和旅游之类的产品，没有了体育旅游产品，体育旅游将不完整。在共生理论中曾提出一条原理：在企业模式的效率中，计生企业模式既不会自动产生新的能量，而且在共同进行公共生产的过程中，能量是单向流动的，表现为一方向任何一方企业提供无偿的能量，天地之间的共生关系产生新能量，但新能量只在某一共生单元的，这种关系对一方有

① 刘娜娜．共生理论视角下中部体育产业的优化策略研究［J］．山东体育科技，2016.

利，对另一方无利也对其无害，互惠关系产生了新能量，这是一种共生其中的理论，同样体育旅游和体育旅游产品也是相互依存，相互结合的，只有真正提高了体育旅游产品和服务的质量，才能为消费者带来优质的体育旅游服务，并且优质的体育旅游服务产品能够帮助更多的体育运动旅游者真正体会到高质量的体育旅游服务，达到互赢的最佳状态。同时，体育旅游和体育旅游产品相互影响，从体育旅游者消费开始到体育旅游的过程结束，其中体育旅游产品的好坏将会影响着体育旅游者的体验。针对这一点，经营者必须抓好这两点：向体育旅游者提供高品质的体育旅游产品；让体育旅游者能好体验高质量的体育旅游服务，做到双赢。

5.2.3 体育旅游产品市场营销理论基础

体育旅游产品市场营销理论来自市场营销学基本理论，其主要研究适当的体育旅游产品，在体育旅游者能够承担的价格以及适当的时间和空间，以适当的方式销售给体育旅游消费者。对于体育旅游产品经营者来说，新颖且具有创造性旅游产品市场营销策略，是实现双方共赢的基础。在我国体育运动旅游休闲产品的发展中，体育旅游产品市场营销的理论和实践有着重要的理论指导和推动作用。

5.2.3.1 体育旅游产品市场营销 SPT 理论

SPT 理论关于体育运动和旅游产品的市场营销 SPT 的理论主要有三种基本元素：（1）目标进入市场消费者细分（Segmentation）；（2）目标进入市场消费者选择（Targeting）；（3）目标市场消费者定位（Positioning）。这些都是我国体育旅游产品的战略市场营销的一个核心内容，SPT 营销理论的根本内容和要义之一就在于如何选择和确定一个目标进入体育市场的旅游产品消费者，或可以称为我国体育运动和旅游产品的市场消费者定位的理论。根据我国体育旅游产品市场营销 SPT 的理论，体育运动和旅游产品的市场消费者是一个综合性强的市场集合体，它们还包括了多层次、多元化的旅游消费者和需求的市场集合。[①] 经营者可以根据自身战略和产品情况想要找到符合体育旅游产品本身发

① 扬振强. 基于营销理念的高等职业院校发展研究［J］. 河北科技师范学院硕士学位论文，2015.

展的目标市场，必须要时刻根据市场的变动来调整产品。除此之外，经营者还需要将体育旅游产品的目标定位为站在体育旅游市场消费者的真正需求位置来投其所好，以达到满足其消费者的需求，并通过一系列市场营销的活动向以产品为目标的体育旅游市场消费者展示自身产品的品牌，引起体育旅游消费者的关注和兴趣，并从而让他们感知到这个产品就是他们所真正需要的。

SPT 理论细分是指体育旅游经营者在一定的体育旅游市场细分的基础上，确定自己的产品和目标体育旅游市场，最后在服务于体育旅游经营者的产品或服务的消费者定位在自己的目标体育旅游市场中，重点放在服务方面。

体育旅游市场的细分方法是指根据市场中的体育旅游者在市场需求上的特殊性和差异性，把某个体育旅游产品或服务的体育旅游市场逐一进行细分的方法和过程。

体育目标消费者的市场细分是指体育旅游企业从消费者细分后的体育旅游市场中，消费者选择细分出来的市场决定消费者进入的细分市场，也可以说是对体育旅游经营者最有利的市场，是体育旅游消费者市场组成中最重要的一部分。

而体育旅游市场定位就是体育旅游产品在营销的过程中，确定在目标市场中的位置，即确定其体育旅游产品在目标市场上的竞争地位，扩大自身生存空间，提高自身能力。

5.2.3.2　体育旅游产品市场细分以及目标市场理论

体育旅游消费者产品目标市场的细分，以及对目标消费者市场的理论分析体育和旅游的消费者对于体育旅游消费者产品的市场需求，需将我国体育旅游消费者市场区域划分出不同的体育旅游消费者的区域。在市场营销学中，只要是市场就会有市场细分，同理，在体育旅游市场中，也存在着对市场的细分。

这个市场的细分本身就是我们如何实现目前的体育旅游产品的市场营销目标的决定性基础和重要前提，把握和分析才能正确理解体育旅游产品市场营销的市场细分，才能找准体育旅游的产品市场营销的目标和市场。如果只是体育旅游市场就同样存在着对市场和市场的细分，而目前的体育旅游产品市场的细分是实现体育旅游市场营销目标的基础和前提，只要找准目前体育旅游的市场产品细分的方向和形式才能做出正确的市场理解，体育旅游的产品市场营销才能准确地细分找到市场营销目标并且稳定地发展。

由于体育旅游具有特殊性，所以它与传统的旅游有不同之处，体育旅游有着自己的独特性，所以它的目标市场也跟目前的传统体育旅游的产品营销目标和市场同样区分开来，在目前的体育市场旅游产品细分中，一般来说，即使目标、客户需求群体基本不一、层次也不一，在旅游区域服务的过程中不相同，但是在体育旅游户外方面，旅游区的服务等过程和形式基本相同。

在我国体育旅游产品市场发展的一个起步关键期段，体育旅游市场营销需要的是一个生存稳定的发展，抓住机遇才能迎接挑战，不应该为挑战而放弃任何生存和发展的机会。不同的目标市场需要体育旅游经营者采取不同的营销策略，根据实际情况提高体育旅游产品的质量优化体育旅游服务，这样才能满足各类旅游者的不同需求，并且大幅度地增加了中国体育旅游产品的总量和销售量，提高了中国体育旅游相关产品的国际市场量和竞争力，从而也打响了它的品牌效应。

5.2.3.3　4P 的基础理论基础

4P 的理论基础是一种典型的现代营销科学理论，由杰瑞·麦卡锡教授在《营销学》一书中首次提出，4P 的营销基本理论（Product、Price、Place、Promotion)，即为好的产品、价格、渠道、促销。

在企业市场营销的另一个角度上来看，产品和服务是否仅仅能够被市场的主体理解和使用，并且能够满足市场人们的需求及包括有形的产品服务。顾客购买他们的产品时，价钱是否包括了折扣支付的期限等，价格的关系是否影响一个企业的竞争力和利润，其产品成本是否能够有利于产品销售和促销等成本问题，影响价格和产品的成本价格的主要影响因素有市场需求成本和市场竞争，最高产品价格的成本取决于企业的市场需求，根据其市场需求和竞争力来随时调配产品价格，企业能够将这种产品价格定多高，还得取决于能够适应市场的实际需求以及其竞争力在同种价格产品的幅度内，价格在产品最高价格和最低价格的幅度内。

促销渠道是一个商品从生产和销售到市场和消费者消费的一个过程，经历的每个环节和过程都是推动市场力量的一个过程促销。促销有很多形式，宣传是其中之一，通过产品的宣传将影响体育产品的生存、促销等一系列的因素融入营销的行为。我们能够为体育企业和消费者提供有用的营销策划框架，通过 4P 理论，我们为客户详细讲解关于体育旅游的产品，阐述这个产品的理论，首先我们的目标应该是找准客户对于体育运动旅游产品有怎么样的兴趣和需求，并且在这个的过程中增强了顾客对体育旅游产品的高质量的体验。

在 4P 理论中，对于体育旅游产品不仅仅是制造出了什么，而是必须要开发一个客户需要的东西，真正能够满足客户的才是真正的产品。体育旅游经营者卖的东西不是定价越低越好，低了没有利润，没有利润影响体育旅游企业的发展，但也不是越高越好，高了即使有体育旅游者去体验，体验过后没有让体育旅游者感受到物有所值而且体验感觉低下，就不会再有回头客，定价能够满足体育旅游者才会有长期合作。渠道首先要做到口碑好，例如“老干妈”，“苹果”手机等是有自己的口碑，宣传任何一个行业总会有一个企业做到了口碑传播，但也要做好自身的体育旅游产品与服务，在目前的互联网传播中，好口碑更是极其重要。

除此之外，传播和销售体育的旅游概念产品的目的是为了让我们的消费者可以帮我们进行宣传或者包装，而营销就是旅游概念产品，是为了让体育和旅游者共同购买一种体验感来销售体育的旅游概念产品，就是体育旅游者购买了一种体育旅游概念的产品，除了产品本身还基于体育旅游者一种体验感，这就是产品的营销，营销是给我们的体育旅游概念产品本身赋予了一定的概念，也是能够更好地满足体育旅游者精神和生理的需求。

5.3　体育旅游产品市场营销的主要分类及代表

5.3.1　体育旅游产品市场营销的分类

体育旅游产品市场以体育旅游者的需求为导向，达成体育旅游产品交换目的，满足体育旅游消费者需求的同时，使体育旅游企业和体育旅游经营者获得收益或者提高社会效益。为了使体育旅游稳定发展，体育旅游企业和体育经营者采取并制定了一些体育旅游产品市场营销的营销方式，旅行社营销、整合营销、互联网新媒体营销是常见的传统体育旅游产品的营销方式。

5.3.1.1 传统体育旅游产品旅行社营销

根据现有的资料显示，在我国，体育旅游还在不成熟的初步发展阶段。根据现有的体育旅行社，体育旅游项目一般分为国际体育旅游产品项目和国内体育旅游项目。而传统体育旅游社又根据体育旅游消费者分为家庭团体育旅游市场、企业户外活动体育旅游市场和散客体育旅游市场进行营销。家庭团体育旅游的市场主要指人们的消费需求层次高，高端定制的家庭团体育旅游。对于体育运动的旅游过程中具有较高的消费需求，一般消费者都需要通过私人向导，量身打造高端定制的家庭团体育旅游服务。这类的体育旅游消费者主要是社会中上层人群，对于体育旅游体验要求极高。企业户外活动体育旅游市场是指企业组织员工在户外进行拓展和旅游结合起来的培训方式，为了加强和员工之前的沟通，加强企业的凝聚力，在此活动中传授一些户外相关的技巧和知识，来达到增强管理的能力，使员工在身体上和思想上都有较为明显的益处。国际上的散客体育类的旅游户外市场一般是泛指国际上一些大型体育旅游公司为旅游者提供的半自助性的体育类户外旅游活动和服务的市场，他们一般都会自行上网查找好一些相关的信息和资料，了解现在当季的一些体育类户外旅游的产品和项目，根据自己的实际需求及偏好来规划和设计其行程。但是在一些大型的专业性较强的旅游户外活动这方面往往还是需要户外向导人员来对其进行专业的服务和技术上的引导。户外活动：攀岩，漂流，蹦极等。这类的散客体育旅游的户外活动的利润率虽然会较低，但对于一些体育类的旅游户外活动的发展来说还是有着推动作用，而较好的品牌传播和带动作用吸引着更多的年轻人加入体育类旅游之中。

5.3.1.2 体育运动和旅游产品的整合营销方案组合

传统的体育运动和旅游产品整合营销的组合主要指的是对体育运动和旅游产业的一种综合优化销售的方案，即传统的体育旅游产品经营企业为了增强自身的核心竞争力，针对目前我国体育运动和旅游产品营销市场的实际需求，对于传统的体育运动和旅游产业营销活动的综合优化销售方案中的有关体育运动和旅游的产品、服务、价格、销售，以及渠道等要素进行一系列的综合优化营销组合，是在以更好地满足传统的体育运动和旅游产品营销市场的实际需求，达到传统的体育运动和旅游产品经营企业发展和盈利的综合营销目的。

5.3.1.3　互联网新媒体营销

网络信息化快速发展，社交网络软件是人们手机必不可少的软件，借助网络新媒体的一些热门的网络社交软件（如抖音等热门软件）来进行网络宣传体育旅游产品，让人们了解体育旅游产品的种类和体育旅游的好处。新媒体的网络营销模式主要是借助于新媒体的网络受众广泛且深入地对信息进行发布，让他们为客户带路，具体地运用到营销活动中，比如说采用董应胜的短视频以及微博的完成话题讨论，请各位博主以及网红等，就某一个热门的话题进行展开讨论，从而有效地扩大一个体育旅游产品的企业自己想要进行推广的范围。受体育旅游产品以及与体育运动和旅游相关产品的项目推广内容的涉及范围等因素影响，这种基于互联网以及新媒体的营销推广方式的成本不高，能够有效地提高体育旅游相关产品知名度，吸引着更多的体育旅游人和消费者加入关于体育旅游的活动当中。

新媒体营销基于特定的体育旅游企业对产品的概念，以及内容分析对于消费者进行心理的针对性或者心理的分析进行引导的一种新媒体营销的模式，从营销的本质上来说通常是借助网络媒体的形式来进行表达，使得消费者更加认同某种产品的概念、观点以及对其分析的思路，从而有效地达到对体育运动和旅游企业的品牌塑造和宣传、体育旅游产品销售的目的，甚至同时也可以与传统网络媒介的营销方式相结合，形成一种全方面一体式的营销。采用互动性强的营销方式，有利于消费者的理解其中的内容。

5.3.2　体育旅游产品市场营销主要代表

目前我国体育活动和旅游娱乐产品的市场营销层出不穷，大大小小的规模都有，现在可以举例的体育活动和旅游休闲娱乐产品市场营销的代表企业就是炎尔体育旅游公司。

炎尔体育旅游公司是我国成立的第一批体育旅游公司，主营具有观赏性的体育旅游产品。对于先行踏入我国体育旅游行业，炎尔体育旅游公司面临企业规模小、品牌效应力小、营销模式以及销售渠道单一、人员不足、专业性不强等一系列的问题。随着旅游业发展，旅游市场也随之扩大，同行竞争者的争相加入，给炎尔体育旅游公司带来一定的压力和紧迫感。

为了能够在这些竞争者中脱颖而出，树立一个在体育旅游市场有一定影响力的品牌，炎尔体育旅游公司做出了一系列措施：第一，改变销售单一模式和扩大营销渠道；第二，采用了相关的运营方法，例如：SWOT、STP、4P 等。通过一系列研究，炎尔体育旅游公司找出了自身优势以及不足之处。面对这些不足之处，炎尔体育旅游公司分析发展的机遇，找准自身的定位，从而达到对目标市场做到更完善的布局，提高产品的质量，增强顾客体验感的目的。

炎尔体育旅游公司很好地做到了，拓宽市场的范围，优化市场营销的策略，进一步拓展和巩固市场，炎尔体育旅游公司作为中国体育休闲旅游服务行业的领导者和代表性品牌服务企业，能够为服务此类休闲行业的各界同仁和消费者给予一定的支持和指导，也为相关的体育旅游行业做好了一个模范，推动我国体育旅游产业健康稳定发展。

炎尔体育旅游公司，首先提出的是通过体育旅游市场细分的理念和原则，重新确定了旅游产品和新的旅游消费群体在区间和市场发展目标的定位和特点，做出了相应的体育旅游市场规划和定位，根据体育旅游产品自身的国际竞争优势和市场劣势，以及面临的国际竞争机会和市场挑战对技术的深入和市场进行探讨，以全新的市场营销理念和策略改变现在的市场现状，进而通过 4P 理论改进解决方案，建议进一步完善体育旅游产品的内容和服务种类，提高产品和服务的质量，针对核心和非核心旅游产品的营销和定价，在传统销售渠道中逐渐扩展一线和二线城市市场的销售渠道，着重发展了一、二线城市的市场，开拓了网络和电视等新媒体的营销，到市场采用从传统营销单一模式的降价变为多种创新的模式，全新的体育旅游产品与全新市场营销的理念和策略相结合会给行业带来更进一步的发展，这对体育旅游产品的未来在体育旅游市场的发展具有相当的推动和促进作用，也给体育旅游同行带来一个良好的机会和借鉴。

（资料来源：王磊、炎尔体育旅游产品市场营销策略研究［D］. 广西大学，2016.）

（来源于中国知网）

5.4　相关研究案例的分析

5.4.1　观赏性体育休闲旅游：案例分析——上海市观赏性体育旅游发展与资源整合相关研究案例

自20世纪80年代中期上海旅游业快速发展，其中观赏性体育休闲旅游以其广泛的参与性与观赏性、娱乐性与休闲健身性、专业性与休闲高品位性、教育性与国际互动性于一体的特征，正逐渐发展成为了人们关注体育旅游的新热点。而上海作为目前中国体育旅游城市综合发展实力最强的体育旅游城市之一，上海在观赏性旅游业的发展方面起步早、发展较稳定，但是在观赏性旅游业的发展这一方面也是存在着一些问题的，尤其在观赏性体育休闲旅游这一发展的方面，上海对于观赏性体育休闲旅游发展与资源整合这一方面还是存在着一些不足的方面。

针对这个问题，有专业的学者对于上海体育旅游资源整合专门做了一项研究。采用了查阅相关的历史文献资料、问卷调查、实地考察等多种方法，分析了近年来上海各地区体育旅游资源整合的相关理论和实践基础，也进一步提出了旅游资源整合的总体构想，对于加快推进上海体育旅游资源整合工作有着重要的指导和推动的作用。

这项研究对于上海资源整合的指导理论提供了丰富而坚实的理论基础，对于将来要对上海体育旅游资源整合的相关政府部门制定整合以及规划方案提供了一定的帮助。在这份问卷调查报告中，对内容和对象分别进行了分析，但是受性别、学历、经济以及收入等各种社会因素的直接影响，其中在学历及经济收入上这方面的调查对象对此有着高度显著的差异性。这充分说明，在一定的程度上，体育文化旅游的开展作为一种新兴的体育文化旅游发展方式，是需要人们在一定的政治思想意识上去深刻认识和学会接受它的。其次，体育文化旅游的建设和开展需要完全建立在一定的经济基础之上。

总体而言，上海居民对于上海体育资源整合评价大多数为较好以上。还有一部分否定评价中，主要包括了体育旅游费用和体育旅游项目内容。体育旅游者在参与体育旅游时，出行的时间和他们的兴趣两个问题往往是被参与调查的居民出行时考虑的首要因素，经济的问题被他们合理地放置在出行时考虑的最后一个重要的问题。根据以上的参考，不难看出人们对于景区的选择往往是选择热门景区，同时着重参考景区的质量，体验的过程中往往能够很好地让他们真正感受到物有所值，所以在其出游时需要考虑到出行时间和他们的兴趣两个问题的直接影响。虽然上海市的体育旅游目的地资源丰富，对于体育旅游资源的挖掘和开发上还是存在一定的发展滞后，一些观赏性体育休闲旅游的资源尚未挖掘和开发，以及一些体育休闲旅游项目的设施尚未完善。

海滨沙滩型、山地型和湖泊型是被调查的居民最想要去的旅游目的地资源类型。新、奇、特的是体育休闲旅游的项目特点，但是他们往往没有真正接触过，对他们来说有着一定的意义和吸引力。而这些类型的体育旅游者往往都会选择在气候适宜、环境优美的春秋季节出游。

对于如何将上海市参与体育休闲旅游的资源整合和完善，总结出以下几点：

第一，对于其体育休闲旅游的资源我们需要合理地进行挖掘和开发，丰富其体育旅游的项目。

第二，需要寻找创新的体育旅游项目来吸引人们的眼球。

第三，结合参与性体育行业和旅游者自身出行的实际需求和自身考虑的因素，来量身定制一套体育旅游产品和出行的方式，来保障和提高参与性体育旅游的质量和市场覆盖范围。

（案例来源：宋洋. 上海市体育旅游资源整合研究［D］. 上海体育学院，2009.）

（来源于百度文库）

5.4.2　参与性的体育旅游：关于四川省境内参与性的体育行业和旅游的 SWOT 现状分析及其发展对策

四川省拥有体育旅游资源丰富，拥有着美丽的人文和自然风景、悠久的历史文化、浓郁的民族氛围以及地方文化风情，并且具有得天独厚的地形和优势。

四川省境内是目前我国著名的旅游景点和资源丰富的旅游省份之一，“童话世界”之称的世界级九寨沟、国家级大熊猫之乡、蜀道文化景区和三星堆等地都是目前四川省三大国际文化旅游品牌，除此之外，四川省境内还有着重要的世界人文和自然的遗产、文化遗产共四处，以及国家级的风景名胜区共十五处。[①] 其中，四川省最著名的景点有：峨眉山、牟你沟，兴文石林等以独特的自然风光吸引着不少的游客前往。四川省不仅以独特的地形和气候优势而著名，其中，自贡四川省还蕴含着悠久的少数民族历史和文化以及浓郁的少数民族人文历史风情，例如：刘备墓与武侯祠、望江楼等这些与四川省历史上的著名人物息息相关。其中，自贡“恐龙窝”同时也是世界恐龙动物化石的集中地，大熊猫也是受到世界的高度关注与喜爱。自贡凉山彝族火把节、川西北藏族转山会等这些也是四川有名的民俗旅游观光景点。

虽然四川有着丰富的旅游资源，但由于四川缺乏整体意识导致产品开发不到位，首先，目前四川省的资源优势没能够完全转化为旅游经济的优势，其次，四川省在全域旅游休闲产业的发展起步缓慢，资源开发水平尚未成熟，综合服务水平低下以及旅游基础设施不完善，旅游资源自然参与性的活动和旅游项目发展缺乏有效的调控管理手段，导致旅游资源投入活动产出和经济效益低下，结构单一，另外导致境内旅游资源分配机制搁置的现象也比较严重。最后，四川省境内旅游资源中还存在入境旅游产业发展薄弱的问题。入境旅游人数及入境旅游产业外汇收入规模是用来衡量一个国家和地区主要城市的旅游产业和县域经济发展实力的重要衡量标准，根据已有的数据分析，全国境内旅游产业外汇收入规模占四川省旅游产业总收入的比重为 31%，中国四川这一地区的比重仅占 4%，远远明显低于国际和国内经济发展地区的水平，而且所有前往四川旅游路径的中国游客人均在境外逗留仅为 1.8 天，旅游者通常是奔着热门景点去的，缺乏对于四川省的整体旅游形象的认识和深刻体会。并且四川省的旅游基础设施没有逐步完善，旅游行政的管理不到位，权力有限且没有更有力的管理手段和调控能力，很难对旅游行业进行管理，在近几年的形象来看还是存在着某些抢客、拉客、骗客等违法行为，严重地侵犯了旅游者的人身安全和生命财产安全。

因此，需要通过培育和塑造四川省特色鲜明的体育旅游文化形象品牌来培育和打造“生态——探险”型的体育旅游文化品牌，更好地调动一下四川省

① 罗恂. 大学生旅游市场开发新模式——以四川地区高校为例 [J]. 中国集体经济，2012.

广大少数民族群众参与体育旅游文化产业融合开发的热情和积极性，从而进一步地发展四川省少数民族参与性的体育文化旅游。根据 SWOT 分析，表明四川省旅游产业优势和劣势并存，是重大的机遇和历史性挑战了并给出相对的策略：在未来的四川省旅游产业发展中应实行可持续发展的战略，在四川旅游发展中紧紧抓住中国加入世贸组织或者中国申请的四川省中西部大城市旅游开发申遗成功等，重大的历史性挑战和机遇便有可能进一步增强其优势，避开其短处，提高现在四川省民族体育旅游产业的竞争力。

（来源于百度文库）

5.4.3 少数民族文化地区旅游：广西少数民族地区传统体育旅游产业发展现状与对策研究

广西特有的少数民族地区传统文化体育历史悠久，浓郁民族风情，而且拥有丰富的少数民族体育地区旅游资源，但在其旅游产业发展的过程中还是存在诸多的问题。例如，在我国广西是一个位于西部的地区，经济相对于落后，虽然广西有着丰富的少数民族体育地区旅游的资源可以进行开发，但是如何开发是一个很大的难题。针对这个问题，我们从广西少数民族传统体育旅游发展现状的优缺点来进行分析，在其分析中提出了一些适合其旅游发展的对策。

5.4.3.1 优点

1）广西壮族自治区的民族体育产业化旅游可开发的资源丰富

广西有 11 个少数民族，是目前我国少数民族个数位居第二的民族体育省份。每个少数民族在其生存和发展的过程中，形成了自己独特的少数民族体育文化，并且每个少数民族都有几种乃至十几种可以进行民族体育的活动和项目，因此，在广西民俗体育资源十分丰富。

2）广泛的特色和地域性

由于广西的民族体育旅游资源广，分布在广西壮族自治区全区各地，所以各地都形成了具有很多属于自己风格的和特色鲜明的大型民族体育产业化项目。如广西南宁地区的抛绣球、跳芦笙等；广西柳州地区的长鼓舞、拉鼓等；广西百色地区的舞狮子、打秋千等。即使个别少数民族地区的民族体育项目有所相同，但分布地方不一样所以给旅游者的感观也是不尽相同的。旅游者每到一处，可以看见也可以亲身体验独特的民俗活动，并通过这些独特的民族体育旅游项目能够使旅游者了解到当地风土人情、民俗文化、历史的演进，从而为当地少数民族体育旅游和文化产业的发展打下良好的条件和基础。

3）良好的文化配套性

良好的文化配套性：一是将大型的民族体育旅游活动与少数民族传统节庆融合，如端午节的赛龙舟，壮族的抛绣球、傣族的泼水节等，在民俗活动举办期间，文化活动与经济活动相互交融，互相促进热闹非凡。二是与当地大自然和其他少数民族人文传统体育旅游的资源互相配合，例如，侗族的“多耶舞”、京族的跳竹竿、苗族坡会以及当地开展的“爬坡杆”“跳芦笙”等民族体育活动都能很好地融入大自然的景观和其他少数民族的文化之中，成为了具有独特文化风格的少数民族风情旅游文化资源。

5.4.3.2　缺点

1）少数民族传统文化的知名度低

在很多人的印象中，大多数的人只知道少数民族这个总称，但是却不知道少数民族中各个民族的特色，民族之间的民俗风情和地方特色，而且对少数民族文化的记载多数在书籍杂志上，对于少数民族文化的宣传推广极少，导致人们对少数民族文化存在着神秘的感觉，即使选择前往少数民族地区进行旅游的人们也是做了很久功课，在选择类型旅游时，对少数民族地区旅游有着较多顾虑，最后往往放弃选择，往往选择热门的旅游景点而忽视少数民族地区的体育旅游。

2）少数民族的体育文化旅游活动的局限性大

在我国少数民族的体育和旅游文化活动中，最为突出的特色活动就是少数民族每逢传统节日的特有体育文化活动，例如：广西壮族自治区民俗的抛绣球、牛头戏、抢花炮、长鼓舞、舞春牛等这些都是在少数民族地区进行节日活动才举行，除去民俗活动，旅游者只能去看少数民族文化的遗迹和留下来的典籍记载，而这些少数民族典籍记载对于一般的旅游者构不成吸引力，所以导致少数民族体育旅游地区不能成为人们去旅游时的首选。

如果要发展少数民族地区的体育旅游发展，第一要做好宣传效果，借助新媒体来大力宣传少数民族体育特色，第二要做好一切旅游基础设施，根据各个地区的民族特色来设计出民族特色少数民族体育旅游方案，这样能够抓住旅游者的眼球，提起他们的兴趣，才能促使旅游者前往广西少数民族地区体验民族特色体育活动。

（来源于百度文库）

5.5 小结

5.5.1 结论

体育旅游在我国起步晚，发展十分缓慢，为什么会有这方面的原因？首先，是体育旅游社会客观发展的这个因素。其次，是影响经济运动旅游发展的客观环境因素。虽然体育运动旅游在整个中国的产生和开展已经也有十多年了，但是体育运动旅游的发展依然十分缓慢。最后，是影响社会客观经济环境的这个原因，由于中国的体育运动旅游发展是需要建立在一定的经济基础之上，如果经济基础未达标，那么对于中国的体育运动旅游的发展来说，会给消费者造成很多阻碍其经济发展的问题。而在这个问题上，也存在一些市场营销的不足之处，虽然也有很多的高校开设了体育旅游相关的专业，但大多数体育旅游专业学生并没有从事体育旅游方面的工作，缺乏经验，而在市场也并没有太多的工作机会提供给他们积累经验。综合以上的内容，如果我们想要解决和改变我国体育旅游市场发展不稳定的根本问题，那么我们需要从几方面的角度入手：第一，确立四个体育目标旅游市场：分别是家庭团体户外旅游市场、国际学校户外教育拓展体育、户外旅游服务市场、公司户外拓展体育户外旅游市场、散客户外拓展体育旅游服务市场。第二，我国的体育旅行或其他体育旅游服务经营企业，必须要对不同的体育目标旅游市场的供应开展不同的市场营销和策略，开发优质和创新的体育旅游服务和产品，扩大其营销的渠道，也要树立自己的品牌与口碑，借助品牌、口碑的力量销售自己的产品，要在市场上有自己的发展空间再不断发展壮大。第三，体育旅游属于综合性极强的产业，可以联合景区、户外活动场所、酒店、饭店等与旅游相关的企业也进行了整合营销，实现共同发展也做到了共赢的良好局面。

5.5.2 建议

体育旅游的发展始终围绕着市场化运作，依赖于市场的变动，不断进行着相对应的调整。我国不仅有着丰富的体育旅游资源，而且在体育旅游产品的方面极其注重高质量。近年来越来越多的国外旅游者想来中国体验体育旅游，但一般传统的旅行社很难满足他们的深度体验需求，这就需要专业的体育旅行社为其提供服务，大多数体育旅行社都是以国外游客为服务发展。体育旅行社作为整个体育旅游市场的中间人，有着不可缺少的作用，所以希望国家能够重视体育旅行社的发展，给予体育旅行社相对应的帮助与扶持。

而体育旅行社也需要加强自身的发展，打响自己的口碑，也要做到几方面的内容：一是提高体育旅游服务能力；二是优化自身的营销策略。建议关于我国的体育场馆和旅游信息服务市场的建设与发展，我们可以从国内的体育场馆或者旅行社为国外的体育旅游者提供服务，学习国外先进的关于体育场馆和旅游的知识与信息服务经验，借鉴一些国外的体育旅游成功的案例，来学习如何让自己发展得更好更稳定，从而能够形成一个良好的发展体育旅游的氛围，带动国内的游客能够加入我国的体育场馆和旅游的信息服务行业中，让整个的体育旅游产业市场更加地活跃了起来，希望整个国家更多地给予一些相关的政策，帮助扶持我国体育旅游的发展，体育旅游产业是一个综合性极强的体育旅游产业，自身体育旅游发展得很好的同时，能够直接带动其他与旅游相关的体育旅游产业一起发展，不仅能够直接增加游客在我国的就业机会，还能够直接促进当地体育旅游经济的稳定与发展，能够增强整个国家的经济发展实力。

第 6 章　体育旅游产业竞争力及案例研究

6.1　产业竞争力及其相关概念

6.1.1　产业的定义

产业指国民经济中的各行各业，产业遍布于我们生活的各个方面，从生产到生活之间的产品流通与服务的提供。产业在不同的环境下会有不同的解释，为满足人民日益增长的各种需求而浮现出来的各行各业，为经济生活提供产品与服务的行业，产业随着社会分工的产生而产生；产业集合体就是泛指企业生产的产品与企业生产高度替代了其他同类产品的企业的一个集合，简单来讲，就是一个生产同类产品企业的集合体。第二次世界大战后，西方大多国家把经济产业分为三类，即第一产业农牧林业等，第二产业为食品加工业，第三产业主要为现代服务业。

产业在传统的产业经济学中可以分为三个主要的层次：第一层次为产业区域性的产业合作组织，即专门生产同一区域产品的综合性企业，同一区域行业内的企业间合作关系和组织结构往往会直接影响该区域产业的规模和经济效益，同产业的企业关系结构的性质对该产业的企业有提高经营管理、降低生产成本的益处。第二层次为产业联系，一个国家在发展中进行社会再生产过程，各产业为保持自己的产业优势需要更多关于技术创新的投入，它反映社会再生产过程中的变化规律。它主要反映人类社会经济在生产活动过程中的变化规律。第三层次为国民经济产业结构，以国民经济产业活动阶段和特点为根据将其国民经济活动划分为若干产业中的大部分所形成的产业。

6.1.2　竞争力的含义

当今国际学术界对于竞争力的基本含义还没有明确的定义和标准，引得当今国际学术界仍然存有相当大的争论，20 世纪 80 年代，《国际竞争力》一书中已经明确提到“企业主目前和未来在各自的环境中，以比他们国内和国外的竞争对手更有吸引力的价格和质量来进行设计生产销售货物，以及提供服务的能力和机会”。王宇则对于竞争力的定义发表看法，他认为“竞争力是主体在参与竞争中，凭借已有的各种资源基础，获得或占有其所希望资源的能力”。① 综上所述，两者都认为竞争力是一种能力，竞争力在各种环境的作用下，对产业产生推动和发展促进作用。

竞争力在企业生存和发展的过程中主要体现为，企业在同行业中充分利用公司产品的市场价格更优惠，产品质量更好等各种的优势占取市场的一种核心竞争能力，知识经济的时代，企业的这种核心知识和竞争力已经发展成为市场竞争的一种核心优势，一家公司要想立于不败之地，需要不断地增强和提高企业以人为核心的竞争力，主要优势体现在：拥有高技术素质、专业性强的技术和人力资源，具有公司对于产品的研发和技术全心投入和不断创新的经营管理能力，企业内部优秀的经营管理协调能力，发展较成熟的市场营销管理网络，优秀的现代化企业经营管理文化，良好的企业品牌形象与优秀的服务以及与顾客关系良好。具备以上要素能使企业与时俱进，持续发展。

竞争力，是参与者双方相互追逐比较而凸显出来的一种竞争能力。它是在竞争市场才能显现出来，是和竞争对手在竞争中显示的能力，因此它是一种随着时代变化不断演变出新的对手并为此去不断提高的综合竞争能力。竞争力可分为很多种类型，如企业竞争力、核心竞争力、品牌竞争力、财务竞争力、质量竞争力、管理竞争力、服务竞争力等。

6.1.3　产业竞争力的内涵和实质

竞争力即企业双方的竞争比较，产业区域竞争力比较的范围可以是国家或一个地区，产业综合竞争力的概念就是一个产业或区域的概念。因此，产业综

① 农路华，陈一新．体育旅游竞争力的研究现状与分析［J］．体育世界，2013－08－25.

合竞争力的分析应突出考虑影响我国和区域经济政治社会发展的各种因素，包括创新型产业的集聚、产业发展重心转移、区位优势等。

产业综合竞争力实际上是指不同技术行业之间的综合竞争和优势的能力，这种综合竞争能力主要表现在如何用更快的生产效率、更好的产品质量的新技术产业模式来代替那些生产相对落后且生产效率低的旧技术产业，是新旧技术的更新换代；是技术生产效率高低的差异，当各行业之间因为技术革新、生产效率不同而导致收益的差别，此时产业竞争力就显现出来了。

科技水平技术表现出来的产业竞争力称为产业绝对竞争力，产业绝对竞争力的优势是表现企业内在更先进的生产技术，管理水平和管理能力以及企业自身的特有的竞争能力，并非自然资源的优势。

6.1.4 体育旅游产业竞争力的概念

体育旅游产业竞争力在国际或国内区域之间的竞争中，在合理、公正地发展体育文化旅游产业市场经济竞争环境下，能够提供有效的体育旅游相关产品和服务的综合竞争能力，体育旅游有效产品和服务必须符合如下条件。首先，体育旅游产品和服务能够被市场所接受。其次，目前的体育旅游市场对这些新型体育运动旅游娱乐产品和相关服务的需求相当大，还必须考虑的就是体育旅游娱乐区域内部范围内的现有生产能力所尽可能担负的。也就是说，体育旅游文化产业核心竞争力的一个本质指标是对体育运动旅游文化产业的生产能力、市场份额和企业盈利实现能力的有机综合。最后，体育旅游产业核心竞争力是指能够为体育旅游公司带来优势的各种资源，如自然与人文资源、人才资源等，以及公司资源的合理配置。

6.2 产业竞争力的相关理论

6.2.1 比较成本优势双重理论

著名的古典经济学家大卫·李嘉图在1817年提出比较成本优势双重理论，他认为各国之间的贸易和资本的流动不会轻易畅通，在这种情况下，比较成本优势理论就可以很好地平衡国际贸易和分工。假如经济发展生产水平存在一些差距，一些国家拥有自身的自然资源优势或者其他优势适合生产某产品，且两国经济的发展与生产技术水平之间存在一些程度上的差距，一些发达国家可以使用自身的某一优势发展生产某一类产品，而另外的一些国家则可以没有这个优势，两国可以更好地进行广泛的贸易投资合作与经济利益分工，以使对方获取更大的经济利益。国家间优势相对，但各国有各国的劣势，那么两国之间则需要劣势互补。

经济的发展迅速，各国都应紧紧抓住一个适合自己的市场经济发展机遇和优势，利用本国的已有优势和资源，用最少的投入和成本，发展本国的新兴优势产业，与自己劣势互补的地区和国家加强合作实现共赢，推动本国市场经济的持续健康发展。在 20 世纪 20 年代就出现了“H－O 理论”。该理论认为各国或者区域有着不同的生产要素，会导致分工与贸易的出现。当某个国家的劳动力成本已经足够，工资的水平是绝对不会远远超过其利息率最低水平的，当各个经济大国能够充分利用自己的各种经济方面的劳动力优势资源来开发和生产自己的产品就导致了比较优势经济理论的出现。弗农的比较优势生产要素理论的实际使用的范畴进一步扩大，他甚至认为劳动、资本等都是一种生产要素，同样的生产技术和自然资源也是一种比较优势生产要素，各国经济发展的过程中各种生产要素的生命周期变动往往会直接导致具有比较优势的生产要素出现。

6.2.2　国家竞争优势理论

哈佛大学商学院教授波特，于 1990 年提出了国家竞争优势钻石理论，该理论是基于国家与企业的理论。在科技发展和经济全球化的基础上，各国的产业结构是多变的，本国固有的比较竞争优势并不能直接阻挠其获得加强国际竞争的优势。

影响国家竞争优势的有四个要素：竞争者的生产要素、需求驱动因素、相关产业的发展因素、企业之间的竞争。第一，生产要素的资源包括了人力、自然、知识、资本资源和其基础配套设施，国家在其发展和生产的过程中会产生新的竞争优势等因素，必须不断推动产业发展以增强其竞争要素的优势，政府的宏观经济政策会直接改变国家和产业的竞争力，波特认为，政府和企业需要合理地规划产业在国家和地方的发展，并对其发展的状况实施相应的规划和措施，并进一步整治和优化产业市场的竞争环境。完善公共设施与服务，使地方的产业集群自由发展。第二，需求量的状况也是直接影响产品在国际市场竞争力的一个因素，主要通过三个主要方面的表现就可以看出来：一是某产品在本国和海外市场的需求量远远大于产品在国外市场实际需求量的情况；二是本国农村居民的生活消费水平高，国民的生活富裕，会对其产品质量和可靠性有更高的要求，促使本国产品企业进一步提高自己的产品质量，性能等；三是国内某一产业发展迅速，国民需求更加的多样，因此企业对产品的创新研究等需更具前瞻性，那么该企业的产品服务等就走在了世界其他企业的前面。第三，相关产业的因素即涉及该国的产业因素在产品的制作和销售过程中的主要提供者和参与者，国家的经济和产业综合竞争力也会在一定的程度上直接受到其影响，产业的变化和分工会直接让该国的外部环境和产业发生实质性的改变，影响到其他与此相关的国家和产业的生存和发展。第四，该国企业的竞争就仅仅是该国的价值观和企业发展战略，企业的结构和其他同行业的竞争会直接影响到一个国家的经济和产业综合竞争力，企业发展壮大要充分考虑本国的优势资源，本国的市场竞争活跃，会促使产品生产企业积极去努力提高自己产品的性能和质量，降低生产的成本以获取其竞争优势。

机遇和政府参与程度是两个辅助因素，机遇会在某些方面影响着产业竞争力，机遇的重要性能够直接破坏目前的产业市场竞争的环境和市场秩序，为某些先进的企业和个人带来了发展机会，我们要更好地抓住机会促进其发展。政府对国际竞争力的影响是非常大的，政府对某个产业的发展规划、政策支持、财政支持都会影响产业竞争力，促使这个行业迅速发展。

6.2.3 产业集群理论

产业集群理论于20世纪80年代由波特创立，其内容是：在某个地区的某个行业，集聚一些相互之间都具有密切合作联系的中小企业、供应商、专业化的管理协会和完善的行业管理制度，通过不同区域的行业资源相互聚集整合形成了企业市场竞争的整体优势，使得更多的中小企业之间能够共享良好的企业基础配套服务设施和相对公平的市场竞争和经济的环境。各物流企业进一步降低生产经营成本支出和物流运输成本，信息技术交流更迅速，规模效应、区域资源集聚的效应促使企业区域综合竞争优势的进一步形成。集群经济虽然区域企业众多，但各区域企业间往往具有一种高度的个性化分工与合作，生产的效率高，产品不断地流通到外部的各个产业市场，使得自己的产业经济集群能够获得一定的外部市场规模发展经济。集群企业间一直有着灵活的联系，产业集群会使得各企业间的联系成本降低，如运输成本、获取信息的成本与谈判和执行的成本会大大降低，使之更有效率；当顾客需求有所变化，某企业会生产出更符合人们需求的产品，因为产业集群，与之有联系的其他企业会因为这一变化而做出相应的改变，加大对产品的创新，从而也会促进一些新企业的诞生，提升企业家对于管理公司的能力。

6.3　体育旅游产业竞争力的构成及影响机理

分析产业竞争力的构成及影响机理，正如前面谈到的波特的“钻石理论”，成熟地解释到了产业竞争力的影响因素，主要通过旅游的生产要素、需求的状况、相关的产业、政府的参与和市场机遇，同行业竞争等方面的因素去分析体育旅游产业竞争力的构成及影响机理。

6.3.1　生产要素方面

生产要素指企业进行生产经营时需要的自然资源、资金资源等，包括外部环境、生产要素由初级生产要素即自然资源、气候、地形等和高级生产要素即高质量人力等组成，高级生产要素在获取产业竞争优势方面有很重要的作用。体育旅游产业需要专业生产要素，需要高级专业人才和专业研究，拥有专业生产要素会获取更多的竞争优势，某地区要想发展建立某产业的竞争优势，在整体考虑国际竞争优势的基础上，侧重于发展高级服务业的生产要素和掌握相关专业技术的生产要素，才能有效保证我国体育休闲旅游产业又好又快的发展，现将影响我国体育休闲旅游产业国际竞争力的主要因素及其中的体育旅游生产要素分为自然与社会人文资源、人才资源、基础配套设施与城市建设三方面的问题并进行了分析。

6.3.1.1　体育旅游资源条件对产业竞争力的影响

资源是指人类在自然界和其他人类经济社会中拥有的，可以直接创造出来的物质和其他精神财富的各种经济要素，指某国或者某地区人民所拥有的各种生产物力、财力、人力等各种经济要素的综合总称。体育旅游活动资源是指在人类社会中能直接吸引体育活动爱好者和旅游者的资源，这种旅游活动资源可以是来源于自然界的，也可以是人为打造的，是本国企业参与体育旅游和文化产业市场竞争的重要前提条件。体育文化旅游资源对于体育文化旅游产业综合资源竞争力的直接影响主要突出表现在：某地区的体育文化旅游产业的资源竞争力，是一个国家或者体育旅游企业积极参与该地区的体育文化旅游产业市场竞争的重要基础，当某个国家或者某一个地区的体育文化旅游资源缺乏或不足，该地区就会逐渐失去了参与国际体育旅游项目产业市场竞争的可能性和机会，当一个国家的体育休闲旅游项目资源丰富，该国就已经有了开展国际体育休闲旅游项目的重要经济基础，拥有独特优质的自然资源可以吸引更多的体育旅游企业开发者到当地开发不同特色的体育旅游项目，可以吸引不同的国内外体育旅游爱好者，有利于打响本国的体育旅游产业名声，使本国体育旅游产业发展走在前头。

6.3.1.2 人才资源对产业竞争力的影响

人力资源即发展某产业所需的具有必要劳动能力的人口，投入于其生产经营活动，创造了大量的物质财富，人力资源被认为是最珍贵的社会经济资源，人力资源供给充足有利于产业的生产发展与社会经济稳步增长，随着社会的发展，企业人员的素质在该企业的社会经济健康发展的过程中已经发挥着越来越重要的地位和作用。体育旅游人才资源质量是决定体育旅游产业竞争力的重要因素，某企业要想在发展体育旅游产业的基础上提升产业竞争力，必须提高该企业人员的素质水平，建立企业在管理、人才、规模等方面的竞争优势。

体育旅游运动爱好者的体育旅游需求，越来越趋于产品的多样化和服务的品质多样化，而体育旅游人才和服务在体育旅游产业竞争力中发挥着越来越重要的作用，凭借高品质的服务与质量才能获取更大的竞争优势。

6.3.1.3 基础设施对产业竞争力的影响

基础设施是指为国家和社会的生产和生活需要提供基础和公共服务的重要基础设施工程和配套设施，在我国现代的经济和社会生活中，体育运动和旅游业的进一步发展，需要进一步完善和加强基础工程设施的规划和建设。

基础性交通设施对于体育旅游产业竞争力的直接影响主要有以下两个主要方面：第一，交通设施的健全会促进体育旅游产业的发展，交通的便利会吸引大批的体育旅游爱好者到当地游玩，当地的食宿、医疗、通信等迅速发展，会带动许多相关联产业携手蓬勃发展，当地的体育旅游产业竞争力会增强，产业带来的收入会有突飞猛进的发展；第二，体育旅游基础设施的完善可以给游客带来美好体验，带动当地的国民经济和社会发展，增加了当地人的稳定经济收入和稳定的就业，为此应该重视我国体育旅游产业的基础设施建设，改善体育旅游环境和条件，不断满足体育旅游爱好者对体育旅游服务的需求。

若当地的体育旅游资源丰富，但交通、通信等方面并不完善，会直接影响大众到当地游玩体验的兴趣，去往当地的旅程遥远、路途不方便且需要支出很多的时间和金钱，会导致当地的游览人数减少，如交通不便利的西部地区，因为当地的环境恶劣，致使交通通达度不高，即使当地的体育旅游资源丰富多样但也会对体育旅游产业的发展有一定的影响。

6.3.2　需求状况方面

市场需求的构成有两个要素：一是要求消费者在市场上有购买的意愿和欲望；二是要求消费者在市场上有主动购买的能力。在社会经济生活条件下，群众对某产品没有需求，则该产品就没有市场，就没有所谓的产业竞争力，居民对某产业产品有需求是该产业竞争力提升的基础。体育旅游产业的发展不仅受到本国市场需求的影响，还会受到国际市场需求的影响，但还是以本国市场需求为主。

6.3.2.1　国内市场需求对产业竞争力的影响

生活水平的提高，部分有一定经济能力的人群对生活有了更高的要求，体育旅游产品的市场会扩大，丰富多样的综合性体育旅游产品能够充分满足市民以及更多的体育运动旅游爱好者的需求，产品质量的提升与体育旅游产品的服务到位有利于本市旅游产业快速稳定健康发展，进而也提升了体育旅游产业的竞争力。

我国人口众多，体育旅游资源丰富，国内体育旅游市场巨大，造就良好的体育旅游产业集群，有助于与体育旅游相关的产业资源共享，优势互补和相互渗透，使得体育旅游产业快速发展，若一国的体育旅游产业发展迅速，企业对市场的预判准确对提升产业竞争力具有很大的作用，本国体育旅游爱好者的需求就会优先于其他各国，促使体育旅游企业开发新产品并不断提升原产品质量，从而提升产业竞争力。

6.3.2.2 国际市场需求对产业竞争力的影响

随着经济全球化和世界经济不断的发展，国与国之间的经济往来越来越频繁，国内体育旅游的服务和产品市场会有所谓的局限，而本国的游客往往会因为网络和信息时代的快速发展需要了解更多国外的体育旅游产品和活动，于是本国的体育旅游爱好者会到别的国家去体验更具多样化的体育旅游活动，本国企业为提高企业的国际知名度，吸引更多客源、获取更大的利润，会生产更多适合于外国游客的体育旅游产品，制定更完善的服务制度，以此带来的口碑会提升本国体育旅游产业的竞争力，使本国的体育旅游产业走在前方。

6.3.3 相关产业方面

相关产业是指围绕主导产业而发展起来的产业，对主导产业的生产发展具有重要作用，为主导产业的建设发展而存在，优势的产业是同相关优势产业一起崛起的，先行产业要发展自己的竞争优势，必须与相关产业有密切的合作关系。

产业联系即各相关产业之间的相互关联，产业的关联按照各产业间的供给与需求的联系可以分为前向的联系和后向的联系，前向的联系主要指的是一个先行产业生产前后的联系和顺序，后一个先行产业的生产要素为前一生产的主要产品，直到最后一个先行产业的主要产品为止；后向的联系主要指后续的产业成为先行产业的生产消耗要素，为最后一个先行产业提供的产品。

体育旅游产业是体育产业和旅游业相互合作渗透的新产业，其中既包含了体育产业，也涉及了旅游业，体育旅游产业提升竞争力离不开相关产业的支持，发展体育旅游产业要集中资源配置，某产业要独立发展或优先发展会埋没其他行业，无法做到一家独大。与体育旅游有关联的产业为体育旅游业提供必要的产品构成过程中的材料与服务，中间配套产品以及销售等上中下游产业部门，体育旅游产业竞争力依赖餐饮住宿业和体育娱乐业等产业资源的优势互补，一同为消费者提供更好的产品体验服务，某地区良好的体育产业基础，加上集群带动效应，依托完善的体育旅游产业基础和配套设施，逐步加快发展体育运动旅游产业，有利于进一步形成提升体育旅游产业规模和竞争力的巨大优势。

6.3.4　行业竞争条件方面

关于体育旅游产业竞争条件方面即企业间的竞争条件，一个企业要想增强企业竞争力，企业要有一个良好的内部管理，做好管理人才工作才能把产品作用发挥到极致，体育旅游行业存在激烈的竞争与企业保持竞争优势有很大联系，竞争激烈会使企业加强对产品的创新研究并不断提高生产效率，提高产品质量，创造出更符合人们需求的体育旅游产品，企业在某一行业获得竞争优势与该企业的规模、策略、同行竞争、产品质量、人才等方面有密切联系。

6.3.4.1　企业扩大规模对产业竞争力的影响

企业扩大规模带来的经济效益更高，体育旅游企业规模的扩大有利于企业占领更大的市场，会产生一系列的规模效应，企业会减少对供应商的供需依赖，降低生产成本，同时提高市场竞争力，进而生产更多的体育旅游产品，集中生产、提高生产效率，也会投入更多资金投入新产品研发，以优质产品占领更大的市场，规模扩大使企业能够更快实现产品规模的统一和标准化，使企业收益更大，公司规模扩大有利于人才资源的合理配置，管理需更合理，使人才更专业化，使企业在行业中更具产业竞争力，走在行业的最前沿。

6.3.4.2　企业营销策略对产业竞争力的影响

企业在市场中占取大部分的市场份额，是因为企业在市场定位中有了自己企业营销策略，企业品牌策略能帮助企业更容易占领市场，如一些知名企业海尔等就是保持自己在这个行业的领导地位走在行业的最前沿，体育旅游企业要发展壮大，发展自己的品牌策略，品牌战略是公司用以赚取利润与价值的策略，是企业实现快速发展的必要条件，若公司集中所有去打造一个成功的品牌产品，那么这个成功的品牌会附带该公司的每一个产品共享品牌优势，品牌更是口口相传，所以该企业的宣传成本降低，给公司带来更大的商品利润。上层企业领导者对本公司产品的中国市场发展需具备较强的前瞻性，需要以具备独特的眼光发现潜在的消费者，并不断地引领本公司产品范围扩大市场，并不断地关注和开发本行业的新技术产品，督促本企业公司产品的创新，创造出能满足消费者需求的产品，保护企业原有的市场优势企业占有一定的份额，并可以不断扩大其市场份额；对于市场规模小的公司，如若资金不够，可以借鉴本行业的品牌企业的新产品，来减少本公司在产品开发等方面的支出，并分析得出最新的客户需求，追随其后，维持生存的同时不断增加本公司的资金积累，投入创新，不断去发现新的市场，抓住机遇，推进产品发展。

6.3.4.3 同业竞争对产业竞争力的影响

同业竞争即在生产相同产品的公司，为争夺消费者而进行的竞争，良性的同业竞争即发展，在市场经济中，没有竞争就是垄断，那么该产业得不到新鲜血液的融入，生产效率低下，止步不前，某些突发状况的出现可能使该企业容易被市场淘汰，所以体育旅游企业要发展会展开激烈的竞争，跟同行业的企业争夺消费者，扩大在体育旅游市场份额，企业因为与同业的竞争会制定更亲民的价格，会在研发新产品而投入更多资金，从而产生更高质量的产品，使资源得到更合理的配置，在同业的竞争中，企业身经百战而不倒，则该企业的产业竞争力会不断增强。

6.3.5 政府参与和机遇方面

一个产业要发展离不开政府的参与支持，公平良好的市场发展环境会使该产业健康发展，政府给予一些政策上与资金上的支持，提供企业需要的资源，帮助产业更快更好发展，并对该产业方向做出正确引导，政府做好本职工作才能发挥强大的力量。政府可以给企业创造更多的机会和驱动企业发展的压力，需要地方政府完善产业基础配套设施的建设，开放金融资本的渠道，培养企业信息资源整合的能力等。机遇不是能预测到的，不是某种环境决定的，机遇是可遇不可求的，某些机遇会给产业带来冲击和影响，推动产业的发展，机遇一旦出现，当地相关的产业要抓住机遇，像某地因地制宜地举办相关与当地文化相关联的马拉松赛事，会提升当地的产业竞争力，只有企业创建品牌产品，并进行拓展，促进相关产业发展形成完整的体育旅游产业链，完善基础设施、完善体育旅游产业体系和制度，才能共同推动体育旅游产业向前发展。

6.3.5.1 政府政策扶持对产业竞争力的影响

体育旅游产业发展经济运行过程中，需要有形的手和无形的手结合。无形的手即市场在自动调控，依靠市场经济的发展规律，在市场的无形调节中，使体育旅游产业经济总在一个平衡的状态，政府的干预属于一只无形的手，政府通过发展体育旅游市场中的企业来满足游客的需要，政府出台相关的财务政策和扶持政策是为了让企业更好的发展，政府优惠政策扶持，涉及减免税费、行业补贴、优化市场环境、引进技术和出台相关的法律法规等方面，会减轻体育旅游企业的负担，给企业一个更好的发展环境，使企业在一个公平的环境下公平竞争，企业间的相互竞争有利于企业提高自身旅游产品的质量，以此涌现更多优质的旅游产品，制定一些体育旅游产品安全标准和影响体育旅游消费者需求的法规，通过一些手段，体育旅游企业之间的竞争能力受到影响进而提升整个产业的竞争力。

6.3.5.2　政府对体育旅游产业规划对产业竞争力的影响

政府对产业的发展认识更具前瞻性，所以政府会给体育旅游产业制定未来的发展规划，使体育旅游的发展在一个有序的状态下进行，体育旅游企业发展在政府的引导下更容易了解产业发展的市场导向，会在很大程度上更熟悉市场，了解游客对体育旅游产品的市场需求，从而生产出更多符合体育旅游市场需求的产品，增强企业自身的竞争力。

6.3.5.3　体育赛事等对产业竞争力的影响

产业在发展过程中有很多不可控因素，某些大型的体育赛事就是一次难得的机遇，一次大型赛事的举办与当地经济息息相关，对城市的各个方面要求很高，基础设施需更完善，相关产业的发展需更极致，才能做好一次大型体育赛事的接待工作，大型体育赛事对当地的影响显著，这些影响涉及当地的经济、交通、旅游、环保与文化发展等方面，有助于提升当地的形象和推动当地经济发展。大型体育赛事的成功举办往往会给当地旅游业吸引大量的游客前来到当地参与或者现场观赛，客流量的增加也一定会给当地的体育休闲旅游业及其相关旅游产业的生存和发展带来更多的经济利益，体育休闲旅游及其相关的产业若能够抓住这次的机遇，提供优质的体育旅游产品，有利于进一步提升当地的体育旅游相关产品的品牌知名度，提升该地的体育旅游产业综合竞争力。

6.4 我国体育旅游产业竞争力现状分析

从古至今，我国体育旅游产业一直在悄无声息的延续，如端午“赛龙舟”、“打马球”、各种攀登、爬山等活动，以及一些冬季运动如滑雪活动，旅游业的发展在一定程度上也促进体育旅游产业的发展，北京奥运等大型赛事更是为日后体育旅游业发展带来良好的发展机会，其举办给经济带来的效果显著，大大提升了北京的国际大城市形象，因为国内体育生态文明建设的推进和体育旅游产业的发展需要，我国体育旅游产业已经成为国民生活的一个重要组成部分，并不断带动国内旅游业的转型升级，给旅游业带来新鲜的血液。

基于上述，从波特的钻石理论所讲的五个方面对我国体育旅游产业竞争力现状做进一步阐述，综合得出以下结论。

6.4.1 政府参与的程度

当前我国正在为进入全面建成小康社会而努力，人民群众对体育旅游需求日趋上升，体育旅游已经成为日常生活中较为重要的一个部分，体育旅游产业发展迅速，也取得一定的经济效益，但体育旅游产品单一、基础设施落后等问题限制体育旅游产业发展；体育旅游产业发展经济收益可观，在其发展的过程中容易对消费者产生一定的负面影响，在其利益的驱使下，可能会严重损害当地体育旅游产业消费者的合法权益，会导致开发的过度，破坏当地的环境，所以促进体育休闲旅游产业的发展需要正确的政府引导，并对体育旅游产业发展做出正确的旅游产业发展规划，保证了体育休闲旅游的健康和可持续发展，并研究制定了相关人员从业资格标准的规章制度，加大对体育旅游企业的政策扶持，提供良好的企业发展旅游产业环境。

6.4.1.1 政府对体育旅游产业发展的规划

我国体育旅游产业发展前景良好，已经成为市场经济发展中的一部分，在社会主义市场中散发独特魅力。“十三五”发展规划下明确了我国体育文化旅游休闲产业协调发展的战略定位更加精准，产业分布发展空间明确。受社会文化影响，我国体育旅游产业发展前景良好，国家体育总局和国家旅游局积极支持体育旅游产业的发展，推进体育业和旅游业结合发展，发展体育旅游需要更专业化的领导，在其发展过程中能提供及时有限的服务，政府在这方面要发挥很大作用，一些具有特色的体育旅游活动，吸引着广大的游客参与。

国内各区域在自身资源优势的基础上，也在积极开展体育旅游产业的规划，如 2019 年海南《国家体育旅游示范区总体规划》，其中提出鼓励在海边发展沙滩运动、水上运动等户外运动项目开展；再如 2017 年 9 月国家体育旅游总局批准贵州开展体育旅游示范区创建工作后，贵州省利用自身优质的资源优势，峰林、天坑、石林等条件开展很多登山、探洞等体育旅游活动，给游客带来满意的客户体验，把贵州打造成体育旅游胜地。2019 年 6 月 28 日，《贵州省全国体育旅游示范区总体规划》的召开，标志着贵州省体育旅游示范区取得显著成果，后期不断推进，不断带领更多体育旅游产业向前发展，结合当地文化与体育旅游融合，更要把贵州打造成海内外知名的体育旅游胜地。我国体育旅游正在成长，政府更要做好产业规划，加强产业管理，指引体育旅游产业良性发展。

6.4.1.2　政府对体育旅游产业的政策扶持

由于群众需求日益多样化，对体育旅游产品的需求更是不断上升，且体育旅游产业带来的收益上涨，为拉动经济发展，加快建成全面小康社会，国家已经出台许多与体育旅游产业相关的政策；2008 年北京奥运会的举办，带来了大批国际旅游者到国内观看赛事，拉动了北京市的消费，为国民经济带来巨大收益，观赛型体育旅游产业发展前景良好；而后国内许多省份将体育旅游产业作为重点产业优先发展，2010 年《国务院办公厅关于加快发展体育产业的指导意见》中提出，要促进体育产业与相关产业的发展，促进体育产业与旅游产业的相关经营，拉动体育旅游产业的发展；2016 年由国家旅游局和国家体育总局共同发出的《关于大力发展体育旅游的指导意见》中提到，到 2020 年，在全国建设 100 个具有重要影响力的体育旅游目的地，建成 100 家国家级体育旅游示范基地等，① 在建设过程中会在用地、基础设施建设、税费优惠等方面，相关政策对体育旅游产业给予优先的资金支持，加大对体育旅游产业各

① 周姝辰. 近十年我国体育旅游研究现状的文献综述［J］. 体育风尚，2017－09－01.

方面的支持；2017 年《国家旅游局　国家体育总局关于大力发展体育旅游的指导意见》，响应国家“一带一路”倡议，推动国内体育旅游与沿线国家体育旅游的合作，打造具有丝绸之路文化特色的体育旅游产品，打造更强的丝绸之路经济带。

6.4.1.3　规范基础设施标准与产业人员的从业标准

在体育旅游业发展过程中，游客的参与度高，需规范设施安全标准、提高安全保障，保障人民群众的安全游玩，给游客带来美好体验。国家必须重视体育旅游基础建设、保证游客在游玩过程中的安全，目前各界对待体育旅游项目游玩过程中设施安全隐患的问题还不够严谨慎重，一些项目仍存在很大的安全问题，如 2000 年，浙江天目溪漂流事故导致游客死亡；2003 年 8 月，杭州的一个户外运动中俱乐部成员溺水身亡等，体育旅游产业存在安全隐患，所以景区建设一定要注重安全问题，国家需保障体育旅游市场的基础设施安全，制定相关的安全标准，保障市场健康、良性发展；体育旅游安全保障涉及政府多个机构，事故发生责任重大，目前没有建立起统一的安全保障机制，这是体育旅游发展过程中有待解决的问题。

体育旅游行业发展缺乏专业型人才，目前对于体育旅游从业人员压力大且责任重大、花费精力多，容易造成体育旅游行业的人才丢失。行业发展不成熟，相关体制出台晚，人员从业标准需全面统一，才能使经营管理到位、服务到位，目前我国体育旅游产业人员从业标准混乱，使得体育旅游产业发展得不到安全的保障，国家需制定相关的从业标准政策，增强从业人员的专业性，培养更多的体育旅游人才，提高安全保障。

6.4.1.4　政府保证体育旅游产业的科学发展

2008 年北京奥运会的成功举办，对体育旅游产业的发展带来深刻的影响，体育旅游产业为社会经济带来收益的同时，要注意不能破坏环境，不能走先发展后治理的老路。

我国拥有丰富的体育旅游资源，对于如何做到合理利用资源优势，增加我国经济收入，且对后面体育旅游产业发展具有深刻影响。各地区为响应国家积极发展体育旅游政策和科学发展的政策，许多专家也在这方面展开研究，都为后续体育旅游产业发展提供更多的理论基础。

6.4.2　生产资料供给

体育旅游产业也是能吸引大量群众参与的活动，某项特色产业的开展都需要适合开展的资源条件，体育旅游资源是构成产业竞争力的重要因素。

6.4.2.1　体育旅游资源

我国体育旅游各地发展不均衡，在一些较发达的东部地区的体育旅游产业开发相对成熟，偏远的西部地区和山区的体育旅游开发会受到交通不便利、基础设施不完善等条件的限制，且体育旅游资源分布不均匀、整体开发较少、需要投入资金多、宣传等费用大，所以体育旅游开发会受限，我国国土辽阔，从古至今开发的体育旅游活动还是很多的，且少数民族众多，各民族拥有本民族特色的体育旅游活动，且在不同地区可以体验不同的体育旅游活动，不同的体育旅游活动与当地的自然条件、体育活动息息相关，如云南的西双版纳泼水节；如今天各地在传统节日开展的活动，如端午赛龙舟；如东北很多地区利用自身优势在长春市、吉林市、松花湖等地区建设滑雪场，由于体育旅游活动众多，除具有民族特色的体育旅游活动外，我国近几年多个城市会每年举办国际马拉松和国际自行车等赛事，该活动的举办吸引大量群众参与，且参与项目类型多样，群众有多种选择，参与度高，更因为当地的一些旅游文化特色吸引外地的和国际参与者参与。下面主要从几个方面分析体育旅游资源开发现状。

体育休闲旅游资源：随着国民经济的快速发展，人们生活品质在提升，更多人注重体育健康与休闲方面，很多游客会愿意去体验更多体育休闲旅游，20 世纪 90 年代开始，我国就已经开始根据不同的地方特色来开发合适当地的休闲体育旅游产品，如黄河漂流、东北滑雪、内蒙古那达慕大会、打高尔夫球等，国内高尔夫球场在不断增加，高尔夫球俱乐部也在不断发展，且一些院校有专门开设高尔夫专业教学，为高尔夫球体育旅游业的发展带来高素质的专门人才；在一些节假日去体验更具文化特色的体育旅游活动，目前东部滨海地区发展沙滩排球、潜水等活动，且东部沿海地区交通、经济发达、游玩方便，能吸引游客前往体验。自 2009 年起，为增强国民体质，每年的 8 月 8 日定为全民健身日，以徒步、登山、骑行等为代表健身旅游受到游客热捧，游客的参与度高、参与消费低、受众人群年龄跨度大，我国对体育基础设施建设越来越完善，人们健身意识增强，一些体育赛事的举办可以促进人们更多地参与体育赛事并进行消费，促进当地的经济发展。

刺激体育旅游：游客生活品质上升，部分游客在达到旅游健身目的的同时，会喜欢一些刺激性的健身运动，如攀岩、蹦极，攀岩越来越受年轻人喜欢，1997 年 8 月亚洲攀岩锦标赛在中国举办，特别受北方人喜欢，后来开展到南方、沿海地区及西部地区，中国山地资源丰富，可攀岩山峰多样，更有利于该项目的发展；我国蹦极项目开展较为频繁，该项目带来的体验感不是一般人能接受的，加上现在网络发展迅速，短视频等发展迅速，许多的体育旅游项目已无形中在群众面前获得了宣传。

体育竞技观战旅游：随着我国综合国力的不断增强，中国人民的民族自豪感不断增强，一些大型的国际赛事吸引着大批爱国者的热切关注，特别是 2008 年北京奥运会的成功举办，我国取得非常优秀的国际成绩，民族自豪感不断上升，也因此刺激着体育竞技观战旅游的发展，奥运期间接待 80 万国外旅游者入境，同时国内有 200 万人次到北京观看体育赛事，大大推动了体育旅游业的发展。自奥运以来，我国每年举办的赛事都在增加，对体育旅游这个行业的发展产生的影响越来越明显，如比较具有影响力的厦门国际马拉松，2002 年至今，每一年的举办都在原来的管理与发展等方面上有进步，因非常适宜举办马拉松的天气和厦门这个海边城市，加上深厚的文化底蕴，吸引大批国内外的马拉松爱好者前来参与活动，每年给厦门市的经济带来收入两亿元，并促进了两岸的文化体育交流；2010 年的广州亚运会对前期筹备投入大量资金，亚运村就投资了 41 亿元，亚运会期间带来大量的外国旅游观赛者，促进了广州经济的发展。

我国体育旅游产业正在不断发展，且发展速度快、效果明显，据不完全统计，我国已经有 100 个以上体育赛事或旅游节庆，其中广西推出的“森林旅游”“登山冒险”“河流漂流”以及多个传统民族体育项目，利用自身的自然资源优势建立了众多体育项目训练基地，由此吸引大批国内外游客。

6.4.2.2 体育旅游劳动力

体育和旅游两大产业之间有着密切关系，随着体育旅游产业的慢慢浮现，一些体育旅游的岗位会慢慢增加，但由于体育旅游是一个比较新的产业，总体来说还是缺乏专业知识能力强的人才，使得人在参与体育旅游活动过程中没有得到一个更好的向导，体育旅游人才在该产业的发展过程中具有很重要的地位和发挥相当大的作用，我们应该培养具有高质量的体育旅游人才，提供高质量的产品、更到位的服务，满足人们的需求，为社会主义经济发展做贡献。

我国体育旅游人才培养有高职、专科、本科类，如云南旅游学校等学校培养的是高职类，大专层次培养的学校有四川高等专科学校，本科类的培养主要由旅游院校和体育院校两类构成，主要的体育院校有成都体育学院、天津体育学院、南京体育旅游学院；根据《教育部关于公布 2018 年度普通高等学校本科专业备案和审批结果的通知》，上海体育学院有专门开设体育旅游专业，为体育旅游行业培养专业性人才；北京体育大学旅游管理本科培养中也有专门的旅游管理、体育运动的基础知识，目前我国在体育旅游产业的人才培养方面也越来越规范化，为体育旅游事业发展做出贡献。

由于该产业人才培养刚起步，目前的体育旅游行业的从业人员的专业性还不够强，针对北京体育旅游发展的情况看，北京市体育休闲旅游类工作人员中只有 25.8% 的专职人员，兼职从事体育休闲旅游工作的占 74.2%，且体育休闲旅游工作人员 46% 是体育导游工作，体育休闲健康中心占 30%，社会指导员和运动比赛场馆经营分别占 20% 和 17%，体育旅游专业就业岗位较丰富；据 2014 年的河南省体育旅游人才发展状况来看，河南省体育旅游产业从业人员也大部分是其他行业转向体育旅游业，有一部分甚至是一点专业相关的知识都没有，因兴趣爱好的有 5%、旅游相关专业的有 25%、体育类相关的有 16%，但还是兼职为多，大部分是运动俱乐部临时兼职从事体育旅游工作。从而可以得出结论，从事体育旅游产业的工作人员普遍专业性不强，我国体育旅游发展迅速，就业岗位丰富，应该适当开设体育旅游专业，培养更多专业人才，帮助该产业迅速发展。

6.4.2.3　体育旅游基础设施

体育旅游基础设施作为开展体育旅游活动的硬件设施，其质量过关，更具安全保障，各种硬件设施更完善对体育旅游活动开展具有重要推进作用，游玩过程中主要满足游客的吃、住、玩、游、购、娱等需求；大型体育赛事的举办能够促进该城市加强建设基础设施，提升城市的形象，如 2010 年在广州举办的亚运会，亚运村为运动员及随行官员、媒体工作人员提供住宿，城市建设加快完善了交通建设及环境的维护；近年来各省市注重体育活动举办的大型省运会等一些较大型的比赛，大型赛事的举办会使当地的各项基础设施更加完善，一些大型赛事的举办也会给周边城市的饮食餐饮和旅游业带来一定的影响。高尔夫球在我国的发展迅速，据不完全数据统计，我国高尔夫球场超 500 家，2019 年度美巡赛——是中国目前级别较高的男子职业高尔夫巡回赛，绿地黄山卧虎高尔夫球场承办本次比赛，此次国际赛事举办，促进该地的文体购物与餐饮、体育旅游等深入合作，做好游客的接待工作，有助于该地打造更具国际影响力的运动休闲小镇。

我国东北地区开设多个滑雪场地，游客参与滑雪运动提供的设施有滑雪板、滑雪服装等，做好排除设备的安全隐患与做好游客的安全工作等，是保证滑雪运动顺利开展的重要前提；2022 年北京冬奥会的成功申办，给中国冰雪体育旅游产业带来契机，我国正加速建设滑冰场馆和滑雪场地。2016 年 11 月，国家体育总局关于《全国冰雪场地设施建设规划（2016 - 2022）》中提到，到 2022 年，全国滑冰馆数量不少于 650 座；滑雪场数量达 800 座，雪道面积达到 10000 万平方米、雪道长度达 3500 千米，带动更多人参与冰雪运动。

在群众参与各项体育旅游运动过程中，开展活动的设施安全才能保证活动顺利进行，政府应落实基础设施安全保障管理，高度关注体育旅游设施的质量安全问题，一些项目开展过程中仍然有基础设施得不到安全保障的情况出现，国家应该严格整顿、进行更改；2009 年国家质检总局试行蹦极安全技术要求，对蹦极绳索、塔架、蹦极跳台等试行相关安全规定，保障该项目的顺利实施。

6.4.3 国内市场需求

需求是一个产业发展过程中的一个重要因素，人们对于某个产业产品有需求，该产业才能生存发展下去，随着人们生活越来越丰富，人们的生活品质不断提升，在体育旅游产业发展过程中，人民群众需求的多样性不断增加，越来越多的人想体验更多不同的体育旅游项目。

6.4.3.1 居民可随意支配收入

居民可支配收入是居民可用来随意支配的收入，是反映人们生活水平高低的重要指标，参与体育旅游活动的人群中城镇人口多于农村人口；参与体育旅游活动的重要前提是具备一定的经济能力，据数据显示，“2019 年上半年全国居民人均可支配收入为 15294 元，较上年同期名义增长 8.8%，扣除价格因素，实际增长 6.5%。其中，城镇居民人均可支配收入为 21342 元，较上年同期名义增长 8.0%，扣除价格因素，实际增长 5.7%；农村居民人均可支配收入为 7778 元，较上年同期名义增长 8.9%，扣除价格因素，实际增长 6.6%。”由此看来人们收入的增长会给人们带来更多休闲旅游、健康养生方面的需求，从而带动体育旅游业发展。

6.4.3.2　居民对体育旅游的需求

体育旅游是人类物质文明和精神文明发展到一定阶段的产物，随着人们生活质量提高，闲暇时间和国民收入增加，外出旅游人数逐年上涨，每年的节假日都是人们出行旅游的黄金周，据中国旅游研究所数据统计，2019 年上半年全国旅游人数预计 30.8 亿人，国内旅游收入 2.78 万亿元，比上年增长 8.8% 和 13.5%，入境旅游人次 7269 万人；随着“全民健身运动”开展，热爱体育健身的人数也上涨，居民也有更多的闲暇时间参与一些强身健体活动，带来美好体验的体育旅游活动，据国家体育总局数据分析，2020 年体育旅游总消费规模突破 1 万亿元，2020 年体育总人数达到 10 亿人次，占总旅游人数的 15%，目前我国体育人口仍在上升。

6.4.3.3　居民出行动机

动机是指促使人从事某种活动的念头，使人们产生一种内在驱动力、朝着所期望的目标前进的过程。人们对体育旅游活动的动机为参与体育旅游活动过程中会给人带来愉悦，一些刺激性的体育旅游项目给人带来刺激、新奇等不同的感受，并达到人们强身健体的需求，在这个过程中满足一些人的需求，提升对这个体育项目的技能与能力，或实现本身的某种价值，得到一些相应的回报，如马拉松国际赛事，第一名会得到与之相应的金钱回报与实现自身价值；有些人会出于某体育项目的热爱，会去参与和关注与该项目相符的大型体育赛事。一个人有了这种需求，出行动机才会产生，才会去参与更多体育旅游活动。

“要致富先修路”，同样的体育旅游产业要发展，出游交通便利度是很重要的一个条件，如果某地区的基础设施落后，道路交通不发达，会限制人们出行，该地区的体育旅游业的发展就会受到限制，根据新华网报道相关数据显示，2018 年新增高速公路通车里程 5000 千米，新建农村公路 20 万千米，我国正在加速修路，体育旅游产业的发展仰仗于交通的完善。

6.4.4 相关产业支持

体育旅游相关产业是与体育旅游产品服务密切相关的产业，如一个地区大力发展体育旅游产业，会吸引大批的体育旅游爱好者前往体验体育旅游项目，当地的交通、住宿、购物、餐饮和体育产品提供产业等行业会对体育旅游业的发展提供相应的支撑。

6.4.4.1 体育赛事次数增多及规模扩大

随着“全民健身”被提倡，国家大力支持人们体育运动的开展，且居民收入增加，闲暇时间增多，更多人愿意去参与或观看一些体育赛事，以满足他们的精神体验需求，从举办体育赛事活动的数目来看，近些年来每年体育比赛的场次愈加频繁，特别各省份都有举办国际马拉松赛事、国际自行车赛事，比较出名的是北京马拉松，据北京马拉松赛事官网报道，3 万个名额往往一抢而空，2018 年我国已举办路跑、越野赛共计 1072 场，参加人次 530 万人，还有省运会等体育赛事开展频繁，广州市体育局在新闻报道发布会上谈及 2019 年广州市计划举办 462 场市级以上体育赛事，包括一些较受欢迎的、高水平的篮球赛事。这些赛事的举办会给体育旅游产业的发展带来契机，我们要抓住机遇，发展体育旅游产业。

6.4.4.2 体育用品质量提高和健身场所增加

人们参与体育活动，使用品质优的体育用品会给人们带来美好体验，一些体育用品的质量安全，是保障体育项目顺利开展的重要基础，2018 年在山东外国语职业学院开展中国体操节，有关的检测部门为本次体操节的人员安全提供技术支撑，对竞赛专用场地设施的有害物质限量进行了检测，确保了体操节的顺利进行。当前正积极为 2022 年冬奥会做准备工作，保障来参赛运动员的安全。山东省建立国家级体育用品质检中心，山东省是体育大省，从体育用品制造业来看，其中体育装备制造企业 320 家，山东形成了规模产业集聚现象，孕育出一批体育用品骨干生产企业，国家对体育用品质量的监控、保障体育用品的安全使用有利于体育产业的顺利发展。

体育健身场所是居民进行体育锻炼，参加运动竞赛、观看比赛的场所，如现在各省各市都有的体育馆，包括对外营业的场馆和免费开放的场馆，我国体育场馆大部分为政府所有，部分对公众开放，包括一些体育场、游泳馆和篮球场等各种群众娱乐健身的场所；另一些是人们为了保持身材与身体健康，需要专门的指导使人们保持健康完美身材和娱乐的场所，如健身房、体育俱乐部等进行体育运动的体育健身娱乐场所。据中国产业信息网报道，我国 2017 年体育场地已超过 195. 7 个，参加体育锻炼人数达 5. 5 亿人，相当可观的健身人口比例随之为体育旅游产业带来更多的市场需求。

6. 4. 4. 3　住宿餐饮企业发展迅速

社会不断发展，改革开放 40 周年，各行各业的发展迅速，特别是旅游行业，人们生活水平提高，拥有更多时间去体验各地不同的民俗风情，看不一样的风景，当地的旅游业不断发展，促使更多的住宿、餐饮企业到当地发展，越来越多的企业到当地的发展更倾向于与当地特色结合，打造具有当地特色的酒店住宿和特色餐饮，中国住宿与餐饮业改革开放 40 周年发展报道中数据显示，2017 年住宿营业收入 5636. 6 亿元，餐饮业营业收入达 4 万亿元，是 1978 年（54. 8 亿元）的 730 倍。餐饮和住宿业的有港澳台商与外商投资，2016 年港澳台投资住宿企业资产合计 1547. 3 亿元，外商投资合计 745. 6 亿元，2016 年中外企业投资餐饮总计 9859. 1 亿元。餐饮和住宿业为人们提供更多的就业岗位，2017 年住宿和餐饮业就业人数 2488. 2 万人。我国住宿和餐饮业的发展为体育旅游产业项目的开展有非常重要的辅助作用，吃、住是客户考虑的一个重要点，提供更好的饮食与住宿能使该产业顺利发展。

6. 5　相关案例分析

旅游业是当今世上发展成熟并且仍在不断发展壮大的产业，且发展前景良好，进入 21 世纪，高科技发展迅速，人们每天被大量的信息充斥着头脑，并处于高压环境下工作，人们需要在某个特定时段进行一次身心放松的旅行，另外人们在各种好奇心理驱使下愿意去尝试体育业和旅游业合二为一的项目，这为体育旅游业发展带来巨大的发展可能。

环太湖地区位于长三角地带，其地理位置优越，附近有丰富的人文旅游景观特色，且东部地区交通发达，环太湖地区体育旅游业发展优势明显；附近长三角地区经济发达，更多的人才到此地寻求发展，居民平均收入水平高，客源地主要是上海、江苏、浙江以及周边的省份，环太湖地区汉文化影响深厚、吸引大批的受汉文化影响的华侨与港澳同胞，当地的基础设施较完善，酒店、餐饮等发展成熟，目前酒店餐饮等数量仍在不断上涨、具备良好的接待条件；附近地区的优质旅游资源为环太湖地区的发展带来另一个吸引点，环太湖地区的旅游景点有浑然天成的，有人工建造的，环太湖地区的体育旅游产业就是围绕这些景点展开，如环太湖自行车赛吸引大批的自行车爱好者慕名前来参与，环太湖自行车赛和全国青年帆船锦标赛的成功举办，给环太湖地区的体育旅游业发展提供大型赛事参与和观看的观赛型体育旅游随之兴起。环太湖地区一些体育旅游项目也随之开展，如游艇、高尔夫、帆船等项目的开展，吸引附近长三角地区高消费人群前往，体育旅游发展趋势良好。环太湖周边地区体育旅游产业竞争力的优势在于其体育旅游资源丰富，旅游、历史文化深厚，周边消费人群水平高，且交通便利、基础设施较完善，其举办的体育赛事有一定的知名度，该地区具备良好的优势条件，应该进一步支持该地区体育旅游业的项目发展。

（案例来源：何帆．环太湖地区体育旅游发展现状及开发策略研究［J］．运动，2018：138－139）

6.6 小结

前面主要对体育旅游产业竞争力的构成要素及影响机理、体育旅游产业竞争力现状进行分析整理，我国体育旅游产业竞争力构成要素基于钻石理论而展开分析，产业竞争力的现状分析也是基于前面的五个方面的发展现状进行分析，我国国土辽阔，发展体育旅游主要从产业竞争优势五个方面去考虑，并不断努力培育更多的专业人才，为我国体育旅游业的持续发展升级做好充分准备，获取体育旅游产业竞争的优势。

第 7 章　体育旅游发展趋势及案例研究

7.1　我国高端体育旅游发展及案例

7.1.1　高端体育旅游的概述

改革开放 40 多年来，随着不断提高的生活水平和观念，消费观念也逐渐从原来的节俭消费观念向丰富的消费观念和精神生活转变。人们更加注重精神生活、身体健康和拓展自己的眼界。因此，一种新形式的旅游诞生了，即新的高端体育旅游。

高端体育旅游是一种新的旅游形式。在旅游消费水平和消费模式等方面具有一定程度的文化素养，显著高于平均旅游消费水平，与大众旅游有明显差异。

“高端旅游”有四层含义：一是高端产品；二是消费合理化；三是生产专业化；四是旅游产品品牌化。品牌是灵，特色是魂，品位是基，质量是根，品质是本。

事实上，高端旅游是一个相对的概念。从需求来看，核心指标是高端旅游的个性化需求，消费者愿意支付更高的价格购买相应的产品。从供应商的角度来看，高端旅游的核心指标是人均日消费。它不仅应高于一般水平，而且还应在投入和产出中占有较高比例。

对于高端体育旅游，体育旅游活动显然包括下述因素：高消费、高质量、高投入和高产出。再看相关领域的研究现状，高端体育旅游可以被定义为有针对性的体育旅游，作为旅游项目形态的社会高消费群体。通过这种新的旅行方式能带来精神放松的体验。

7.1.1.1 高端体育旅游三要素

旅行的三个要素是旅行的目的、旅行的距离和停留的时间。高端体育旅游的三大要素也是相同的。

1）出游的目的

高端体育旅游，顾名思义，是以少数旅游活动观看和参加文体活动为旅游业的目的，但也属于高消费。例如，壁球一直享有“贵族体育”“优雅体育”“绅士体育”的美誉。对于许多人来说，休闲和娱乐体育也是高端商业社会体育，亦有不少高端体育旅游，包括马术、射击、高尔夫球、击剑等。人们到其他地方进行短途旅行，观看或参加这些活动。

2）旅行的距离

高端体育旅游视情况而定，而行驶距离是基于主要参观或参加体育活动的决定。因为它属于高端体育旅游，大部分的旅游距离都很远，甚至出国。大部分观看或参与的运动都非常遥远，消耗非常高。

3）停留的时间

因为体育旅游的本质是观看或参与体育活动，而它又是这次旅游的主要内容，所以在旅游目的地停留的时间长短取决于体育赛事的时间长短。一般体育活动的持续时间不超过一周，并且根据个人的需要适当地延长或缩短停留时间，因此，高端体育旅游实际上是一种短期的旅行方式。

7.1.1.2 高端体育旅游消费群体

高端体育旅游，顾名思义，就是平时大部分人不会选择的、高消费的旅游，当然，其旅游过程成本是很高的，所以消费者的消费水平较高，而且消费者多是固定在几类人员中。消费群体主要由名人、高官、白领、商界的富裕群体、劳动人民的知识群体、银发人士的高收入空巢家庭组成。

第一，这些群体拥有更多的财政资源，有更稳定的工作，有稳定的收入来源。因为工作压力大，长期无法放松练习，肌肉逐渐萎缩，因此他们更倾向于体育旅游，这样既能一边旅游观光，又能一边参与当地体育活动，达到锻炼放松的目的，这些均根据自己的旅行需求决定。

第二，这些群体往往有更高的精神需求，因为他们通常比一般人接触到更多的高端运动，所以他们更喜欢高端运动。这促使他们消费高端体育旅游产品。

7.1.1.3　旅行社拥有的高端体育旅游产品

高端体育旅游产品呈现出多元化发展趋势。以文化、艺术、商业、体育、休闲、度假等为重点的高端旅游产品，高品质的体育旅游，高品质的旅游企业，高端个性化的体育旅游产品，高品质的体育环境和人文旅游资源及其他运动的元素缺一不可。不添加任何主观因素地说，高端体育旅游在某些方面是与大众体育旅游相重叠的，但不同的是，高端体育旅游只服务于体育旅游的高端市场。

7.1.2　高端体育旅游的发展现状

改革开放后，人民生活水平逐步提高，人们的消费观念开始转变。社会主义市场经济状况趋于稳定，为高端体育旅游的发展奠定了坚实的基础。

人民生活水平逐步提高，人们有更多的自由去花钱，开始追求更高的生活质量，以满足他们对地位和品位的追求。近年来，越来越多的人消费高端体育旅游产品。由于交通便利等因素的增加，高端体育旅游已成为人们出行的一种方式。

但也出现一些问题。首先，思想偏差没有实现对高端体育旅游的全面深入分析，导致了旅游形式的异化和发展趋势出现偏差；其次，高端体育旅游产品的开发，出现资源开发结构不合理、资源浪费等问题，目前为止，还没有实现与旅游产品的准确定位组合，然后出现了高端产品的开发缺乏耐力运动的情况；最后，还没有完善相关的法律法规，目前还没有出现有效的市场监管机制，所以出现了竞争秩序混乱的情况。到了后期，因为相关人力资源的缺乏，没有专业人员进行合理运行，无法进行有效的供给，从而制约了发展。

7.1.2.1　产品销售状况

高端体育旅游产品的消费者大多是固定客户，客户群基本相同。虽然客户群是固定的，但单位的收入是非常丰富的。其中，观赛旅游最昂贵，北上广是主力军。在国内的旅游网站的大数据中，我们可以了解到，在提到的三种类型的体育旅游里面，以观看体育赛事为目的的旅游最为昂贵，特别是去其他国家或地区观赛消费更甚，大约是几万元的平均消费，北京、上海、广州、杭州、南京、大连的游客是体育旅游消费的主力军。根据我们得到的数据分析，在一线城市，人们的消费水平相对于其他地方来说较高，在体育、旅游方面的消费观念比较强；在设施方面，体育设施较为完善，还有特别的一点是，职业球队较多，所以会成为体育旅游的主要客源地。还有重要的一点是，如果在某地有大型的世界级赛事举办，不但能够带动票务的销售，而且赛后场地也能够成为一个热门的旅游景点。比如，北京奥运会后，鸟巢、水立方一度成为人们到北京必去的景点，并且被评为国家5A级景区。日照世界帆船锦标赛基地、上海F1赛车场等都已成为知名旅游景点，比如日照世帆基地，到现在为止就拥有多条旅游路线，销售情况也是十分可观。

7.1.2.2 我国旅行社发展现状

目前，发达的旅行社数量不断增长，推出的旅游线路价格高、质量好是其主要特点，不过中小旅行社要想朝着这个方向发展，还需要做出一些重大改变。例如，改变旅游产品定制的主要方向。比较有名的有碧山旅行、柏路旅行、鸿鹄逸游等。碧山旅游的主要优势是地接驻扎在全球热门的旅行目的地，无微不至地为客人提供周到的服务——从英文导游、司机和翻译，到专属通道、权威讲解和赛事门票。而柏路旅行则定位奢华的高端定制公司，掌握世界级演唱会、体育赛事、音乐节、文化展览、各界盛会等直接资源；世界顶级邀请制聚会参与资格获取，如法国戛纳电影展、各大时装周、维多利亚秘密服装秀等。还有大家相对熟悉的鸿鹄逸游，它是携程旗下的高端旅游品牌，专注为国内富裕人群提供高端的旅游服务。

受到国内外资源、规模、涉猎范围等因素的影响，其他的中小型企业想要发展高端体育旅游，则相对困难。

7.1.2.3 发展优势

高端体育旅游是一种新的旅游方式，目前势头良好。第一，人们的生活水平比过去高得多，收入更高，中产阶级更多，消费能力更强；第二，人们的生活水平更高，消费观念也会改变，更多的人愿意花一部分钱去进行旅游，况且，健身运动一直被人们所推广，所以人们更愿意多花一些钱购买高端体育旅游产品；第三，高端体育旅游代理商更多，高端体育旅游产品趋向多样化，更适合个性化消费者。

7.1.2.4　发展劣势

高端体育旅游是旅游的形式，可以从消费群体进行广泛的命名。这个词的高端部分是一个利基。高质量、高价格、高品位决定了其市场前景良好，也存在一定的局限性。与普通旅游相比，高端体育旅游以小众消费群体为目标。因为它不占主导地位，即使大多数中产阶层及以上的消费者选择高端体育旅游，消费也远低于普通旅游业。

近年来，高端体育旅游方兴未艾，还有很多方面有待开发，对于开发商来说，这是一个挑战，具有一定的风险。一个良好的高端体育旅游产品必须经过长期的研究和实验，才能确保高端体育旅游产品完美地呈现给每个人。所以很少有公司站出来涉足这个领域。

另外，相关法律法规并不完善。从现行的法律法规来看，我国的法律对高端体育旅游没有任何限制，还有改进的余地。然而，高端体育旅游活动具有一定的特殊性。为了保障旅游者的人身安全和财产安全，应采取措施加强对一些高端体育旅游产品中此类旅游项目的规范。

7.1.3　相关案例分析

7.1.3.1　成功案例

随着各种旅游景点和模式的不断发展，人们的偏好似乎更倾向于去海滩旅游，游艇的发展机会也会增多。作为海洋文明的产物之一，游艇让人们对于生活与大海无限新进的渴望也更加强烈。然而，游艇旅游是高端的，在许多普通人眼里，它一直被视为财富和品位的象征。游艇旅游已成为享受高端体育旅游的良好途径，可以使现代人的物质生活和精神生活有效地结合起来。

21世纪作为一个新兴的高端体育旅游，中国的游艇旅游快速发展。海南省委、省政府开始考虑开发海水旅游等高端体育旅游相关旅游资源，发展游艇旅游产业。2008年4月，海南国际旅游岛建设行动计划在海南省举行，建设海南“国际旅游岛”。为了确保各项工作的顺利进行，海南省委、省政府发布了《广安志》，加快建设国际旅游中心，海南岛“国际旅游岛”建设行动在海南省举行。这体现了海南省委、省政府在新的历史起点上建立国际旅游岛的信心，这也标志着旅游和国际旅游海南全面一体化发展的开始。

2010 年，国务院发布《关于推进南天国际旅游岛建设发展的若干意见》①，建议海南国际旅游岛积极发展邮轮产业，允许境外邮轮公司注册设立海南经营机构，完善游艇管理办法。这一观点加强了海南省发展游艇旅游的信心。时任省旅游发展委员会主任陆志远说："经济是一个高端游艇产业，而且在海南经济的新亮点。游艇产业不仅将带动基础设施和旅游质量的海南旅游服务的飞跃，将海南国际旅游岛建设的质量大大提高，进一步推动房地产开发、制造业、酒店等诸多相关产业的发展，并使之蓬勃发展。"

（案例来源：赵金岭．我国高端体育旅游的理论与实证研究［D］．福建师范大学，2013）

7.1.3.2 失败案例

海南作为著名的旅游胜地，不仅旅游资源十分丰富，相对于其他地方来说，航空旅游市场起步较早。作为一个风景名胜区，琼州海峡航班和指定飞往三亚陵水、万宁等地和其他低空飞行项目直航已粗具规模。亚龙有直升机航空旅游项目，北京的一家直升机公司也进入了海南导航市场，推出了景区游览的空气、森林、火、飞行培训等多项业务。

但仍然存在一些问题：

1）基础设施有待完善

以低空旅游服务项目为主的航空企业旅游产品，应需要有配套的基础教育设施来保障。目前，海南船务公司的导航和机场降落数量不足，商业化运作不到位，不能形成有效的通用航空网络。

2）低空飞行市场监管力度不够

无论是在哪里开展航空旅游项目，保护低空飞行安全都是头等大事。目前还是处于缺乏管理的状态，所以，在低空旅游服务项目的飞行信息安全问题上，多多少少还是会存在一定的威胁。

3）专业人才短缺

海南旅游市场供不应求。其还应该具备低空旅游电子产品结构设计、营销、低空服务社会系统研究开发的专家团队和高端的服务质量管理会计人才。

① 于 2009 年 12 月 31 日以国发〔2009〕44 号印发。

7.2　我国民族传统文化体育旅游发展及案例

7.2.1　我国民族传统文化体育旅游概述

7.2.1.1　起源

世界体育发展史表明，世界上不同民族有着不同形式、不同内容和风格的体育活动。冰雪环境中的因纽特人、岛屿上的塔斯马尼亚人、北非尼罗河和东西黄河流域的祖先、荷马时代的古希腊人、北美大草原上的易洛魁人，都有自己独特的体育锻炼形式来适应自己的生活环境还有生活方式。

从决定中国传统体育文化特征的传统思维方式来理解中国传统体育文化的特征，可以说，强调整体性是中国传统体育文化的一个重要特征。因为自从整个中国古代的人和世界都把事物理解为一个统一的两个相应的事物（阴阳），并促进了物联网这两个矛盾的发生和发展。在这种思维传统的中国方式的影响下，中国传统体育文化带来的思维非常显著的整体方式，有以下三个方面：

1）中国传统体育追求与自然的统一

武术是中国传统体育的典型代表。虽然有许多拳击学校，但它们通常根据自然季节和地理环境的变化需要不同的练习方法。例如，形意拳理论的研究表明，形意拳运动需要四次配对，这取决于四季奇谭，即春、夏、秋、冬的规律。在春季拳击练习中，要注意辉光的内气和内力，趋势良好。当在夏天拳击练习时，应适当地释放强度，不伤筋骨。拳击应该更激烈，不应该是暴力。在广东，广受欢迎的“小林五行八卦”根据不同的季节，练习卧、坐、站、走的要求。中国武术不仅追求自然变化与练习时间的统一，而且追求练习与地理环境的一致性。在传统武术训练中，训练场地一般要求“选择山林生长的地方或壮丽的风景，或整洁的房屋区域”。

2）中国传统体育追求练神与练形的统一

所谓形体，又称肉体或外体，是指身体，包括皮肤、肌肉、骨骼、静脉和内脏，血液的充盈期是人体生命活动的物质外壳；所谓神，又称精神或内体，是指人的心灵活动，包括认知、心理等活动，如自然界、补神。在中国古代的时候，主张保持形状，同时也重视神的撤退，这种方法被称为气功。

在中国传统体育的强力动员中，动静结合最能体现神的共同修养。例如，气功静功耗散是指在实践中保持一个固定的空间位置的技术机制。虽然表面上没有意识到身体的运动，此时的精神也应该是安静的，但气血应该在精神的控制下形成一种自觉的运动状态。这是一个集成的动态和静态形式，另一种形式是指气功和武术的一般做法。气功是人体在空间中的位置在练习过程中不断变化的一种工作方法。此时，人体的外观是有意识的运动，需要心理活动来保持安静，从而达到运动与锻炼的结合。在传统武术的实践中，有一种说法是"身体是呼吸、皮肤和骨骼出来训练。"少林拳击的秘诀讲述："耕耘涵盖外在技能是身体的一切，而内在技能的培养则转化为生命精神。"

3）中国传统体育追求培养人与社会相和谐的意识

中国体育的传统方式的总体特征思维体现在人与社会，即一个和谐、稳定的关系的追求和服从社会规范之间的关系。这一特点体现在中国传统体育中，即中国传统武术文化中。武术的训练和教育对许多中国武术几乎都很重要，从而制定了一些规章制度。在处理人际关系时，儒家文化提倡中间路线，谦逊、尊重、和谐，使传统武术也强调这些行为规范。例如，少林僧人谈到说："对待侪辈，须和顺温良，诚信勿欺。"中国传统体育追求培养人的精神和社会精神，充分体现了中国传统体育的总体特征。

7.2.1.2 主要发展地区

自2008年北京奥运会以来，我国体育产业和旅游业的迅速发展，对全球化进程的许多方面产生了广泛而深远的影响。民族传统体育作为一项传统的健身、娱乐和特色健康活动，具有丰富的文化特色和合理的内涵，在体育方面，海关和国家的民族体育的传统、生产方式、道德观念、行为、文化形态的代码的形式，民族心理结构相互交织。随着休闲时间的逐渐增加，人们对文化、娱乐、健身、休闲等活动的要求越来越高。旅游业已成为人们修身养性、体育锻炼、情操培养和休闲消费的重要组成部分。然而，传统的自然旅游难以满足人们的需求，旅游消费出现了一些新的变化，更加注重度假旅游人的心态变化在旅游活动中，追求新、音乐、知识、体育的心理日益增强。民族传统体育与民族地区旅游文化之间存在着很强的相关性。将传统体育有机融入民族地区的旅游文化，扩大民族地区旅游管理领域无疑将成为一个新的旅游发展的支点。但是，目前民族地区的发展现状、民族传统体育旅游资源观、旅游景点的开发利用率仍然很低。从民族传统体育的文化内涵和文化价值功能两个方面探讨民族传统体育与民族旅游文化融合的可能性和发展模式，以拓展民族传统体育的社会功能，发展体育休闲旅游以及区域旅游、体育产业发展。

7.2.1.3 现有民族传统文化体育旅游产品

为了迎接和吸引游客，少数民族地区一些部门推出了一些具有鲜明民俗风情的特色旅游产品。例如，中国东北一些旅行社将鄂温克族的滑雪、狩猎等体育活动纳入自己的旅游项目；或让游客参与蒙古族赛马、摔跤、射箭等活动。

7.2.2 民族传统文化体育旅游发展现状

自20世纪60年代以来，世界旅游业蓬勃发展。在旅游过程中，人们更加注重缓解心理疲劳，培养积极的生活态度。因此，它是一个简单、生动、丰富多彩、参与性的旅游开发。民族体育与音乐、舞蹈、娱乐融为一体，具有广泛的普及性、参与性，使游客放松身心，享受生活。因此，国家有关旅游部门重视民族体育旅游的价值。民族体育旅游以其独特的风格进入旅游市场。主要的少数民族居住在我国边境地区。良好的旅游环境和迷人的体育文化在很大程度上是体育旅游发展线的主流方向，是各式各样民族体育旅游的发展前景。随着该旅游模式的快速发展，少数民族传统体育已成为旅游活动的重要组成部分。为了迎接和吸引游客，少数民族地区一些部门推出了一些特色民俗旅游产品。例如让游客参与赛马、摔跤、射箭等活动。国家体育优势得到充分发挥已成为旅游的一个有前途的模式。

民族地区各级政府和旅游部门均高度重视少数民族传统体育旅游相关资源。一方面，十分重视对少数民族传统体育旅游资源的保护、开发和利用；另一方面，他们在这些方面投入了大量的资金用于开展少数民族体育旅游活动，也用于少数民族传统体育旅游的发展。例如，云南迪庆各族人民经常利用假期开展民族体育旅游吸引游客。通过挖掘地方特色，利用区域特有条件开发体育旅游自主品牌，从而加快体育旅游资源的开发和利用，同时也可以通过政府和企业，关注各级经济和社会效益。但是，我国民族体育旅游产业的总体规模仍然很小。在很多少数民族及地区的民族体育旅游发展中，民族体育旅游并没有被视为一个独立的旅游项目或旅游产业，它只是民族体育旅游的一个补充或部分而存在。民族体育旅游规模较小，在整个旅游业中仍处于从属地位。

7.2.2.1　发展繁荣地区及原因

在偏远的中国少数民族住房的条件差，而且交通较为不便，车辆进出受限。所以我们以开发少数民族体育旅游资源为契机，通过建设公路等方式，达到改善该地地理环境、繁荣国民经济的目的。许多老旧的公路已经修复，许多偏远地区已经修建了公路或铁路。随着通信线路的发展，它已经成为各种服务行业运营的主导。在道路两旁建有旅馆和加油站。使许多藏族家庭的收入较为稳定一些，在当地经济进程中呈现出了十分良好的发展态势。不仅如此，西北发展政策使宁夏、内蒙古等地的经济态势呈现出比较可观的增长趋势。在国家政策的指导下，不少游客将兴趣转向西北地区。

7.2.2.2　政策支持

为推进体育强国和健康中国建设，国家发改委与国家体育总局联合印发《进一步促进体育消费的行动计划（2019－2020年）》。计划指出，要积极实施“体育+”工程，推进体育与文化、旅游、养老、健康、教育、互联网、金融等产业融合发展，打造体育消费新业态。[①] 该计划强调需要建设多种体育场馆：鼓励和引导现有设施如废弃工厂的使用，支持在景区内开展体育消费项目，完善体育休闲城镇的规划建设，积极推进航空飞行营和汽车的推广。体育露营、户外露营等山地建设，大力实施“百万公里健身田径项目实施计划”，把美丽的村落建成集文化、旅游、休闲、旅游为一体的综合性体育设施。

7.2.2.3　发展前景

中国旅游资源丰富，民族地区旅游资源不容小觑。与汉族相比，自然风光和少数民族更加丰富多彩的民族风情更有优势。五十六个民族有各自民族的特殊文化习俗、带有民族特色的服饰和特别的节日。而各种民族特色的体育活动，则是民族传统体育旅游的重要资源。全国体育比赛是中国民族节日的重要组成部分。在每一个节日里，各族人民都要开展具有民族特色的传统文化体育活动，体现民族风情、民族特色和民族文化。在节日中，这些特点是最现实、

① 出自《进一步促进体育消费的行动计划（2019－2020年）》。

最有力、最生动的。可以毫不夸张地说，国家的每个节假日是了解这个的最佳时机。每逢节假日，各地区、各民族都要举办一些传统体育活动。如果要把这些节日发展成旅游业，其发展潜力是不可估量的。

7.2.2.4　发展不足之处

中国有许多全国性的体育活动，但其中大部分发展效果不佳。目前，体育旅游的传统文化是尚处于起步阶段，很多人不够深入认识和理解传统文化，基础设施建设也处于初级阶段，各部门和企业都不乏适当关注。少数民族体育旅游资源的优势和潜力不能被很好的重视，在这样的情况下，也导致了该地体育旅游资源开发和利用率的低下。例如，风景体育的发展具有民族特色的体育活动较少，且多为山地、海滨等自然风景区，有较大的局限性。以云南彝族火炬节为例，是活动品牌的可持续利用和综合效益价值的发展。旅游资源短期开发行为突出，由于得不到合适的、较大规模的宣传，且民族体育与民俗的探索得不到相应的重视，导致了许多民族旅游活动就只是一种盲目的后续行为，没有反映出自己民族地区的特点。

几十年来，许多旅游景点一直保持现状，没有关注游客的需求和时代的变化，且由于长期的风吹日晒，一些建筑景点已经退化，一些项目已经存在了几十年。旧的终究不比美丽的地方吸引人，如果景区不注意更新，将失去神秘和吸引游客。

7.2.3　相关案例分析

7.2.3.1　成功案例

以恩施土家族家庭为例，通过文献、问卷调查、专家访谈、逻辑分析等体育旅游和资源开发恩施土家族家庭的其他方式进行了研究。

首先，恩施的自然文化旅游资源丰富，土家传统体育文化宽广而深刻，特色清晰，只要开发也是非常有利的。其次，传统的体育旅游资源使恩施土家族的发展侧重于四个领域：独特的自然资源开发，人力资源开发与土家族特色、土家族传统体育和事件资源开发，资源开发和专业人才，自然与人性的结合。调查结果显示，恩施州在历史上形成了较好的旅游、旅游体验和旅游资源市场，深受游客欢迎。当然，恩施土家族传统体育旅游资源的发展既有优缺点，也有机遇和挑战。恩施土家族体育旅游资源的开发需要遵循自然资源和人力资源相结合的原则，在发展的盈利能力的同时，要以保护原则为基础注意保护生态环境。这是一个长期的发展计划。开发恩施土家族体育旅游资源的途径是以原有的生态旅游开发为基础，以主题公园为主题的民俗村的旅游开发、农村网络结合的发展和节日活动的旅游开发。最后，如何开发利用恩施土家族体育旅游资源：依托得天独厚的自然资源开发恩施特色体育旅游；充分利用恩施丰富的土家族特色和人力资源，创新和发展体育旅游；发现组织创新恩施土家族传统体育赛事和体育活动资源，确保与时俱进；培养和建立专业人才队伍，维护和服务土家族体育旅游。

（案例来源：刘俊民，王新蕊．文化视角下恩施土家族民俗体育文化的传承与发展研究［J］．大众文艺，2020（6）：263－264）

7.2.3.2　失败案例

重庆市的少数民族人口聚居区主要位于渝东南的重庆市黔江区、石柱以及土家族自治县等地。重庆市有着得天独厚的地理位置和自然条件。

关于该市旅游发展的不足之处：

①少数民族文化体育旅游企业发展滞后且旅游专业人才缺乏，在管理和服务质量水平方面，还有待进一步加强，目前存在明显的经济滞后水平以及人们对该项目的重视程度不够。

②交通条件不完善，地处山区重庆东南部，一直是交通不便，除了交通系统以外，其他的基础教育设施也很落后。

③在这方面，市场竞争十分激烈，发展该区域的旅游业只有从特色社会方向入手，体育文化旅游是一个很好的契机。

许多重庆的文化背景，如三峡文化、移民文化、少数民族文化领域，虽然这些文化品牌不是很响亮，但它的确显示出不同的文化特色。

7.3　我国“精准扶贫”背景下乡村体育旅游发展及案例

7.3.1　乡村体育旅游概述

7.3.1.1　相关旅游产品

乡村体育旅游是新时代背景下出现的一种新产业。响应“精准扶贫”政策，发展乡村体育旅游产业，对促使城乡互融、提高农村经济发展水平、促进农民就业增收等有着重大作用。农村体育旅游产品相对单一，旅游目的地小，娱乐活动小。旅行社不作为旅游产品的一部分，主要内容是看特色体育活动。大部分活动都是因地制宜地办一些赛事，山地自行车、滑雪、漂流等。如灵溪小镇的铁人三项、农耕大赛、动漫乐跑。

7.3.1.2　主要发展地区

到目前为止，中国南北地区的许多乡村已经发展出体育旅游的旅游模式，其发展主要以体育活动自身的地方特色为依托。如东部沿海地区的乡村主要以海上运动为主，中部和南部主要以越野、徒步、漂流为主。

7.3.2　乡村体育旅游发展现状

7.3.2.1　政策支持

几年前，《国务院关于促进旅游业改革发展的若干意见》① 中提到，发展乡村旅游，就必须加强规划指导，健全保障体系，建立相关组织，规范、保障乡村旅游的开发；加强推进乡村旅游开发建设，保障扶贫，扎实推进乡村旅游致富工程，帮助贫困地区脱贫致富；统筹利用资金造福农民，加强卫生、环保、道路等基础设施建设，完善农村旅游服务体系。通过加强对农村旅游从业人员的培训，鼓励旅游毕业生、专业志愿者、科技工作者驻村帮扶，为乡村旅游发展提供智力支持。

7.3.2.2　发展优势

农村体育旅游的发展已受到国家的支持。国家鼓励高校人才、艺术工作者、科技工作者在农村发展体育旅游。

体育旅游在我国体育和经济的发展中发挥着重要作用，而农村体育旅游在体育旅游中发挥着重要作用。我国农村幅员辽阔，资源丰富，风俗不同。这句话很好地反映了我国民族特色的多样性，农村体育旅游拥有着独特的、不可比

---

① 国发〔2014〕31号于2014年8月9日印发，该意见是继《国务院关于加快发展旅游就业的意见》、《全国红色旅游发展规划纲要》、《国民旅游休闲纲要》和《旅游法》颁布实施以来，党中央、国务院对旅游业改革发展做出的又一重大部署。

拟的发展条件。因此，要通过大力发展乡村体育旅游，从而促进农村经济的发展与繁荣。

7.3.2.3 发展劣势

农村体育旅游已成为大部分农村为推动地区发展的一种流行的方式，但也有一定的局限性。以下问题制约了农村体育旅游更好的发展。

1）基础设施不完善

基础设施是游客接待的重要基础，是最基本的物质条件。农村体育旅游设施包括旅游交通设备、住宿、餐饮、商店、旅游娱乐设施等。然而，许多乡村体育目的地目前缺乏类似的旅游设施，尽管有适度的利润，但还降低了游客对当地旅游业的满意度。

2）形式单一，内容老化

目前，中国的农村体育旅游形式过于简单，难以吸引更多的游客参加农村体育旅游，很难带来较好的收益。因此，要搞好乡村体育旅游，这些问题应该引起有关部门的重视。通过丰富旅游形式等创新模式，增加旅游亮点。

3）对资源的开发不够

目前，大部分乡村体育旅游处于旅游与观赏脱节的状态。大部分游客观看体育活动，主要体现在观看比赛和表演，很少参与其中。因此，乡村体育旅游应该更加重视人力资源的开发和大型体育的开发，并有游客的强烈参与，因为这些都需要更多的投资，仅限于北京郊区、深圳等城市。没有资金和空间，很难满足在短期内的农村体育旅游的相关需求。

4）乡村体育旅游的发展缺乏相关人才的指导示范

农村体育旅游的相关人才是旅游资源开发必不可少的条件，同时也是农村体育旅游发展的关键因素。任何行业的发展都需要经过专业人士的多次试验和科学认证，得到最适合自己乡村体育旅游发展的规划。同时，营销人才的缺乏也是一个很大的障碍。缺乏营销人才，甚至不乏营销部门，可能会直接导致体育旅游不能为公众所知悉。

7.3.3 相关案例分析

7.3.3.1 成功案例

以盈江体育旅游一体化发展的成功案例为例。近年来，盈江一直在探索文化体育建设和旅游的发展模式，在体育活动的帮助下，关注乡村旅游，注重在民族传统体育活动、高质量体育旅游项目和民族节日活动中创造户外体育体验。

①民族民间“体育＋节庆”活动，促进民族文化，体育和旅游的深度融合。每年随着泼水节、欧洲歌会、阔时节和乡村旅游活动的开展，积极丰富节日内涵，大力继承和推广民族民间体育。每年举办射箭、上道山等民族传统文化体育比赛，举办竹筏、鱼圈、竹编等传统体育比赛，在农村旅游活动中举办。在水祭期间，组织了登山杆、高跷、扭棍、戴拳、戴棍等传统体育活动。举办刀（刀舞）、汤（枪射击）、拉力、扭杆、顶杆、秋千、爬杆、木脑歌、走棋等传统体育展览；在春节期间，部分乡镇组织了刀舞、十字弓射击、拔弓、拔枪等民族文化体育活动。

②精品体育赛事＋旅游，助推脱贫攻坚。盈江县竹筏围鱼大赛被评为云南体育旅游竞赛，成为体育旅游一体化的典范，周边的农民应邀参加，同时也让游客找到放松娱乐的地方。老城的良好生态环境、宜人的气候、美丽的自然风光、丰富多彩的民族文化、独特的区位优势、简单的民俗风情以及为盈江乡村旅游发展带来了前所未有的机遇，掀起了一波自我导向的旅游。2015 年国庆期间，旧城镇共接待游客 13.46 万人次，2016 年春节期间，接待 14 万余人次，2016 年国庆期间接待 16 万余人次，2017 年接待 17 万余人次，2018 年春节黄金周接待 16 万余人次。

通过生态与体育的紧密结合，吸引了大批体育旅游爱好者到香鱼湖观光、体育和健身，实现了旅游业和体育产业的双重收获。近年来，随着农村体育和旅游活动的不断举办，湖南体育和旅游活动的品牌意识不断得到游客的认可。“盈江县香额湖竹筏围鱼大赛”已获得“云南体育旅游精品赛事”称号。同时，通过几年的体育和旅游宣传活动，村民们得到了从事旅游服务和工业发展的有效动力，改善了各家各户宾馆、农户、村民的生活环境，村庄面貌焕然一新，村民生产生活条件明显改善，有效地解决了农副产品销售困难的问题。每次举办香额湖竹筏围鱼大赛期间，周边农户平均收入为 3000 元左右，有的农家乐甚至可达 1 万元以上，仅 2018 年春节期间，香额湖景区傣族风味小吃、农家乐等收入达 54 万元，竹筏收入就达 4.5 万元。

③户外运动＋旅游，新措施打造精品乡村旅游项目。成功举办盈江城市户

外跨州挑战赛，为盈江户外运动+旅游融合提供了典范。在2018年“五一”小长假，盈江“诗蜜娃底”户外越野挑战赛吸引了德宏各县市和保山、大理、临沧、怒江等地的1000余名参赛运动员及家属、游客参与活动。这项赛事不仅让运动员参与比赛，也为他们的家人和游客提供了一个体验平台。同时，传统的民俗物品、蹦床、桥梁、运甲等民俗项目和有趣的项目也穿插在各种越野跑的关卡中。民族因素与体育项目的整合与全民健身的整合不仅仅是其中的一部分。运动员享受游戏带来的体育娱乐，旅游为更多的家庭搭建绿色、生态和体验平台。这是盈江市优化调整旅游产品，丰富人民文化需求，建设和完善乡村旅游项目的又一举措。

（案例来源：德宏州文化和旅游局信息公开专栏）

7.3.3.2　失败案例

以陕西省龙头村为例，陕西省袁家村与龙头村在发展农村旅游的过程中呈现出强烈的对比。袁家村的乡村旅游和乡村音乐可以说是越来越大，经过一段时间，龙头村已经成为一种冷门生意。

本书总结的失败案例，主要存在以下几点发展问题：

一是耕地面积大，但发展为耕地的一小部分，遗弃了大量耕地。二是龙头村旅游业的发展由政府主导。发展速度过快，没有坚实的基础。因此，龙头村的风景就像昙花一现。自2012年开辟风景后，2013年以来逐渐变得冷清。三是旅游业尚未发展壮大，其他规模产业尚未形成。土地流转后，农民很难找到其他致富的途径。基本上，青年劳动力在国外工作；第五，缺乏市场领导地位和行业为主导，发展缓慢。

然而，当我们走进位于陕西和湖北交界处的龙头山、平利县和其他地方时，我们可以看到“白墙、绿瓦、马头强、徽派住宅装饰窗”和青珊的美景。龙头村全村面积35平方千米，耕地才3900亩。距县城5千米，距离较远，难以吸引游客，不在村里形成一系列产业链。几年前，这个村庄迅速建成了一个特色景观，如古色古雅的街道、秦楚农业文化公园、观光茶园，以及改善的基础设施和生活条件。

然而，经过2012年一段时间的风光，龙头村从2013年起逐渐变得荒芜：除了重要的节日外，这里很少有游客。有10个店铺具有地方特色，如完成较早的酒、豆腐。其中四个已经关闭。街头古玩店林立基本成为“摆设”。一位村民说，虽然一些有特色的房屋已经建成，但几乎没有办法赚钱，而且“不能促进经济发展”。

（案例来源：搜狐网）

7.4　我国“一带一路”背景下体育旅游发展及案例

7.4.1　“一带一路”背景下体育旅游概述

7.4.1.1　起源

“一带一路”倡议的理念为西北地区带来了新的发展机遇。国家已经沿着“一路走来”增加投资的地区，在新的时代，开启了新的篇章。在“领路”的背景下，许多西北地区发展了许多具有自己民族特色的旅游方式，为旅游提供了机遇。其中，体育旅游模式得到了越来越多的关注。

7.4.1.2　政策背景

几年前，国家体育局和国家旅游局颁发体育旅游发展行动计划“沿举措一路”提出了一批优秀的体育旅游项目形成相关领域，特别是运动休闲项目，体育旅游企业和著名的体育旅游目的地。到2020年，体育游客将占该地区游客总数的15%以上。该计划确定了8个行动领域的20项行动措施包括：加强体育旅游推广，扶持重点体育旅游项目，加强体育旅游设施，增加生产相关的体育旅游设备，进行体育旅游的示范推广，努力发展体育旅游目的地。进行体育旅游合作平台的建立与推广，增加并培育体育旅游的重点项目，加强体育旅游设施建设，促进体育旅游器材生产。

体育旅游是一个新兴产业在体育旅游产业的形式和深度融合，大力发展体育旅游是丰富的旅游产品体系、扩大旅游消费的空间必然要求。实现全民健身和健康的深度融合，提升体育产业的质量和效益，是体育产业发展的必然选择。在此要求下，培育新的经济增长，扩大新的经济发展空间，具有重要意义。为了实施国家“一带一路”倡议和《国家旅游局关于体育旅游发展的指导意见》①，将以“旅游攻关”作为这一倡议的突破口，加快并积极发展各项民族体育旅游，从而提高人们的生活水平，同时也促进民族体育旅游事业的发展。深入合作，以促进国内区域协调发展，对人类社会做出了积极的贡献。

7.4.1.3 主要发展地区

“一带一路”体育旅游的主要发展区域是陕西、甘肃、新疆，特别是甘肃和陕西最具代表性。两地抓住“一带一路”发展机遇。在2015年提出的秦岭地区，已经尝到了甜头。

7.4.1.4 主要旅游产品

推动沿线发展，鼓励沿线国家相互支持，促进经济文化交流。很多人在这里找到了这个机会。这就是发展旅游业，依靠西北的特殊自然环境和人力资源，它开发了一些旅游产品，包括文化、美食、滑雪、登山、野营、观看比赛、黄色浮标等。其中，恺撒的“丝绸之路上的波斯帝国—伊朗穿越时空”和“以色列和约旦”探险之旅受到高度赞赏。

7.4.2 “一带一路”背景下体育旅游发展现状

7.4.2.1 旅游产品销售情况

随着“一带一路”建设的发展，中国与沿线国家的交流也在深化。即使我们抓住这一难得的历史机遇，积极发展体育旅游，徒步旅行也成为人们的新爱好，许多地区都举办了徒步旅行接力比赛。据获得的数据显示，在“一带一路”倡议沿线国家中，旅游强度最高的国家主要在东南亚，中国—印度经济走廊的沿线国家均在热门榜单前30位。排名前五位的国家是泰国、新加坡、马来西亚、越南和土耳其，这些国家是沿着中印经济走廊的顶部四个国家。

7.4.2.2 发展优势

“一带一路”在亚洲和欧洲及非洲大陆的区域位置。东方是活跃的东亚经济圈，西方是发达的欧洲经济圈，同时，中国也是一个幅员辽阔、拥有巨大发展潜力的发展中国家。“一带一路”倡议具有深远的意义。

体育旅游的发展得到了政府在“一带一路”倡议的背景下的支持。2017

① 12月22日，国家旅游局、国家体育局共同印发、部署体育旅游发展。

年，国家体育总局和国家旅游局发布了《“一带一路”体育旅游发展行动计划方案（2017－2020年）》①，提出要重点培育体育旅游项目，加强体育旅游设施建设。这一举措实施后，促进了沿线国家与中国之间的交流，不仅开辟了一条体育旅游新路线，也开辟了新的途径，增强了各国之间的交流。因此，来中国的外国游客越来越多，市场潜力巨大。

7.4.2.3　发展存在的不足

①“一带一路”地区发展差异巨大，西北文化产业增加值与中南文化产业增加值差距明显加大。原因之一可能是西北地区不如中国中部、南部那么强，而且底层也很弱。当然也有管理的发展不好，结果也不太理想。

②缺乏专业人士的充分支持。无论什么行业，发展都离不开无数科学认证的专业人才，缺乏专业人才都会导致自身的优势无法充分发挥。

③“一带一路”倡议的提出时间相对较短，许多地区缺乏相关经验，积累研究不足，无法找到适合自身发展的途径。

7.4.3　相关案例分析

7.4.3.1　成功案例

多年来，广西壮族自治区体育局主动融入“一带一路”，充分发挥体育服务国家外交战略，以促进在利用广西、东盟的优势和文化交流的独特作用，并多举措加强交流与合作一路走来，促进了我们的地区和体育、文化、旅游等领域的交流。

一是构建体育对外交流合作平台。广西体育系统建立了中国—东盟体育交流合作中心、中国—东盟体育信息中心、中国—东盟体操交流合作基地、中国—东盟武术交流合作中心等交流合作机构。目前，自治区体育局正在加快广西体育产业城市建设，筹建“中国—东盟群众体育示范区”，把广西建设成为国际区域体育交流与合作中心。

二是打造中国—东盟重要的区域活动中心。自2017年以来，成功举办了首届环游广西世界巡回赛，“中国杯”国际足球锦标赛，漂流世界杯，世界沙

① 《“一带一路”体育旅游发展行动方案（2017－2020年）》。

滩排球巡回赛等121项国际赛事，影响倍增。中国还与泰国、越南、老挝、印度尼西亚等国合作，举办了中国—东盟国际汽车集会和中国—东盟媒体集会，东盟国际龙舟邀请赛，中国—东盟国际青年足球邀请赛和中国—东兴越南男子街元秀足球友谊赛共20多项中国—东盟系列赛事，为东盟活动中心的建立奠定了基础。

三是加强沟通，促进竞技体育发展。以“走出去，请进来”的方式，加大对体育人才的培养。最后是推进“体育产业+”融合发展。马山县为“体育+旅游+扶贫”发展模式的首个试点。2017年，马山县成功举办了中国—东盟山地户外体育旅游大会、中国—东盟山区马拉松和第十一届马山文化旅游美食节，这是中国黑山羊的故乡。

接下来，区域体育将继续加大工作力度，“一路走来”帮助自治区建立加强体育教育培训和学术交流。培养体育人才，为东盟国家提供人员输出、资格互认、委培代培，同时利用该项目的先进技术东盟优势，提高广西壮族自治区竞技体育的水平。

（案例来源：广西新闻网，2018）

7.4.3.2　失败案例

甘肃是一个鲜明的民族特色的重要旅游资源。在提出“一带一路”倡议后，甘肃充分发挥了当地民族特色，结合了丰富的传统体育。它促进了甘肃省旅游业的发展，但由于甘肃省发展战略的滞后，在观念落后、管理水平和专业人才不足的影响下，造成了旅游资源的一定浪费，这直接影响了甘肃省旅游资源的开发、影响了国家体育旅游的水平。

实际上，就地理位置而言，甘肃是连接中国内地和西方国家的古丝绸之路的重要枢纽，见证了经贸合作的历史进程，承载着中华文明的重要历史进程。为了进一步贯彻落实《“一带一路”体育旅游发展行动方案（2017－2020年）》① 提出的要求，随着宝兰高铁的建成，近两年来，西北地区与华东、华中地区的时空距离明显缩短。根据宝兰高速铁路的客流量，甘肃已经成为游客前往西北旅游的热门选择。但是，由于甘肃省的经济水平明显低于其他省份，

① 《“一带一路”体育旅游发展行动方案（2017－2020年）》诠释了中国构建“人类命运共同体”的政治使命及拓展。

没有明确的发展规划，在发展民族体育旅游方面存在明显的不足。

7.5　我国“全域旅游”背景下旅游发展及案例

7.5.1　全域旅游概述

7.5.1.1　全域旅游的特点

全域旅游业是指一定区域内的旅游主导产业。新概念和新车型区域协调发展是区域资源、产业发展一体化的整合，建设和共享社会资源，通过促进旅游业，促进经济社会协调发展。在整个区域旅游，产业积极投入到了不同部门的合作，所有城市的居民参加，并充分利用目的地的所有元素，以及时间和空间，为游客提供全方位的产品体验，充分满足具有综合需求的游客体验。对“全域旅游”的追求不再是旅游业的增长，而更多的是提高旅游质量。这是追求旅游业的重要性，以提高人们的生活质量。旅游是人们寻求新的财富革命值。总体而言，全域旅游是统筹规划、统筹管理、统筹营销和推广的具体领域。它是一个完整的旅游目的地，促进了全区域、全方位和全行业旅游链的发展。

7.5.1.2　全域旅游的四大特征

①旅游业在整个区域，以优化区域资源，促进区域经济发展。全域旅游不是景区的区域建设，而是区域内各种公共资源和公共服务的有效配置。具有宜居、乐观、适合旅游、适合旅游休闲场所的综合功能。这就需要在本区域整合有效资源，最大限度地提高其使用效率以及城市公共服务设施等自然、人力和社会资源的特点。要满足当地居民的日常需要，具有审美素质，是城市装饰和旅游服务的资源。公共服务设施需要详细说明，因为每个细节都代表了城市的质量和风格。

厕所革命是国民旅游的四大要求之一。关于厕所革命，有相关人员表示，厕所建设不足，供应不足，质量有待提高。这是我国旅游发展中公共服务供给的薄弱环节和不足。无论是国内还是国际的游客，最大的问题，我们没有厕所。旅游部门要不断加强旅游景区、宾馆、饭店、旅游购物场所的厕所建设。

深化城乡厕所革命，满足游客和群众的厕所需求，改善城乡卫生条件。

在森林生态建设中，除了美化区域环境、满足生态功能要求外，还必须创造区域环境，为整个区域的建设吸引和提供一个宜人的环境。绿色环保也可以依靠环境创建一个太空旅游。创建旅游优势；农业发展，除了满足农业生产的需要外，也是各种农业种植业、娱乐和农业的发展。因此，区域资源的积极运行在全球旅游业中发挥着重要作用，是全球旅游业发展理念的基础。

②主要实行的是“旅游＋”的发展模式，让旅游业与其他相关的产业进行深度的融合，从而激发出新的生产力，同时提高其竞争力。“旅游业”是全球旅游业的核心价值。通过“旅游”这一项产业，不仅可以促进各产业间相互融合，形成互联互通的产业生态共同体，可以在促进该区域经济发展，从景区旅游发展模式脱身出来，还可以通过“旅游”形成的网络，在生态、环境等这些非经济的领域内，促进社会进步和生态文明建设，从小旅游向大旅游跨越式发展。并通过相关部门的各项积极有力的工作，实现了对综合产业的全面把握，形成了“集团运输”模式。充分发挥旅游关联产业、体验、休闲功能、以增强工业发展的第一、第二和第三个层次是紧密相关的旅游产业，实现了当地社会和经济的全面升级；即要供应市场需求为根本立足点改革。坚持需求引领、创新推广，提高现有旅游产品质量，不断引进创新旅游产品和形式，使企业地位更加突出。通过政策指导和财政支持，鼓励社会资本积极参与旅游业，增强旅游市场参与者的活力。

通过“旅游＋产业”发展模式可以促进工业文化的传播，创造工业旅游产品，推动区域工业化进程，发展集旅游、休闲、观光、体验于一体的工业旅游，创新文化建设和企业发展；旅游和农业可以促进农村旅游，在生态、环境治理、民俗建设和基础设施建设方面振兴农村发展，并通过全域旅游促进农民对各种农业生产的发展。因此，它从根本上促进了农业、农村和农民问题的解决。旅游与生态可以发展生态旅游，促进区域生态建设，优化环境，促进经济增长。

③旅游业是区域范围内的公民投票来构建和共享。整个区域旅游目的地的建设需要一个完整的旅游目的地，以满足旅游者的体验和开放性与全面性共存的需要。旅游业的质量是由整个社会环境决定的，这就要求在整个地区共同建设和共享旅游资源。

在全球旅游发展模式中，整个区域的居民是旅游规划的建设者、参与者和服务提供者，他们放弃了外来者和旁观者的身份。全球旅游业需要的建设者和管理者的参与，也需要支持和维护游客和当地居民。只有在政府和人民的共同努力下，游客才能过上舒适的生活，居民才能过上更好的生活，实现两个世界的美好。旅游开发成果需要全民共享，以利于居民，促进居民树立主人翁意识，为整个地区的旅游建设做出贡献，实现共同建设与共享的动态平衡。

④总体旅游规划和空间规划。中国以前的旅游业发展情况往往是一个良好的景区环境、齐全的配套设施，但也有很多风景秀丽，但环境一塌糊涂，垃圾很多，风景和位置都非常好，全景区不是以利益为目的，而是为了自身的发展。然而，全域旅游的目标是协调区域发展，从多方面的规划转变为多方面的监督，以整个区域为发展方向，拆除景区的开发墙，实施综合建设，优化环境、优化旅游服务流程。它以美丽的风景填充该地区，提高旅游体验、提高游客的满意度。

7.5.1.3　各地发展趋势

海南省是我国首个全域旅游创建省，2016 年 9 月，宁夏回族自治区成为全国第二个省级全域旅游示范区。2017 年 8 月 4 日，国家旅游局批准了陕西、贵州、山东、河北、浙江五省新增为全域旅游示范省创建单位。[①] 7 个国家旅游示范省积极实施省级政策，推动全省旅游转型升级和全域旅游一体化。

7.5.2　“全域旅游”背景下旅游发展现状

7.5.2.1　发展现状

目前，致力于全域旅游的旅行社包括广西东兴国际旅行社、吉尔吉斯斯坦安全旅行社等。这些旅行社的主要旅游产品有旅游信息咨询、国内旅游业务、入境旅游业务、边境旅游业务和旅游商品购销。

7.5.2.2　发展优势

环球旅游是一个新的方案协调发展，协调区域旅游。全域旅游已成为中西部地区县域经济和城市经济发展的重要模式、东北老工业基地转型升级的重要

---

①　王珂．全域旅游示范省新增五省［N/OL］．人民日报，2017－08－06.

选择、城市空间协调发展的重要组成部分。东部地区的生产空间和生态空间已成为一项重要的民生工程。

2017 年 3 月李克强总理在政府工作报告中指出："完善旅游设施和服务，大力发展乡村、休闲、全域旅游。"国务院发布的"十三五"规划明确指出，"以转型升级、提高质量、提高效益、促进全区旅游业发展为主线"。近年来，中国大力鼓励全球旅游业的发展。

7. 5. 2. 3　发展劣势

全域旅游是大众旅游的一个新的时代需要的旅游消费。这是调整区域经济发展方式、创新经济发展新动力的重要举措。它也是衡量城市旅游的重要标志。根据调查，从目前城市旅游开发和产业结构优化情况来看，且与经济转型和发展的要求相比，还有一些问题和不足需要改正调整，具体表现在以下四个方面：

第一，对意识形态的理解还不到位。全域旅游业的城市的南北呈现发展不平衡，以及在认知干部和群众的差异。特别是，一些县和部门对旅游业发展的潜力认识不足，以及对旅游业在促进城市经济发展方面的作用认识不足。有不同程度的低意识、缺乏信心、思想不清、方法不清等问题。市一级旅游发展总体规划滞后。

第二，体制机制有待完善。旅游城市的内部组织和人员配备，委员会无法满足全国旅游产业快速发展的需要。县旅游管理部门力量薄弱、缺乏独立性。市、县"1 +3"旅游综合管理体系尚未建立，旅游业以市场为导向，经营水平不高。投资主体单一缺乏有效融资平台、私人资本和金融资本参与度低、发展动力不强；部分景区仍有落后的管理理念、激励制度不完善、导游质量不高，数量少，流动性高，旅游管理人才和旅游水平不高。

第三，"旅游 +"一体化发展水平不高。旅游与红色革命经验教育培训产业的融合还不够。社会培训机构少，接待能力弱，受众覆盖范围小，红色培训市场缺乏等问题。旅游业需要进一步加强，以帮助减少贫困。旅游周期开发不足、工业旅游板块尚短，中小学旅游市场开发不足、全市没有科研旅游资质企业；地方特色旅游品种单一、产品研发水平低、文化内涵不足、附加值低、科技含量低、缺乏龙头企业。旅游发展与历史文化遗产保护之间的矛盾日益突出。

第四，公共服务设施有待完善。一些景区道路及主干道不仅曲折，而且山路运输不畅车辆摇晃，最重要的是耗时。乡村旅游等级公路的建设和维护需要加强，薄弱城市观光仅有旅游巴士，由于缺乏旅游线路，出租车能力也不足，服务质量差。全球旅游业发展中的“最后一公里”问题尚未解决，旅游饭店的接待能力不足，住宿设施结构单一，大型洞穴酒店的服务水平有待提高，旅游旺季存在民房难觅、膳食难等问题。城市道路交通拥堵、旅游停车场和自动驾驶营地建设滞后、停车位不够等问题。

7.5.3　相关案例分析

7.5.3.1　成功案例

以青铜峡为例，青铜峡位于宁夏平原的中部，黄河是中华民族的母亲河，跨越边界58千米。牛首山的两个山谷被夹在一起，汹涌澎湃。由于类似青铜色和岩石双方，故得名铜峡。

青铜峡市六个单位建立了宁夏旅游第一个国家示范区，充分发挥其资源优势，定位青铜峡旅游产业的目标和关键优势。

青铜峡市人民政府副市长张克宁说：“近年来，青铜峡市充分利用‘世界灌溉工程遗产’和青铜峡水利枢纽工程品牌价值，先后打造了黄河大楼、大峡谷、黄河坛、黄河生态园等一系列龙头景区，逐步打响了‘印象黄河·彩虹之上’文化旅游品牌，[①] 形成了“遗产品牌驱动景区龙头带动旅游”的发展模式”。在品牌带动下，以景区为龙头，成为带动全国旅游品牌的唯一品牌。这是个典型的陆地区域。此外，城市的文化旅游、农业旅游和体育旅游产业，取得了良好成效的创新性融合。

得益于产业融合带来的好处，青铜峡市最新数据显示共接待了807万人次的游客数量，总收入35.5亿元的目标得以实现。值得一提的是，旅游总收入占GDP的比重从5%提高到9%、占第三产业的比重从20%提高到33%，旅游业已然是该市经济社会发展的最为活跃的主导产业。

（案例来源：搜狐网）

---

① 马霞．宁夏．全域旅游绽放“文化之花”［N/OL］．中国文化报，2019－06－22.

7.5.3.2 失败案例

防城港市也同样有着丰富的旅游资源，在2018年上半年，在国务院的批准下，正式设立防城港市边境旅游试验区。根据《中国共产党防城港市委员会关于加快防城港边境旅游试验区建设的决定》①，到2020年，试验区旅游基础设施和公共服务设施进一步完善，高度开放、富有活力的旅游管理体制机制基本健全；旅游综合品质全面提升，全域旅游框架基本搭建。

但仍然存在一些不可忽视的问题：

一是规划建设滞后。特别是近年来，随着旅游宣传力度的加强和各项专项活动的举办，防城港市旅游产业发展迅速，但交通设施承载能力差。另外，旅游资源开发与城市经济发展战略规划缺乏有效衔接，如白龙核电站建设与江山半岛旅游产品开发的关系、企沙沿海工业园区建设与滨海旅游景区开发环境建设社会的关系等都存在矛盾隐患。

二是由于旅游竞争力发展的整体水平偏低。提高能力是必不可少的。“吃、住、行、游、购、娱”六要素发展滞后，结构设计不合理，旅游文化产业集聚度和规模化程度较低。在景区开发环境建设发展方面，景区档次偏低，对滨海旅游资源依赖性明显，导致我国旅游业淡旺季明显。而北海、钦州这两个沿海城市具有较高的同质性，受“晕轮效应”的影响。

三是管理和协调不够。在土地利用、沿海防护林的保护和开发、岸线保护、开发和无人居住的岛屿、住宅等问题，缺乏相关部门的协调开发利用，所以建设进展缓慢，这足以反映出一个城市经济管理系统的服务质量水平低。

四是有限的参与路径，共享仍然是不够的。一方面是缺乏社会参与管理机制，相关企业各方各自为政、权责不清。另一方面是由于我国旅游业不断发展滞后，没能有效转化旅游者消费热情，吃住行基本旅游文化消费占比高，总体消费能力水平低，旅游市场经济社会效应没有得到充分发挥。

（案例来源：搜狐网）

① 2018年6月12日中国共产党防城港市第六届委员会第五次全体会议通过。

7.6　小结

7.6.1　本章小结

本章主要结合我国的实际情况，阐述了我国各类体育旅游的发展现状。总之，我国各种体育旅游模式都得到了很好的发展，但仍存在一些不容忽视的问题，特别是在农村体育旅游领域。目前，体育旅游还没有真正普及到大多数人。因此，体育旅游一般只发生在旅游目的地和体育爱好者的身边。体育旅游需要更多的人才提升。

7.6.2　各类体育旅游发展前景

在高端体育旅游产业，高端体育旅游直到现在依然是出游的人才负担得起的方式的一小部分，几乎没有固定的客源，没有中产阶级或中产阶层的人，往往只消耗很少，因为他们难以融入高端体育旅游消费的行列，之后的发展很可能趋于稳定。

传统文化体育旅游、农村体育旅游等其他体育旅游模式均得到政府的支持，具有较好的发展背景条件。只要找到合适的发展道路，适应当地条件，结合自身的特点，包括自然资源和人力资源，其发展前景也十分广阔。

（数据来源：关玉雷. 西安地区体育旅游发展现状和影响因素研究［D］. 西安体育学院，2017. 8）

（数据来源：李晋燕. 陕西省体育旅游人才现状及应具备的知识能力研究［J］. 太原城市职业技术学院学报，2011（5）：11－12）

第 8 章　体育旅游制约因素及案例研究

体育旅游将体育与旅游完美结合在一起，强化了体育与旅游共荣共兴的关系，并且极大地满足了不同层次的旅游者对健康和个性化娱乐的追求，受到人民群众的喜爱。公开数据表明，中国体育旅游的经济收益每年以 35% 左右的速度增长，成为中国近年来发展势头最为迅猛的绿色朝阳产业之一。体育旅游产业的兴起是中国旅游业转型升级成功的表现，未来极有可能发展成中国旅游市场的主力军。然而因多方面制约因素的影响，近年来我国体育旅游业年收入仅占旅游业年收入的 5%，无法达到世界平均水平的 15%，更是远远落后于国外发达国家的 20%。由此可见，目前我国的体育旅游产业尚未形成可持续发展的规模经济效应。

8.1　认知因素

认知是指人类通过感觉器官认识客观事物并对其进行信息加工的过程。它包括感觉、感知及思维等心理活动，即个人对感觉信号接收、检测、转换、合成、提取、重建以及概念形成、判断和问题解决的信息加工处理的过程。

8.1.1　体育旅游理论认知程度不高

体育旅游理论认知程度主要指人们对体育旅游发展的动因、本质特征和发展趋势等各方面的了解程度。它是影响体育旅游管理者作出管理决策的重要因素之一。

一方面，国外对体育旅游的研究起于 19 世纪中后期，而我国对体育旅游的研究则开始于 20 世纪 80 年代，与国外相对成熟的体育旅游研究体系相比较，我国在这方面的研究仅仅处于一种萌芽状态。虽然近些年来我国体育旅游产业空前发展，不断有科研人员就如何有效发掘我国体育旅游发展潜力问题进行调查研究，研究视角也不断拓展，尤其是资源开发、市场营销以及人才培养等方面的实务研究得到了各领域学者的广泛关注，但有关体育旅游理论研究的成果还是相当缺乏，并且这些理论成果一般都是从单一的视角出发，综合性和深度性理论研究成果相对较少，使得管理者对体育旅游理论缺乏深度了解。

另一方面，部分体育旅游研究者未能准确地把握体育旅游的学科定位，因此会出现在“旅游”研究的前面强行加上“体育”两字，形成华而不实的文献资料的现象，这种低质量的研究成果会使管理者对体育旅游的认知产生一定偏差。在这种缺乏深层次、高质量理论指导的境况下，体育旅游管理者只能凭借以往的经验摸索体育旅游产业发展的规律，无法准确把握体育旅游市场导向。

8.1.2　体育旅游消费认知水平落后

随着国内经济的高速发展，人民财富积累越来越多，生活品质得到提高，恩格尔系数持续降低，人们有能力提高体育旅游消费质量和消费频率（见图 8－1）。

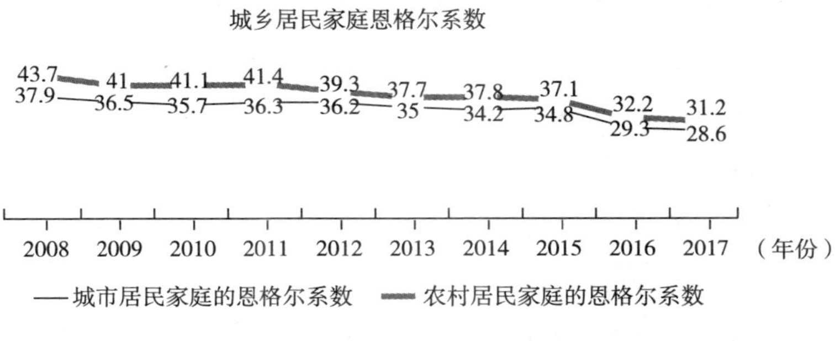

图 8－1　2008～2017 年中国城乡居民家庭恩格尔系数变化趋势

资料来源：国家统计局。

根据马斯洛层次需求理论，人们的基本需求即生理需求、安全需求得到满足后，追求中高层次需求即社交需求、尊重需求和自我实现需求的欲望加强。

体育旅游是人们实现中高层次需求的重要途径之一。体育旅游者在参与体育旅游过程中不仅可以收获友情、爱情、归属感以及得到他人的尊重和肯定，还可能激发自身潜能，实现远大理想。

近年来，进行体育旅游活动的人数不断增多，国家旅游局和体育局指出：预测至2020年，中国参与体育旅游活动的人数将达到10亿人次，体育旅游总消费将突破1万亿元。① 数据表明传统的旅游观念正在悄然发生变化，消费人群已经逐渐形成。但人均年消费大约只有1000元，由此看来人们受传统观念的影响，体育旅游消费观念仍然处于较落后状态。

8.2 资源开发因素

8.2.1 资源开发规划相对欠缺，综合效益不高

对资源的掠夺式开发而导致生态环境遭受恶劣影响的问题十分突出。高尔夫运动是休闲体育旅游的重要形式之一，能够为体育旅游产业创造可观的经济收益。丰厚的投资回报使很多企业看准这个商业噱头，大力建设高尔夫球场，截至目前，全国大约有500个高尔夫球场。根据相关资料显示，一个高尔夫球场平均每天的淡水需求量可满足数百人的需要，并且每年需要使用数十吨的化学药品进行草坪维护，这些化学药品分解出来的有害物质大部分会流入江河污染水资源，进而污染居民用水，破坏整个水生态平衡。此外，人文资源承载着历史文化，自身具有深厚的文化底蕴，因此开发人文资源成为吸引旅游者的重要手段。但在其文化内涵挖掘过程中因开发者过分强调文化经济效益，造成了建筑污染和破坏性建设，在一定程度上破坏了我国的人文生态环境。

资源开发利用程度明显不高。山地开发以开发登山项目为主，适合在山地开展的越野、探险、蹦极等富有挑战性的特色休闲体育旅游项目十分缺乏。四大高原地区的赛马、射箭、射击等项目基本上处于尚未开发状态。适合在三大平原上开展热气球、赛车项目在开发规划上完全留白。四大盆地中，只有四川盆地的部分自然资源得到较大程度的开发，而其余的塔里木盆地、柴达木盆地

① 关玉雷．西安地区体育旅游发展现状和影响因素研究［D］．西安体育学院，2017.

以及准噶尔盆地内的沙漠探险、徒步穿越、滑沙等体育旅游项目仅开发了冰山一角。

体育旅游资源所有权与经营权尚未分离开来。当前旅游景区特别是名胜景区的开发和经营依旧沿袭计划经济体制下国家所有政府经营的传统模式，这种模式下容易导致一系列问题的出现，比如因缺乏开发资金致使资源开发档次低，因缺少保护资金导致生态环境得不到有效保护，因不需要顾及任何压力无偿地使用资源导致缺少参与市场竞争的内在动力，进一步影响了我国经济、社会和环境效益的提高。

8.2.2　基础设施建设相对薄弱，可进入性较差

建设基础设施是体育旅游产业发展的物质前提。“十二五”规划战略实施后，我国体育旅游基础设施的建设得到空前发展，具体表现为：我国高速公路、铁路、机场、码头等交通设施数量不断增多，体育旅游通达条件持续改善；网络覆盖范围进一步扩大，体育旅游现代信息服务基础不断巩固。然而因地理、历史等条件的影响，基础设施建设将在未来相当长的一段时间内成为体育旅游产业向前发展的影响因素。

我国国土宽阔、地形复杂、经济发展不平衡，形成了我国交通网东部密集、西部稀疏的现象，加大了建设快捷、发达、健全的交通运输网络工作的难度，从而降低了旅游景区的可进入性。例如四川省体育旅游资源极其丰富的甘孜阿坝等地区大约 34 万平方千米的土地上仅有一条已通行和两条正在修建的高速公路，这种狭窄的公路骨架网络很大程度上限制了游客的数量，不利于该地区的经济发展。

此外景区饭店、酒店、公共厕所等基础设施的配置数量严重不足、质量较差，未能达到体育旅游爱好者的需求标准。同时，体育旅游的进一步发展对通信设备的需求巨大，例如对体育旅游资源进行普查、了解体育旅游市场动态、实现酒店网上预订等都依赖于现代通信。但对于经济落后的西北地区来说，现代通信设施建设的薄弱性使得该地区体育旅游的发展处于劣势。

8.2.3　人力资源开发明显不足，服务水平偏低

人力资源的开发为体育旅游产业的可持续发展提供了智力支撑。解决体育

旅游的资源开发、市场开拓、产品设计、未来导向、安全保障等问题，必须依靠实践型人才、理论研究型人才和经营管理型人才于一体的专业复合型人才。截至 2018 年底，我国仅有少数院校开设体育旅游专业，如杭州旅游职业学校、云南旅游职业学校、四川烹饪高等专科学校等非本科院校，沈阳体育学院、南京体育学院、郑州大学、天津体育学院等本科院校。总体上我国体育旅游专业人才的开发规模不大，培养层次以大专本科为主，人才培养尚处于初级阶段，远远无法满足我国体育旅游业对人才的迫切需求，这成为我国体育旅游的可持续发展的巨大阻碍之一。

人才培养结构不合理。张同宽对舟山海岛是否有必要培养水上体育休闲旅游人才的问题进行问卷调查，结果显示有 90% 的学者、75% 的休闲旅游经营者以及 45% 的体育旅游爱好者认为有必要培养体育旅游专门人才，由此看出我国体育旅游人才匮乏的问题得到了各大群体的关注。但由于诸多原因的影响，体育旅游人才培养结构的不合理性仍然十分突出。以陕西省为例，李晋燕学者随机抽取 130 名体育旅游管理者进行调查，结果如下：男性专业人员 57 人，占比 43. 85% ，女性专业人员 73 人，占比 56. 15% ；高中或中专学历的有 7 人，占比 5. 38% ，大专或本科学历的有 122 人，占比 93. 58% ，研究生学历的仅有 1 人，占比 0. 77% ；体育旅游专业的为 0，占比 0，非体育旅游专业 130 人，占比 100% 。① 从部分看整体，可以了解到体育旅游专业人员的性别、学历和专业结构显得非常不合理。因此调整人才培养结构成为目前人力资源开发工作的重点。

人才培养目标过于广泛。体育旅游人才培养目标是体育旅游办学目的、课程设置、师资建设的首要体现。然而目前已开设体育旅游专业的高校对人才培养目标的设置缺乏具体的针对性，而且各高校间的培养目标大致雷同，都是注重授予理论知识，忽视对学生动手实践能力、现场组织协调管理能力、动脑思考的创新能力的培养。在人才培养方向上面面俱到，资源开发规划、市场营销、安全管理等都有涉及，容易导致学生对自己的未来就业方向不明晰（见表 8 -1）。

---

① 李晋燕. 陕西省体育旅游人才现状及应具备的知识能力研究［J］. 太原城市职业技术学院学报，2011（5）：11 -12.

表 8－1　　　　　　　部分高校对体育旅游人才的培养目标

院校名称	培养目标
沈阳体育学院	培养德、智、体、美全面发展的具有专业知识，能够在各级旅游管理部门、体育旅游企业、景区景点对体育旅游项目进行分析、预测和规划的体育旅游高级专门人才
郑州大学	以市场需求为导向，培养学生具备扎实的旅游管理及户外运动的基本理论知识，基本的技能和一定的科研能力，尤其是户外体育旅游项目的设计、组织、指导能力，熟悉体育旅游业的政策及其发展动态，全力打造复合型人才
天津体育学院	培养适应我国现代化建设和基础教育改革与发展的实际需要，德、智、体、美全面发展，具有扎实的专业基础和较强的专项指导能力，适合在旅游景点、旅行社等单位从事体育旅游经营和管理工作的应用型人才
南京体育学院	培养具有较高的现代管理素质、文化修养和系统的专业知识，形成良好的服务态度，从事体育旅游赛事组织和体育旅游市场运营等工作的综合型人才

师资队伍建设不足。目前已开设体育旅游专业的高校对其教学模式的发展还处于摸索阶段，大多数是利用所在区域的资源特点模仿其他专业的办学模式进行人才培养。而且目前大部分体育旅游专业老师都是从体育专业和旅游专业转型过来的，因此在教学方式、形式上依旧采用原有的教学理念。另外，在通过短期的专业培训后直接进行教学，大多数“半路出家”的教师都无法全面深刻地了解体育旅游专业知识，而且对体育旅游行业实践缺乏经验，必定会降低教学质量。教师对社会、经济、自然科学等众多领域的学科知识储备不足也会影响到学生对课程讲授内容的吸收程度，自身无法达到授课的要求，最终导致师资总体水平偏低。

专业教材建设比较落后。体育旅游专业的开设时间很短，国内自行编制的专业教材数量非常少，国外体育旅游专业优秀教材翻译进程也十分缓慢。很多开设体育旅游专业的院校只是简单地把体育教材和旅游教材结合起来，没有凸显体育旅游专业的独特性和专业性。近年来，我国相继出版了几部关于体育旅游专业的教材，如南开大学出版社出版的《21 世纪高等院校旅游专业引进教材系列：体育旅游》①、人民体育出版社出版的体育专业推荐教材《体育旅游

① 是 2004 年南开大学出版社出版的，作者是［澳］韦弗。

导论》[1] 和体育院校通用教材《体育旅游概论》[2] 等。但现有的教材整体上缺乏系统性和规范性，所以体育旅游专业教材的建设距离学科建设的标准还有很长一段路要走。

8.3 产品市场营销因素

8.3.1 产品设计不当

就目前情况而言，体育旅游产品在数量上占有一定的优势，但现今多数的体育旅游企业实力较弱，没有能力长期进行深入产品开发与创新，加上组合而成的产品不受专利保护，难免会被竞争企业复制利用，导致体育旅游产品严重同质化。

此外，各省体育旅游产品定位不明确，未能最大限度地将本土的鲜明特色呈现在产品中，具有辐射效应的优质体育旅游“产品供应链”尚未真正建立起来，体育旅游企业难以打造极具影响力的产品品牌。

最后，消费者购买体育旅游产品的初衷是为了获得物质上和精神上的满足，这就意味着企业不仅仅只是将自己的产品销售给顾客，还需要通过产品售后服务提高他们对产品的满意度。但现在大多数体育旅游企业并不重视产品售后服务体系的构建，这种错误的做法既不利于提升顾客的体育旅游体验，同时也阻碍了体育旅游企业服务质量的提高。

8.3.2 产品定价杂乱

体育旅游企业为旅游者提供体育旅游产品的目的是追求自身利益最大化，所以正常情况下大部分产品的市面价格与市场定价存在较大差别，但在供求关系的影响下，产品的价格最后会趋向均衡。但难免也会存在由于库存过剩而导致产品价格低于成本价的现象。相反，个别体育旅游产品存在特殊性，其价格居高不下，且调整的随意性很大，降低了消费者再次消费的积极性。出现此类

① 人民体育出版社，作者：柳佰力．陶宇平。

② 人民体育出版社，作者：柳佰力。

盲目定价的原因归根结底是体育旅游企业对产品的市场需求缺乏深入了解。以冰雪活动为例，2017 年哈尔滨亚布力滑雪场部分项目和产品租赁的费用见表 8 - 2、表 8 - 3。

表 8 - 2　滑雪项目费用　单位：元

项目	时间	工作日	周末	节假日
滑雪（含场地及索道费）	人/2 小时	260	360	460
	人/4 小时以内	300	400	500
	人/4 小时 ~ 8 小时	500	600	700
观光索道	人/次	200	200	200
滑道（含索道票）	人/次	260	260	260

表 8 - 3　产品租赁费用　单位：元

项目	时间	价格
雪服	套/半天	90
	套/全天	150
雪镜	人/半天	30
	人/全天	50
滑雪头盔	人/半天	50
	人/全天	80
手套	人/次	20
储物柜	柜/天	20
雪上飞碟	人/30 分钟	80
	人/60 分钟	140
马拉爬犁	人/次	200
室内停车场	辆/天	100

8.3.3　营销渠道狭窄

目前体育旅游产品最主要的销售渠道有两种：传统营销和网络营销。

传统营销和网络营销的优劣势分析。传统营销的优势：消费者可以直接了解产品信息，享受其带来的安全感并已经习惯这样固定的影响模式；劣势：产品的附加成本增加，局限于某一特定区域。网络营销的优势：成本低，不受时间、空间制约；劣势：在信息时代，网络欺诈事件让消费者对网络营销持怀疑态度，缺乏现实感的同时，也害怕自己的个人信息泄露出去。两者相较之下，消费者更倾向于选择传统的、保守的现货购买方式，可见传统营销渠道仍然是体育旅游产品营销的主要渠道。再者，传统营销渠道和网络营销渠道缺乏目标一致性，主要决策领域存在分歧、感知差异，导致各商家渠道出现价格和利益冲突，最终致使营销渠道变得更加狭窄。

8.3.4 促销手段陈旧

体育旅游企业并没有利用自身优势找到具有自身特色和适合的促销推广策略和与之匹配的促销载体，而是照搬其他企业的促销模式。价格促销方面通常采用限时特价或捆绑销售等过时手段；媒体促销方面采用媒体广告、电台广播等常见形式。两种陈旧的促销手段在产品的各个生命周期中使用的比例失调，无法创造新的竞争差异，因此不能有效地吸引消费者的眼球和激发他们的消费欲望。

8.4 产业竞争力因素

针对波特钻石产业模型，波特教授进一步提出：钻石产业的竞争力主要是由钻石产业的技术和生产要素、需求驱动因素、相关和主要支持的产业、企业的发展战略及其组织能力结构、政府、相关就业机会六个关键要素综合决定的。但从我国体育旅游产业整体结构和竞争力的角度分析来看，我国的体育旅游产业实际上是否真正具有整体竞争力，主要是由一个国家的科技创新和发展水平、区域整体经济结构和发展初级阶段、产业区域人力资源、产业政策及区域市场经济规模五个主要影响因素综合决定。体育旅游产业在市场竞争中加大力度的比重，对于我国的体育旅游业发展是否能高速持续发展起到巨大的决定影响。我国在高举发展“体育＋旅游”伟大旗帜的同时，还需明确体育旅游产业竞争力构成因子以及其对体育旅游产业竞争力的影响程度，加强丰富产业竞争优势。

8.4.1 生产要素稀缺

体育旅游资源。《“十三五”旅游业发展规划》[①] 的颁布，为我国旅游业向消费大众化、需求品质化、竞争国际化、发展全域化以及产业现代化迈进提供了可能。但这一系列发展规划中却没有一部正式的体育旅游资源开发具体规划，导致体育旅游资源开发遭遇瓶颈。对资源的掠夺式开发而导致生态环境遭受恶劣影响的问题十分突出。此外，对地质地貌的破坏，沿海城市一般通过填海造陆的方式来建设大规模的游艇俱乐部和人工沙滩，这就容易造成陆地表层水土流失，地质下沉；人文资源承载着历史文化，但在其文化内涵挖掘过程中因开发者过分强调文化经济效益，造成了建筑污染和破坏性建设，在一定程度上破坏了我国的人文生态环境。体育旅游资源所有权与经营权尚未分离开来；传统的“国家所有，政府经营”模式会导致一系列问题的出现，比如因缺乏开发资金致使资源开发档次低，因缺少保护资金导致生态环境得不到有效保护。

人力资源。根据问卷调查，结果显示有 90% 的学者、75% 的休闲旅游经营者以及 45% 的体育旅游爱好者认为有必要培养体育旅游专门人才，由此看出我国体育旅游人才匮乏的问题得到了各大群体的关注。但由于诸多原因的影响，体育旅游人才培养结构的不合理性仍然十分突出。人才培养目标过于广泛。目前已开设体育旅游专业的高校对人才培养目标的设置缺乏具体的针对性，而且各高校间的培养目标大致雷同，都是注重授予理论知识，忽视对学生动手实践能力、现场组织协调管理能力、动脑思考的创新能力的培养。

基础设施建设。我国区域经济发展不平衡致使交通运输网络东密西疏，西部地区交通基础设施建设速度和迅速增长的交通需求失衡，导致西部旅游景区的可进入性较差，间接波及体育旅游目的地每年接待游客的规模和数量，从而直接地影响一国或地区的体育旅游产业在国际竞争力的重要性和强弱。若当地的体育旅游资源丰富，但交通、通信等方面并不完善，会直接影响到大众到当地游玩体验的兴趣，在去往当地的旅程遥远、路途不方便且时间与金钱成本高，会导致当地的游览人数减少，如交通不便利的西部地区，因为当地的环境

① 2016 年 12 月 7 日，国务院印发《“十三五”旅游业发展规划》，自 2016 年 12 月 7 日起实行。

恶劣，致使交通通达度不高，即使当地的体育旅游资源丰富多样但也会对体育旅游产业的发展造成一定的影响。

8.4.2 市场供给单一

产品同质化严重。例如近几年国内各个省份盛行的马拉松旅游，据调查，我国的马拉松旅游服务工作主要由知行合逸、益跑网、最酷、42 旅和爱燃烧这 5 家公司来提供。就海外马拉松旅游产品而言，这 5 家公司总共有近 120 个不同类型的产品，其主要服务内容为免费代理报名、搭配旅游套餐和少数简易的观赛产品，90% 以上都是紧紧围绕赛事 IP 设计的体育旅游产品，而丧失了围绕体育培训游、体育景观游和运动体验游而设计的体育旅游产品。虽然围绕这三类体育旅游所设计的产品与马拉松运动的设配度是未知的，但是仍然需要打破单一围绕赛事的产品设计模式、创新设计模式，为海内外马拉松旅游提供花样繁多的市场供给。

体育旅游产品结构单一、形式老化、内容多年不变。很容易出现的一个状况是，当一个体育旅游产品在一定时间获得经济效益后，在往后的很长一段时间里，一直会延续当时的形式存在，在多年之后一直没有改变。这会大大降低了二次到访的游客的满意度，面对一成不变的形式和内容，游客对于体育旅游产品的信息了解度降低，没有创新就没有新的活力，没有活力就会被市场的发展洪流所摒弃。面对越来越喜欢多样化和更加严格的消费者，一旦产品缺乏多元性，吸引力与竞争力就会减弱。

8.4.3 产业竞争激烈

相关产业联系紧密。体育旅游产业链错综复杂，提高体育旅游产业竞争力的措施之一就是产业链上相关产业紧密联系，相辅相成。这也就需要体育旅游产业集中资源配置，与相关产业间实现资源共享，产业资源优势互补。若体育旅游产业要独立发展或优先发展，就会破坏与相关产业间的良好合作，致使产业竞争激烈的现状。基础设施产业也是体育旅游产业发展过程中不可忽视的产业，基础设施建设完善是体育旅游业稳步发展的基础，如果基础设施不完善，游客对于体验的游玩过程中所带来的不愉快、时间的合理花费等会大大降低了游客的体育游玩的兴趣，进而严重地影响我国体育旅游业的持续健康发展。

同业竞争激烈。同业竞争即在生产相同产品的公司，为争夺消费者而进行的竞争，良性的同业竞争即发展，在市场经济中，没有竞争就是垄断，那么该产业得不到新鲜血液的融入，生产效率低下，止步不前，某些突发状况的出现可能使该企业容易被市场淘汰。体育旅游企业要发展会展开激烈的竞争，与同业的企业争夺消费者，扩大在体育旅游市场份额，企业因为与同业的竞争实行“价格战”，不断降低产品价格。由于成本的降低，进而忽视了产品的质量，导致体育旅游行业产品受质疑，制约产业的发展。

8.5　管理因素

8.5.1　产业链整合规划滞后

整合是对原本处于分离状态的两种产业进行调整和组合，实行一体化经营。体育旅游产业链整合即是对体育产业和旅游产业两者的产业链实施调整和协同发展的过程。其目的在于提高整个产业链的运作效能，更好地满足全民的消费需求，提高两大产业的市场竞争力，最终形成一个全新的产业。目前，我国的体育旅游产业链整合正处于初始探索阶段，两大产业均取得了一定的进展，但也暴露出不少的管理问题。

缺乏产业间的协调机制。体育旅游包括体育和旅游两大产业，其受管辖的政府管理部门居多，导致体育部和旅游局两者协同发展机会匮乏，部门间配合、协调能力不佳，使得无法协同构建一个新兴的体育旅游产业。同时也导致了产业链相互融合度不高，未能更好地体现产业链集群效应，反而陆续出现各区域内旅游类企业争抢体育资源，体育类企业争抢旅游资源，进而促使产业结构失衡。例如河南省体育旅游产业发展初期，两产业间的协调机制缺位，相关企业盲目争抢市场，各整合产品主题同质化，最终导致体育旅游模式单一，成效堪忧。

缺乏直辖管理部门。拥有直接管辖的职能部门，可以简化体育旅游产业的协调管理流程和相关政策的落实。当前，我国大多数区域缺乏体育旅游直辖的管理职能部门，体育旅游在发展过程中不免会出现旅游局与体育局协调不下、互相推卸责任的状况；或出现两头管理，行政壁垒，导致政府管理效率低的状况。这也导致了体育旅游项目的申请步骤烦琐，审批时间过长，体育旅游新项目的创新热度不足。直辖管理部门的缺失，会阻碍体育旅游产业的协同发展。

缺乏实施效果评估机制。实施效果评估是指对体育旅游产业链整合的预期效果和实际效果进行评估比较。我国各省政府顺应“体育 + 旅游”潮流发展，积极地将两者融合发展，但是并没有达到预期效果。据研究发现，体育产业和旅游产业自身所具备的独特性，会影响产业链整合的效果，盲目地坚持两大产业链整合发展，只会使得体育旅游发展止步不前。在实施两大产业链整合发展的同时，如果能及时地对实施效果进行评估，便可发现影响预期效果的问题所在，进而作出相应的调整。

8.5.2 行政法规建设不当

体育旅游作为一个全新的产业出现在中国人的视野中，认识了解体育旅游相关内容的人稀缺，或片面了解，或未曾听闻。据调查显示，不少当政职员对体育旅游的认识及了解浅薄，导致部分地方当政职员对当地体育旅游活动项目的投入和支持欠缺。此间，当政职员对体育旅游产业的管理职责执行度不佳，未能构建适当的体育旅游行政法规体系。一个新产业的发展，若缺失政府的主导和监督，这必定会促使产业市场秩序错乱，企业家无政府滞压，消费者维权无路。

企业家滥用旅游资源。在企业家眼里，体育旅游作为一项暴利的经济活动，他们的注重点在于如何利用旅游资源来实现利益最大化，为公司谋得更高的经济效益。与此同时，企业家们盲目的利用和开发旅游资源，忽视了其本身的自然局限性，未能对其旅游资源的利用采取合理性和相应的环境保护措施，这也就直接导致了大量的旅游资源被盲目地利用和开发，传统的旅游资源被严重破坏。体育旅游在我国的发展仍不健全，政府部门若不完善相关行政法规的建设，在当地政府约束力不强的情况下，相关企业对体育旅游资源的使用会一直维持“过度”的状态。

消费者缺乏行为约束。体育旅游在中国发展的这段时间中，各大体育旅游项目施行的过程中出现不少旅游消费者在享受消费的同时也做出了不文明的行为，导致旅游资源受损，阻碍体育旅游的可持续发展。体育旅游比传统旅游更具挑战性，吸引了大批的旅游消费者投身于体育旅游项目，但由于其在我国发展仍不健全，缺乏相关的法律、法规的约束，导致企业对消费者的消费行为无法可治，无消费者的行为约束，这也就导致了旅游资源不断被毁，企业家对消费者无从下手，无法管制消费者不文明的行为。

8.5.3　专业应用型人才匮乏

从业人员业务素质低。由于对我国体育运动和旅游相关产业的市场化和管理机制仍不足够完善，我国目前急缺一批专业的运动员和体育旅游相关人才来带动我国体育旅游经济的蓬勃发展。当前，大多体育旅游项目中的从业人员均是非体育专业或非旅游专业的非专业人员，甚至不具备高学历、文化素质低，仅是为了就业而选择服务岗位的社会成员。也有的从业人员仅具备了体育专业或旅游专业单方面的知识技能，不具备体育旅游双专业的结合运用的能力。从业人员的综合能力和素质的水平高低，会直接影响到对项目和服务的满意度和质量，对于体育旅游的品牌建设也将对其产生重大的影响。

从业人员指导能力有限。体育旅游行业也从属于服务业，大部分的体育旅游项目都需要在从业人员的指导下才能顺利进行，如攀岩、户外生存等体育旅游项目。由于从业人员的非专业性，致使其指导能力有限，许多项目的指导服务指数不达标，未能给消费者带来更佳的享受体验。而这类项目一旦出现指导失当，都会使消费者处于危难之间，消费者的安全得不到保障，也就使得该体育旅游项目失去消费者的信任，甚至会使得相关企业的运营受到影响。

管理人员专业知识空缺。由于专业人才匮乏，体育旅游项目的管理人员缺乏专业的管理知识技能。许多体育旅游项目的主题一致，模式单一，这极大可能是由于专业管理人员的缺乏，大多项目管理人员效仿当前发展良好的体育旅游项目，直接照搬项目，项目缺乏创新点，对消费者的吸引力度不足。即使有创新项目的提出，管理人员专业知识空缺也会导致项目无法开展或实施过程漏洞百出，工作效率低。

8.6　安全保障因素

8.6.1　安全预警保障体系建设不完善

体育旅游安全预警主要指相关工作者凭借以前的经验或利用科技手段对体

育旅游活动中潜在的危险进行预测，明确警情并向部门发出紧急信号，反映真实情况，避免危险在毫无防范的情况下发生，从而最大限度地减少由于危险发生造成的各种损失。它具有两个方面的作用：一方面是可以对尚未发生的安全事故起到一定的预防作用；另一方面是能够及时应对已发生的安全事故，最大限度地减少安全事故造成的经济损失和负面影响。安全预警是影响体育旅游活动能否顺利开展的重要因素之一。尽管体育旅游安全事故频频发生，但我国体育旅游安全预警工作的进行还是遇到很多困难。

第一，体育旅游安全预警意识较为淡薄。安全预警意识的淡薄在一定程度上决定了安全事故发生的必然性。目前仅有少数体育旅游安全事故的发生归结于自然因素，其余绝大多数都是人为因素造成的。比如，有些旅游者为了追求新颖寻求刺激，选择忽视各种安全警示，随意进入地形复杂和环境恶劣的沙漠、无人区等危险地带，最终造成许多令人痛心的悲剧；还有一些旅游者对体育旅游活动中存在的安全隐患缺乏理性的判断，认为事故不可能发生；更有甚者即便已经意识到危险将发生也不终止活动，过分高估自身驾驭安全风险的能力。不难看出，这些本来都可以通过采取措施避免发生的体育旅游事故，最终却由于旅游者缺乏安全意识和防范意识而发生。同时，景区景点、旅行社以及相关管理部门在日常的经营管理过程中存在一定的风险，尤其是在体育旅游黄金时段，旅游者数量急剧增多的同时，安全事故的发生率也会由于管理者和经营者忙于业务发展疏忽安全问题而增高。

第二，体育旅游安全预警信息缺乏准确性。安全预警系统的建立需要通过对以往大量的安全信息进行收集和整理才能完成，但由于国内体育旅游专业研究水平和科技水平的制约，导致相关人员收集和整理安全信息的能力较低。并且安全事故会对体育旅游目的地的形象产生负面影响，许多管理者会为了维护形象而隐瞒真实的数据，这就进一步增加了相关工作者收集数据的难度。

第三，体育旅游安全法律法规建设与实际发展不协调。一方面，我国虽然已出台《中华人民共和国旅游法》①《中华人民共和国突发事件应对法》②《中

① 由中华人民共和国第十二届全国人民代表大会常务委员会第二次会议于 2013 年 4 月 25 日通过，自 2013 年 10 月 1 日起施行。

② 《中华人民共和国突发事件应对法》于 2007 年 8 月 30 日通过，自 2007 年 11 月 1 日施行。

华人民共和国安全生产法》[①]《旅游投诉处理方法》[②]《旅游安全管理方法》[③]等一系列相关法律法规，但这些法律法规中缺乏关于体育旅游安全预警保障和安全事故责任的条款明细，专门针对体育旅游的法律法规建设留白，现阶段无法全面有效地处理清楚可能出现和现有的体育旅游安全问题。另一方面，目前欧美大部分发达国家都已根据本国体育旅游安全管理存在的情况建立了不同层次的制度，明确各安全管理部门的职责和权利。然而我国现阶段的体育旅游法律法规只在某些法律、法规和地方性立法中有所提及，两者相比，我国体育旅游法律法规呈现出不成熟、操作性不强和缺乏权威性的特点，表明目前我国尚未将体育旅游安全保障工作作为管理工作议程的重心。

8.6.2　安全救援保障体系不健全

首先，体育旅游安全救援主要依赖于公共救援力量。目前的体育旅游安全救援体系由公共救援、公益救援以及商业救援三部分组成。以政府为发起主体的公共救援，比如国际紧急指挥中心、公安机关和消防部门等，主要负责体育旅游安全救援工作的指挥、协调以及实施工作；以民间公益救援机构为发起主体的公益救援，比如救援团队、救援基金以及志愿者组织等，主要负责在旅游安全事故发生后，无偿地、自愿地辅助公共救援组织展开救援工作；但由于我国体育旅游公益救援机构在数量规模、应急状态、专业救援能力上远远无法适应体育旅游高速发展的态势；商业救援的市场结构尚存在明显的缺陷，没有基于安全风险细分提供有效的预先干预业务，因此造成我国大部分安全救援工作必须依靠公共救援机构才能顺利实施。

其次，体育旅游企业与医疗救援机构、非医疗救援机构之间缺乏联动性。旅游安全救援机构根据性质可分为医疗救援机构和非医疗救援机构两大类。医疗救援机构拥有完善的医疗指挥系统，是安全事故发生后的首要救援选择，负责把伤员送往医疗单位，并帮忙办理一系列手续和安排后期的康复治疗；非医疗救援机构提供旅游咨询，负责寻找丢失的物品，预订酒店、代请律师提起诉

---

① 2014 年 8 月 31 日人民代表大会常务委员会通过于 2014 年 8 月 31 日修改。

② 是国家旅游局出台的第 32 号法令，2020 年 1 月 4 日审议通过，自 2010 年 7 月 1 日起施行。

③ 由 2016 年 9 月 7 日国家旅游局第 11 次局长办公会议审议通过，2016 年 12 月 1 日施行。

讼救助等。一般情况下，体育旅游企业必须提前根据预警信息制订暂定的救援方案，随时随地与医疗救援机构、非医疗救援机构保持联系，保证安全事故发生后能够第一时间赶往现场展开救援行动。但由于大多数部门各自为政，尚未形成高效有序的联动系统，导致安全救援延迟、低效和无序。

最后，体育旅游的救援专业化设备配置存在不合理。我国现有的体育旅游救援技术和设备配置的专业化程度远远不能满足处理各种旅游安全事故的需要，目前的安全救援设备普遍存在数量不足、技术落后、层次低下、重复建设的问题，救援技术尚未达到世界最先进的水平。同时由于更新专业化设备配置需要消耗很大的人力、物力、财力，所以体育旅游管理者和经营者在利益驱使下往往忽视设备更新的必要性。

8.6.3 安全保险保障体系不完备

旅行社责任险是国家要求旅行社必须购买的保险，具有强制性，能够明确理顺保险各方和现行法规的关系，不仅具有可行性和可操作性，而且有效地转移了旅行社的责任风险，具有很强的社会公益性。具体表现：第一，组团旅行社和当地接待社都已投保，体育旅游参与者在活动过程中一旦发生保险责任事故，组团旅行社和当地接待社在责任上就不会出现相互推诿的现象，有效保护受害者的合法权益；第二，旅行社责任险所承担的责任范围非常广泛，不但承担体育旅游参与者在旅途中的人身安全责任，而且还负责他们的财产安全以及因病治疗所支出的交通费用和医疗费用等。

体育旅游意外险具有自愿性，体育旅游者可以根据自身的意愿选择是否购买。

体育旅游保险因其在分散风险、保障体育旅游企业和旅游者权益等各方面的突出作用而日益受到重视，但是目前我国体育旅游保险体系的发展并非一帆风顺，矛盾的激化和问题的不断出现，严重阻碍了体育旅游产业的和谐发展。

体育旅游参加者方面：安全风险意识薄弱，对体育旅游保险常识不够了解，存在侥幸心理。调查显示，仅有 8.7% 具有很强的保险意识，13.0% 具有较强的保险意识，45.7% 具有一般的保险意识，26.1% 具有较弱的保险意识，甚至有 6.5% 不具有保险意识。出现这种情况的原因如下：首先，相关部门对体育旅游保险的宣传力度不高，导致体育旅游参与者对旅游过程中客观存在的风险缺少清楚认识；其次，受传统思想观念的影响，体育旅游参与者认为在出行前购买保险是一种诅咒自己的行为，十分不吉利；再次，体育旅游参与者过分高估自身规避风险的能力，认为自己可以自由驾驭；最后，体育旅游者并不清楚如何进行风险转移，对可以帮助他们进行风险转移的途径比如购买体育旅游责任险缺乏了解和实际操作经验；最重要的是，保险公司推卸责任的现象层出不穷，无形中降低了旅游者对体育旅游保险消费的信任度，对保险的可靠性产生怀疑。

保险公司方面：

第一，不重视体育旅游保险业务的发展。认为体育旅游保险属于低利润高赔率的业务，从而忽视了对体育旅游保险产品的宣传，导致大多数体育旅游保险产品“养在深闺无人识”。

第二，在风险控制技术的制约下，相关行业无法保证所有体育旅游项目都能够顺利进行。目前大部分保险公司的体育旅游保险产品中都不包含跳伞、户外探险、蹦极等高风险项目的赔偿条款，虽说在一定程度上有效地降低了保险公司所应承担的风险，但却抑制了喜爱冒险的体育旅游者的保险需求。另外，保险公司的风险管控技术有限，致使只有报团的体育旅游参与者才有资格购买体育旅游意外险，对自行参与体育旅游活动的散客暂不开放，致使大约 80% 的自助型体育旅游者处于无保险状态。由此表明我国体育旅游保险市场具有巨大的开辟潜力。

第三，保险公司销售保险产品的渠道不顺畅。目前，保险公司主要通过旅行社代理销售、机票点销售以及网络投保三种方式向体育旅游参与者销售保险产品。然而由于利润低的原因，旅行社代理商销售的热情不高，另外，保险公司为了节约成本，仅设置了少量的机票点，网上投保尚未全面普及，从而在一定程度上影响了体育旅游参与者购买保险的积极性。

第四，保险公司之间存在恶意市场竞争。近年来，体育旅游保险市场不断发展，各大保险公司开始实行垄断手段，企图将其他中小保险公司赶出保险市场，从而造成市场恶性竞争加剧。因此各中小保险公司为了在体育旅游保险市场中占有一隅之地，不得不通过降低保费标准来维持公司发展，但这种恶意的价格竞争会导致保险公司在一定程度上缩减理赔范围，从而增加旅行社和旅游者的经济负担。

8.7　发展趋势掣肘因素

8.7.1　区域发展不平衡

自从我国北京申奥成功以及国家旅游局将 2001 年命名“体育健身游”主题年以来，国家体育旅游局专门在我国三大区域策划推出各种类型 80 个专项的体育旅游产品及路线。自此，我国众多的旅游消费者渐渐地在旅游中体验到体育的另一种乐趣。我国这一高速发展阶段的综合性体育旅游产业的规模和收益高速增长，稳居世界第七位，成为我国体育旅游产业发展史上的一个巅峰。然而受区域经济发展水平影响，各区域的地理优势、交通便利程度，人文素质等方面的差异以及各区域之间体育旅游发展水平、类型、规模差距扩大，我国东部、中部、西部的体育旅游产业朝不同的趋势发展。尤其是目前经济发达的东南部与经济发展滞后的西部之间仍然存在的绝对实力差距，使得东南部地域性的体育旅游项目和产品的特色明显不足，体育旅游项目和产品的类型、项目的开发不平衡。本节主要研究我国三大区域体育旅游的发展现状，旨在从这方面入手，深究我国体育旅游产业区域发展不平衡的原因，从而有助于降低区域发展不平衡的程度，因地制宜地发展体育旅游。

东部沿海地区。东部地处沿海地段，多数城市经济发达，人口数量稠密，且平均受教育水平较高，人文素质高，对体育旅游的认识及意识较高，进而对有关体育旅游的基础设施较为重视。东部的人民对于体育运动和旅游娱乐产品的消费需求较大，在需求推动下市场应运而生。因此以举办节庆大型体育运动旅游娱乐产品为主的东部旅游地区，为其举办大型的体育运动旅游项目和节庆活动提供了高质量的资金、设备以及拓展旅游市场的保障。东部地区社会文化较多地融入了国际元素，其所举办体育旅游项目中多数结合了国际体育旅游流行元素。此外，东部地区具备中、西部所稀缺的海洋资源，在开发海洋体育旅游资源，策划海洋体育旅游产品和路线这一板块极具优势，所以融入海洋元素的体育旅游项目成为东部地区发展体育旅游产业的一大特色。据调查统计资料显示，我国职业足球类众多的职业俱乐部中有 60% 以上的职业足球队的主场入驻东部的中心地带，而且东部沿海地区球迷有着较多热情、消费水平高的东部球迷，每场职业球赛的举办，随之必会迅速引起主客场的球迷和人口的流动，这也就迅速形成了体育旅游的行为，推动着东部地区体育旅游的产业和市场的发展。

中部位于内陆地区。中部 6 省地处中国的两个内陆地区，即长江中游和黄河中游的地带，东邻长三角少数民族体育文化旅游经济圈，西连西部少数民族体育旅游经济圈地区，南靠东部珠三角少数民族体育文化旅游圈，北接东部环渤海少数民族体育文化旅游地区。凭借着这样的天然地理位置优势，中部地区的体育旅游区域的发展也极具竞争优势，对于发展中部体育旅游区域产业来说是很重要且极富发展潜力的，中部地区虽然具有较为丰富且极具中国特色的中部体育旅游区域资源，但多数体育旅游资源不是被充分利用，就是未被充分开发。且中部地区长期以来发展重工业，环境保护意识薄弱，许多旅游资源被破坏。十八大以来，各省政府积极响应国家政府的号召，注重中部地区绿色生态旅游发展，出台了许多中部地区有关绿色生态旅游资源以及生态环境资源保护的相关政策法规，因此中部旅游地区的体育旅游业已经进入了迅猛发展的新时期，这也直接带动了该旅游区域的体育旅游业的快速发展。但由于起步晚、基础差，中部沿海地区的体育旅游产业发展的现状仍不理想：该沿海地区的人民对于体育旅游的基本认识水平明显不足；体育旅游市场需求量不大；体育场馆等硬件基础设施不齐全；体育旅游项目没有结合当地特色文化开发，创新点及吸引力不足，忽视竞争优势。

西部多为边远地区。西部少数民族地区大多年前都是少数民族的聚集地，土地辽阔，占到目前全国土地总面积的 3/5 左右。西部和边远地区有丰富的畜牧业和自然旅游等产业资源，还有着稀缺的历史人文和旅游资源。四大高原的高原游、塔克拉玛干沙漠的自然探险游、新疆维吾尔族的民俗风情游等西部地区体育旅游独有的民族文化主题观光游，对于旅游企业和消费者来说极具市场吸引力，每年都有大量的国内外游客选择前往西部体育旅游地区，为西部地区体育旅游的发展和经营者带来了新的市场经济活力和增长点。但是由于目前我国西部地区的经济欠发达，体育旅游的发展以及相关软硬件和基础设施在西部地区的建设不公平，专业人才的日益匮乏也有可能是西部地区的体育旅游进一步健康发展的瓶颈和障碍之一。

结合东、中、西部地区的发展现状来看，区域经济发展是导致体育旅游区域发展不平衡的最大原因，也是制约区域体育旅游产业发展的根本因素。而区域发展体育旅游产业是我国体育旅游发展的必然趋势，所以说区域发展不平衡制约着我国体育旅游的发展。

8.7.2 创新力度不充足

自2016年政府部门相继发布《关于大力发展体育旅游的指导意见》① 等一系列关于大力促进、推动和发展体育旅游产业健康发展的政策性文件之后，体育旅游产业再次迎来了政策风口。同时，随着近年来我国城镇居民收入和生活水平的进一步提升和居民消费水平的进一步升级，传统观光型的旅游已经基本无法完全满足体验型游客的需求，体验式休闲旅游的需求迅速呈爆发式增长。体育与旅游的发展紧密结合，顺应了未来消费式体验休闲旅游蓬勃发展的趋势。

体育旅游运作模式古板。据统计显示，我国体育旅游项目竞技化色彩特别浓厚，竞技性体育旅游项目在我国体育旅游产业发展过程中占据巨大比例。虽然，竞技性体育旅游项目的举办可以在短期内高效率低成本地为我国各行各业带来高收益，但是这一段增益小高潮会随着项目的结束而结束，无法从本质上维持项目所带来的长期收益。例如我国的体育旅游产业是实现质的效益快速提升的一个标志性的事件——2008年北京奥运会的成功顺利举办，该系列竞技性的体育旅游产业项目的成功开展，为我国GDP旅游产业带来了短期的高效益快速增长。我国在融合两产业发展的同时，并没有注重体育旅游行业专业性发展，其专业性趋势尚未完成，运作模式单一、古板，并没有加入我国本土化的元素。故说我国体育旅游运营模式古板，缺乏创新点，制约该产业在我国的兴起。

体育旅游产品特色薄弱。我国的体育旅游市场细分产品需求差异化的程度在以每年8.3%的差异化水平进一步降低，且我国体育旅游的其他细分产品市场平均每年有57.3%的差异化需求没有真正得到有效的发展和满足，甚至还可能存在一些差异化细分的市场仍被认为是一个空白。我国的体育旅游的产业发展并没有进一步充分挖掘和整合我国的特色旅游产业资源的巨大潜力，对于体育旅游相关产品的技术创新和特点认识不足，使得当前我国的体育旅游产业和市场发展过程中的体育旅游产品同质化的现象严重，没能够很好地结合当前

① （国办发〔2016〕85号，12月22日，国家旅游局、国家体育总局）.

中国体育旅游本土的特色进行发展。而对于体育旅游目标市场消费者来说，多样化、特色产品才是他们的目标需求。

创新型运营人才稀缺。当前，增长乏力已经成为全国各地大力推进体育旅游产业发展的一个新常态，各省市和区域的体育运动旅游爱好者和企业家都将发展重点从发展战略转移到产业革新，开始重视创新型运营人才的选拔和任用。当今市场经济时代背景下，创新型运营人才队伍的培养，对体育旅游产业发展极具现实作用。地方体育旅游服务型企业的创新型企业运营管理人才严重存在短缺，是当前进一步制约地方创新驱动体育旅游服务产业健康发展、阻碍由传统旅游要素市场化驱动和投资市场化驱动向地方创新旅游产业驱动方式转变的主要决定因素。

8.8　相关案例研究

8.8.1　案例导入——安徽省体育旅游发展困境

安徽省位于我国华东地区，东连苏浙，西接河南，南邻江西，北靠山东，襟江带淮，长江贯穿东西，淮河经分南北，巧妙地将约 14 万平方千米的土地划分为江南山区、江淮丘陵和淮北平原三大自然区域。优越的地理位置，使其逐渐形成了以干线铁路、高速公路、主要航道和重点机场为骨架的现代化综合交通网络，为该省体育旅游的产生和发展提供了先决条件。但需要提出的是，虽然该省内外围交通建设得到大幅度改观，但相对于体育旅游的发展滞后性依旧存在。

受地理、气候以及历史条件的影响，省内孕育着得天独厚的自然旅游资源和人文旅游资源，为体育旅游的发展奠定了坚实的物质基础。截至 2018 年，全省拥有 6 个国家级自然保护区，11 个国家 5A 级景区，203 个 4A 级景区，30 个国家级森林公园，国家非物质文化遗产 88 项，旅游资源总数全国排行第六。险峻的山体旅游资源（黄山、九华山、大别山等）、宽阔的水体旅游资源（巢湖、新安江、太平湖等）、神秘的岩洞旅游资源（蓬莱仙洞、太极洞、泊山洞等）遍布徽州大地。闻名遐迩的文房四宝、风格独特的徽派建筑、丰富多彩的民间工艺吸引着无数游客，同时，安徽地域民俗特色尤为显著，如被誉为东方的芭蕾的凤阳花鼓、广为流传的黄梅戏曲、传承百年亳州五禽戏等不仅表现出明显地域特征，更具有极强的观赏价值。目前，皖南和皖中地区初步利用这些丰富的旅游资源开发了登山、攀岩、索道、垂钓、高尔夫、赛龙舟、丛林/溶洞探险、武术养生、肘阁抬阁等一系列较为完善的体育旅游项目，但皖北地区由于资源和资金问题导致大部分项目尚未开发。根据资料显示，全省旅游收入总量的70%左右来源于皖南地区。

随着体育旅游市场的不断更新，安徽政府意识到大众的体育旅游项目无法有效拉动省内体育旅游经济的快速增长。因此，“十三五”期间，安徽省坚持“品牌引领、融合发展”战略，以承办国际、国家级重大体育赛事活动为突破口，以打造具有安徽特色的自行车、马拉松、登山等户外运动项目品牌赛事为重点，希望通过体育赛事带动体育旅游产业的多元化发展。近年来，安徽省举办了黄山论剑国际化比赛、黄山（黟县）国际山地车节、黄山国际登山节、国际溯溪越野挑战赛、砀山国际马术耐力赛及安徽省汽摩联赛等多项体育赛事，为安徽省体育旅游品牌赛事的发展奠定了基础。仅2016年全省举办各种体育赛事超过1000场次，观众超过800万人次，拉动消费超过20亿元。其中中国黄山新安江山水画廊国际马拉松赛和中国黄山（黟县）国际山地车节两项体育赛事被成功评选为“中国体育旅游精品赛事”。

近年来，安徽省在积极打造品牌赛事的同时也一直致力于打击旅游违法犯罪行为，持续整治旅游乱象，净化旅游市场秩序，优化旅游市场环境。但整体效果欠佳，2016年9月底，池州九华山景区被央视媒体披露存在严重的旅游欺诈、坑骗游客、售卖假票等问题。此外，黄山坠崖致人死亡事件频频发生，据知情人士称，黄山景区多处险峻山道均没有设置栏杆和警示牌。事故发生后，黄山景区与旅行社相互推脱责任的做法令人寒心。

安徽省实现旅游大省向旅游强省跨越过程中，必须立足于当前面临的种种问题，找到解决的途径，提高省内体育旅游产业核心竞争力。

（案例来源：安徽体育局：《实施“品牌引领、融合发展”战略 努力增强体育产业社会竞争力》）

8.8.2 案例分析

首先，资源开发力度不足。安徽省内虽无东三省的冰雪资源，也无内蒙古的沙漠资源，但其余各类资源数不胜数，可谓是名副其实的旅游资源大省。但目前省内主要以开发登山、徒步、漂流等项目为主，对于年轻人喜爱的、参与度高的刺激性的项目（蹦极、速降、滑翔等）开发明显不足。另外，大部分民俗体育旅游项目的观赏价值高，群众体验感不够强烈，导致群众对此次出行的总体满意度下降。最后，纵观省内旅游资源开发现状，存在南强北弱的现象，不管是自然资源开发还是人文资源开发，皖北地区都远远落后于皖南地区。区域内资源开发的不平衡严重制约了全省体育旅游产业的发展。

其次，体育赛事品牌化不高。大型品牌体育赛事的举办对举办地的经济、社会影响力以及体育旅游产业的发展起到积极的驱动作用。安徽省内虽举办过不少体育赛事，但由于政府对体育赛事在城市发展中的功能认识不足，宣传力度不够，导致大多数体育赛事的知名度不高，大规模国际性质的赛事也十分匮乏，进而难以形成赛事品牌效应。

再次，市场管理规范性欠缺。目前，安徽省景区欺诈、坑骗游客的现象屡见不鲜，严重影响景区形象，极大地扰乱了旅游市场秩序，进而阻碍了省内体育旅游产业的和谐发展，同时反映出省内市场管理机制还有待完善，市场运作的规范性仍需增强。

最后，安全保障工作不到位。安全保障是景区正常运作的重要保证，也是维持景区长期持续发展的重要保障。但依目前安徽省旅游景区的安全管理模式来看，还停留在凭经验的初级阶段，安全预警标示设置不当，事故后赔偿工作没有落实到位。总而言之，省内尚未建立起一套行之有效的安全保障体系来应对体育旅游安全事件。

8.9　小结

本章从目前我国体育旅游现状所存在的问题出发，旨在找出制约我国体育旅游发展的七大因素：认知因素；资源开发因素；产品市场营销因素；产业竞争力因素；管理因素；安全保障因素；发展趋势掣肘因素，并通过对安徽省体育旅游发展困境的分析，明晰这些因素对安徽省体育旅游发展的制约程度。

第 9 章　体育旅游发展路径及案例研究

9.1　提高认知

9.1.1　拓展体育旅游理论研究，提高理论认知

第一，体育旅游研究者要充分认识到：体育旅游是旅游与体育结合形成的新产业，具有双重属性，既具有旅游的消费属性、文化属性、休闲属性以及社会属性，也具有体育的健身属性、教育属性和娱乐属性等。因此在构建体育旅游自身理论体系时，必须以旅游和体育两门学科为基础，同时需要运用政治经济学、社会心理学、市场营销学、资源学、地理学、文化学等一系列较为成熟的学科理论进行深层次、多领域的理论研究，这使研究体育旅游对整个社会政治、经济、文化的影响有深远意义。另外，除体育旅游者行为特征、资源开发、产品市场营销等是不可忽略的研究内容外，研究者们还应该对网络体育旅游、体育旅游主题公园等新鲜事物进行系统研究，扩大体育旅游理论研究的范围。因此每一方面的理论研究都要进一步细化，既要发展宏观研究，也要重视微观研究，使整个体育旅游理论体系逐步走向成熟，以便管理者可以依据各方面成熟的理论研究成果有针对性地采取各种应对体育旅游活动的对策和措施，进而提高体育旅游服务质量和管理水平，促进体育旅游业的可持续发展。

第二，西方国家作为体育旅游的起源地，拥有创新性的研究方法和手法、最新的研究成果。因此国内研究者对国外最新的理论研究要保持严谨和与时俱进的态度，采用“走出去，引进来”的方法，积极“走出去”与国外优秀的体育旅游研究者进行学术交流，借鉴他们先进的研究方法来弥补国内研究内容的不足，深入考察当地体育旅游目的地的发展态势，增强自己对体育旅游的认

识和研究内容的真实性；将国外成熟的理论和著作“引进来”，取其精华、去其糟粕，积极探索符合我国体育旅游发展的理论研究，为我国体育旅游与国际接轨做出努力。

第三，注重体育旅游参与者行为特征及其需求动机的研究。体育旅游参与者的行为特征和需求动机随着收入增加和健康观念的增强不断发生变化，体育旅游经营者只有了解两者的变化趋势，才能准确地向市场输送产品和服务，因此对体育旅游参与者需求动机的研究是一个持续性的过程。

9.1.2 转变体育旅游消费观念，提高消费认知

体育旅游相对于传统的观光旅游来说是一种更高层次的旅游，旅游者通过参加体育旅游活动，既可以陶冶情操，又可以提高自身素质。因此体育旅游经营者和政府有关部门要利用各种宣传策略如开展体育旅游推介会和鼓励社会娱乐媒体开展体育旅游专栏等给体育旅游参加者普及体育旅游的概念、本质及作用，营造良好的体育旅游消费氛围。此外，还可以通过发挥知名明星和运动达人的示范作用，创新体育旅游活动形式，开展各种各样娱乐性和趣味性强的活动，引导旅游者形成体育旅游爱好和消费习惯。再者，支持发展多媒体广播、手机应用程序（App）等体育旅游传媒新业态，促使旅游者利用各种社交平台相互交流，提升体育旅游消费体验。还可以在各个地区举办体育旅游展览会和组织各种促销活动，吸引各地体育旅游参加者前往目的地，从而达到拓展体育旅游消费市场的作用。

9.2 可持续发展进行资源开发

9.2.1 科学制定开发规划，提高综合效益

首先，坚持环境保护原则，绿色开发资源。环境保护与资源开发两者存在相互促进关系，环境保护是资源开发的前提，资源开发是环境保护的进一步表现。目前我国大部分地区体育旅游经济是以牺牲生态环境为代价而快速发展，因此为了实现体育旅游的可持续发展，开发者和管理者在资源的开发利用过程中必须贯彻“在开发中保护，在保护中开发”方针，通过合理的生态手段形

成绿色开发格局，让古老文化、现代文化和自然风景协调发展，从而保障体育旅游目的地自然环境和文化风貌的完整性。

其次，加大资源的开发力度。深度开发各地资源是保证体育旅游可持续发展的有效措施。对全国各地的旅游资源进行全面排查，挑选出有可能作为体育旅游资源开发的自然资源和人文资源，并在环境承载力允许的前提下对未开发和已开发的体育旅游资源加大开发力度，充分利用资源优势进行自然资源和人文资源的整合，增强资源竞争优势，提高体育旅游资源集约化程度，实现资源价值。

最后，实行体育旅游资源开发“两权分离”。在坚持体育旅游资源国家所有、严格保护的前提下，经政府审批规划后，与体育旅游企业签订资源开发保障协议，有偿授予体育旅游企业一定期限（30~50 年）的资源开发经营权，实现体育旅游资源所有权与开发经营权高度统一到体育旅游资源所有权与开发经营权相分离的转变。这种“国家所有，政府规划，企业经营”模式，实现了国有资源与企业资本的最优组合，促进了资源的优化配置、有效利用，解决了体育旅游资源开发资金和保护资金短缺的问题，从而提升了我国体育旅游的经济效益、社会效益和环境效益。

9.2.2 完善基础设施建设，增强可进入性

体育旅游基础设施的完善是增强景区可进入性的基本要求，能够进一步推动体育旅游业的发展。国务院制定的《“十三五”旅游业发展规划》① 中提出了加强基础设施建设、提升公共服务水平的观点。部分具体措施如下：

改善体育旅游交通条件。“十三五”规划提出，支持大型旅游景区、旅游度假景区和红色旅游景区等建设连通高速公路、国省道干线的公路支线，形成“三纵五横”的公路交通网，力争到“十三五”期末，基本实现一种及以上“快进”交通方式通达 4A 级景区。加快交通干线与景区以及相邻区域景区之间的道路建设，增加城市与景区之间的列车班次、航线航班，实现从机场、车站、码头到主要景区之间交通无缝衔接，为提高目的地的可进入性提供了强有力的交通支持。

---

① 国务院．“十三五”旅游业发展规划．2016-12-7.

持续推动体育旅游“厕所革命”建设进程。“厕所革命”的推动是我国服务标准、服务能力提升的重要体现，它既满足了人性化市场的需求，也侧面反映出民众文明素质的提高。重点落实乡村体育旅游厕所无害化改造，加强高寒干旱地区厕所关键技术模式试点试验，鼓励大中型企业援助中西部体育旅游景区厕所的建设，倡导以商建厕、以商管厕、以商养厕。围绕“数量充足、干净无味、管理有效、实用免费”的建设目标，力求在主要的体育旅游景区、路线中新建、改扩建十万座免费厕所，解决景点景区“找厕难、如厕难”的世纪难题，努力为游客提供高品质的旅游体验。

9.2.3　重视专业人才培养，提升服务水平

第一，加强师资队伍建设。教师是教育事业的引领者，因此建设高质量的师资队伍是体育旅游人才培养的关键所在。一是加强师资队伍的建设可以采用内部优化和外部引进两种有效途径。内部优化教师队伍要求各高校派遣体育旅游专业的老师到先进地区和企业中深入学习，或者引导广大教师到相对成熟的体育旅游企业挂职，积累实践经验，对师资队伍进行长期持续的专业培训，支持教师参与国家或地区体育旅游理论课题的研究，提高其专业水平，以达到双师型的目标。外部人才引进，各高校可以通过专兼职相结合的方式，聘请省外或国外闻名的教育专家和企业优秀人士担任本校的客座教授或任职教师，初步打造一支既有扎实的、高起点的、具有较强理论素养，又有开拓性、创新性、实践性品质的专兼职双师型师资团队，同时能够提高学生的实践能力，还可以将最新的体育旅游发展信息及时传递给学生，缩短学生的知识更新周期。二是实施“走出去”战略是加强师资队伍建设的又一重要途径。有计划地安排教师到国外著名的大学的旅游学院进修相关课程，学习国外先进的教学方式和手段，改变固有的传统教学模式。

第二，加快专业教材建设的步伐。教材是决定教学效果的核心要素，体育旅游专业的培养目标、办学模式、教学内容有其鲜明的独特性，这就要求体育旅游专业方面的教材也应当独具特色，合适当前体育旅游产业形势发展的需要。因而，在实行人才培养体系中，可采用两个渠道解决体育旅游专业教材落后的问题。一是对现有的体育旅游专业教材进行特色修订，使其更加贴切专业的现实需要；二是构建激励机制，使用奖赏的手段鼓励专家和教师等编写体育

旅游系列教材和翻译符合我国体育旅游发展的国外体育旅游专业方面的教材，为我国体育旅游专业的发展提供机遇。

9.3 多元化整合产品市场营销

9.3.1 核心与延伸并重的产品策略

体育旅游产品是体育旅游企业在市场中立足的根本。对于核心产品（实质产品），加强市场调研，把握产品定位。体育旅游企业在进行市场营销过程中，要深入市场，充分了解消费者的产品需求。由于市场竞争的不断加剧，还必须通过体育旅游产品升级战略不断更新产品内容以延长产品的生命周期，从而提升体育旅游产品的品牌效应。第一，提升体育旅游产品的形象。产品形象影响着人们的感知度，提升产品形象是指在原来的产品形象上提炼新形象，从而使消费者从一个新的角度来认识原有的体育旅游产品，并对其产生强烈的兴趣。第二，提高体育旅游产品的质量。从体育旅游企业发展战略的角度上来看，优良的产品质量是企业创造品牌的先决条件，以质量为保证才是发展品牌的根本途径。因此，持续地对产品生产设计与管理进行完善和改进以及采用各种高新技术对原有产品的质量和性能等作出改良是提高产品质量的重要手段。第三，突出体育旅游产品的民族特色。将民族文化元素融入产品的开发设计中，使民族文化的教条和审美功能在产品中呈现出来，赋予产品鲜明的民族特色，让其具有强大的竞争力，同时促进民族文化在产品中的传播和弘扬。

延伸产品，指在体育旅游活动过程中，为旅游者提供的各种基本设施、社会化服务以及旅行便利等，可概括为各种“额外服务”。体育旅游企业可以为旅游者设计一条以旅游、购物为主线，实则包含餐饮、住宿、交通等多项附加服务的体育旅游产业链，从多方面满足消费需求，多角度提升服务水平，进而提高消费者的满意度和忠诚度。

9.3.2 差异化和个性化结合的定价策略

差异化定价，是指企业在提供产品服务时，不是不加区别地对所有客户均提供相同的价格，而是谨慎行使产品价格浮动权，提供不同的有针对性的服务价格。

个性化定价，是在企业实行定制服务的基础上，帮助消费者选择配置或者自行设计能满足需求的个性化赛事与旅游产品，同时承担自己愿意付出的价格成本。[①] 这种定价策略偏向于消费水平较高的个别群体。

体育旅游产品价格是企业达到营销目的的一种盈利手段，单一的定价策略或低价格策略都不利于企业获得投资高收益，因此必须实行差异化和个性化结合的定价策略，以满足消费者的个性需求和提高体育旅游企业的投资报酬。

实行个人参与让价策略。大多数的消费者由于经济水平有限，对高价的体育旅游产品望而却步，针对这部分人群，可以实行参与让价策略，比如在商家能够承受的范围内对首次购买高端体育旅游产品的顾客提供半价优惠或免费邀请部分顾客观看体育旅游赛事，激发他们购买赛事产品的欲望，培养更多的潜在顾客。而对于平价产品，购买同类体育旅游产品累计数量达到要求的消费者赠送金额一定的礼品。

实行产品定制折扣策略。收入水平较高的消费人群对自身的体育旅游体验有着更高的要求，定制专属于自己的旅游路线和体育旅游纪念品等就是最好的体现。对于这部分消费人群，体育旅游企业可以依据定制产品所需的金额的大小给予不同程度的折扣优惠。

9.3.3　传统化和现代化整合的渠道策略

实现主动营销。在传统营销过程中，体育旅游企业与顾客之间一般都是采用面对面沟通的方式，这种沟通方式实际上可以帮助体育旅游企业更全面地了解顾客的需求，进而对顾客的消费取向进行深入分析，为体育旅游产品的营销做好基础工作。面对传统营销这一优势，在两种营销渠道整合的过程中，可以构建一个安全系数稳定的顾客沟通的网络平台，在此平台上，体育旅游产品购买者可以将自己真实的购买心得与他人进行分享，同时也可以留下自己宝贵的购买意见。体育旅游企业通过对这些购买意见进行整理分析，可以更好地开展网络营销。

减少渠道冲突。基于消费者的行为特征、需求以及购买心理的差异，进行更加精准的市场细分，按照特定的目标市场的需要，采用相应的营销渠道。如

---

① 王扬．冰雪赛事旅游的多元化整合营销策略研究［D］．吉林体育学院，2016.

18～45 岁这个年龄段的人群，上网时间较长，时间成本低，对价格较敏感，这时体育旅游企业可以采用网络营销手段吸引这部分人群购买他们的产品。而 45～75 岁这个阶段的中老年人消费人群，比较注重产品的品质特性和购物体验，时间成本较高，且资本积累充足，对价格缺乏敏感性，此时体育旅游企业可以将注意力放到传统营销上。特定的营销渠道为特定的消费群体服务，进而减少双渠道的领域冲突。

9.3.4 推动式和拉动式统筹的促销策略

在当今体育旅游市场的发展中，最有效的促销策略并不是推动式策略，或者拉动式策略，而应该是前拉后推，推拉统筹。因此，在体育旅游产品生命周期不同的阶段，采用不同比例的促销策略。

体育旅游产品的培育期阶段，消费者对产品并不了解，需要提高产品的知名度，广告和公关关系具有很强的传播成本效应，随后是人员推销，营业推广的传播成本效应尚未体现出来，这一阶段主要为了扩大产品营销覆盖范围，以推动产品的使用，因此应该加大广告和公共关系的促销力度。

体育旅游产品的成长期阶段，由于消费者的口口相传，产品在大众群体心中形成了一定的知名度，具有一定的市场竞争力。广告和公关关系仍然是最主要的促销方式，但营业推广的重要性加强，适度增加营业推广比例可以起到较好的促销效果。

体育旅游产品的成熟期阶段，产品在市场上的地位基本稳定，营业推广成本效应超过广告和公共关系的传播成本效应的最高峰，成为最有效的促销手段，但广告和公共关系仍发挥较好的促销作用，而人员推销成本效应开始减弱，因此在这一阶段，体育旅游企业要增加拉动式促销的比例，减少对人员推销的投入。

体育旅游产品的衰退期阶段，产品开始推出市场，竞争力下降，这阶段营业推广保持强有力的增长势头，广告和公共关系的成本效应下降，人员推销失去了大部分效力，因此企业应该将大部分的注意力集中在营业推广上，减少剩余产品的库存堆积。

9.4　提高产业竞争力

9.4.1　挖掘资源，完善生产要素多样化

建立联动模式，打造特色旅游项目。把具有特色的旅游产品和体育旅游项目结合起来，抓住旅游产品特色，建立联动模式，实现可持续发展。找到产品地区优势及特色，一个项目的特色往往是项目成败的关键之所在。单一的旅游产品或单一规模的旅游项目很难产出较大的经济效益，树立特色产品形象，稳固及培养市场，扩大产品规模以保持持续推动力。通过带动当地经济文化产业发展，提高特色旅游项目影响力，进而实现该体育旅游项目的可持续发展。旅游爱好者的旅游趋势是会随很多因素变化的，比如，特殊活动、纪念日等，旅游地需随着旅游流行趋势及时更新旅游产品，避免被淘汰。根据时代下的流行趋势，不断升级更替、创新发展新型旅游项目可以更好地吸引游客，使旅游地旅游业经济得到蓬勃发展。

体育中心基础设施升级。完善配套体育基础设施奠定良好的基础，积极地推进全民健身设施建设计划的制定和实施，加大资金投入和建设力度，基本建成和实现州、县两级体育场馆全覆盖，极大地改善基层的全民参与体育健身的设施和条件，进一步完善全民健身的服务体系，为企业和人民群众广泛参与的全民健身活动开展创造良好的条件和环境。不断完善群众体育健身基础设施和条件，满足人民和群众对日益增长的多层次群众体育运动健身的需求。政府部门应加快中心城区和农村以及社区的体育基础设施建设，鼓励和支持引导民间社会投资参与兴建休闲体育和健身休闲活动场所；大力推进机关、企事业单位建设体育活动场所，并支持符合条件的机关、企事业单位活动场所全部对外开放。紧抓区政府惠民实事工程、新农村的建设和文明示范城区的创建三大历史机遇，努力地推进了全区公共体育场地配套设施的建设，形成一个公共体育设施配套场地建设的发展高潮。

9.4.2　细分市场，实现市场需求差异化

旅游地的开发潜力是有限的，所以一个地区的旅游发展务必要考虑该旅游

地的生命周期。旅行地的潮流和游客的受众度是随时更新的，旅游地应及时顺应游客的需求变化进行创新。

多样化体育运动和旅游的需求，细分国内体育旅游市场。国内外游客对体育旅游产品的选择和热度大体上受游客个人平均收入水平、身心健康程度、性别等多种影响因子的直接影响。因此，体育旅游产业运营商在进入其目标市场时，应从体育旅游产品消费者的不同消费需求角度出发，根据其消费者对产品的需求和对产品实际的消费行为之间的差异性，细分企业自身产品定位的目标市场。根据细分的体育旅游市场来定位企业发展的目标客户群，运营商就可以制定更加差异化的体育旅游营销策略，从而为消费者提供最佳的体育旅游体验效果。

增大宣传的力度，吸引客源和扩大国内市场。各区域政府要积极争取宣传经费，扩大体育旅游宣传力度；紧紧围绕重点发展展会的体育旅游活动目的地，加强建设公共配套设施，同时加大力度策划对体育旅游项目的品牌宣传和总体线路链的传播推广工作，树立品牌化且极具影响力的体育旅游主题和口号；在整体宣传的渠道上，结合运用网络传播媒介进行大众体育旅游宣传扩展，通过正确的舆论导向逐渐地丰富人民群众对体育旅游的理解度和认可度，提高其对于体育旅游的关注度和兴趣，刺激其对体育旅游的欲望，进而扩大国内体育旅游市场。

顺应国家“引进来”“走出去”的发展战略。国内的体育旅游产业应积极同国际上比较著名的大型体育旅游项目运营管理的企业合作，精准地借助它们的专业技术、品牌等优势，向他们学习成功的经验和技巧来创新开展、拓宽隶属中国的综合性体育旅游产业和市场，有目的性地引进一批潜力股，即影响力庞大的国外著名体育旅游企业和品牌，有利于促进我国体育旅游的国际化发展水平。当然，体育旅游产业的发展单靠“引进来”是行不通的，还要结合“走出去”战略同时发展，积极推动国内实力雄厚的大型体育旅游企业“走出去”发展，到国外拓展市场和业务。

9.4.3 扩大优势，提高产业核心竞争力

提高体育旅游企业市场的营销能力。在营销的形式和内容方面，体育旅游企业、体育中心、旅游景区可以实行战略联盟、强强联合，形成体育旅游圈，

实行一体化综合营销战略，充分运用网络传播媒体和博览会等多种传播平台，加大对旅游重点区域和客源旅游市场的宣传和推广力度，开展一系列有针对性的旅游营销宣传和推广活动。在营销渠道方面，体育旅游企业、体育中心、旅游景区应创新体育旅游营销渠道。第一，充分利用先进的现代体育旅游信息和网络技术，引导、鼓励国内的体育旅游企业积极构建一个面向旅行社会员的单一网络体育旅游销售的渠道；第二，形成一个面向体育休闲运动协会、体育旅行社等不同行业组织的体育旅游营销圈，网状化营销渠道，增加营销链，进一步多样化营销渠道。体育旅游创新营销的同时也应该顺应当代体育旅游消费者追求差异化体验的心理而针对不同的消费群体实行差异化营销。扩大对体育宣传的力度和辐射面，增强对体育旅游的认识和影响力，大力培育和挖掘潜在的体育旅游的市场。

进一步优化体育旅游产品结构。在产品档次结构上，针对不同阶段的体育旅游消费者的差异需求，提供多元化的体育旅游产品开发以及设计，以满足各种多元化的消费需求。受消费者的个人经济收入水平、偏好、文化层次等多种社会因素的共同作用，体育产品对旅游者的直接消费和需求也逐渐呈多档次、多样化的现象，这也必然使得我国体育旅游相关产品逐渐呈现不同的消费档次和结构；在产品类型结构上，凸显体育旅游产品的特色文化底蕴。我国大部分区域在运作民族风俗体育旅游产品时，对其文化底蕴的使用度极少，也就是对民族风俗体育旅游产品的文化底蕴挖掘力度欠缺，因此，企业需要加大对体育旅游产品文化底蕴的深度挖掘以及有效运用。

9.5　科学有效进行管理

9.5.1　调整产业链整合规划，构建长效管理机制

强化产业链核心环节的功能。首先，打造体育旅游产业链名牌企业，实施产业链关联企业品牌化运作；其次，针对国内已经成熟的精品体育旅游项目，包括项目线路、体育赛事、项目目的地等进行优化升级，进一步提升其自身旅游品牌形象；最后，政府部门可通过政策扶持体育旅游经营企业向上下游产业一体化延伸，向国内、国际市场扩展，将传统体育旅游产品企业经营转型为国

际化品牌体育旅游企业经营，塑造多个中国体育旅游的新品牌。

革新体育旅游产业链。第一，加强并完善体育旅游产业链整合与扩张或资本运营战略，革新体育旅游产业链；第二，组织重塑体育旅游产业集群，实现体育旅游集团管理机制和运营程序创新，推动全产业链升级。

优化体育旅游产业链全流程。第一，加强体育旅游产业链条在该地域内合作。通过开展内部区域性体育旅游合作项目开发，延长该体育旅游产业整体链，提高区域旅游业整体核心竞争力；第二，抓住“一带一路”倡议中有关体育旅游合作新空间新机遇，主动嵌入全球体育旅游产业链，鼓励有能力、有实力的国内知名体育旅游集团到国外进行投资和市场推广，精心打造国际品牌，不断提升国际竞争力。

9.5.2 完善行政法规建设，发挥政府主导作用

为了更好地发展体育旅游，我们不得不进一步构建并制定和完善与国家相关的体育旅游法律、法规和政策体系，并在此基础上，加大对国家的宏观调控的力度，平衡体育旅游供需拉动结构，坚持先规划后建设再开发的原则，结合各个地方政府相关的主管部门及各体育旅游经营家的经验见解，制定体育旅游产业与上中下游之间长远的合作建设和发展战略规划，以指导和促进我国地区性体育旅游相关产业的健康稳定发展。发挥政府在市场中的主导作用，合理有序地调动一切积极力量，规范体育旅游产业市场，清理制约体育旅游业发展道路上的障碍。

标准化产业快速发展。加快推进我国体育旅游模式与标准制定体系建设的一项首要任务是进一步转变其思维与政策观念，将由地方政府单一部门供给的体育旅游行业标准模式的制定体系转变为由地方政府单一部门推动、市场经济主导、企业法人为主体、社会资本参与的体育旅游模式中。鼓励中小企业从自身发展需要的角度出发，制定一系列符合中小企业自身发展需求、具有鲜明的企业文化特色的企业通用标准，完善并且制定和推广有价值的中小企业通用标准，并积极鼓励其进一步上升为国家和地方通用标准；同时鼓励企业科研机构、本科院校等事业单位针对性地积极参与相关行业标准的研究制定。

多元化的投入。投融资激励机制的建设方面，政府相关部门应积极鼓励和支持社会旅游产业资本通过多种渠道和方式积极参与体育旅游相关产品开发、

项目的建设及对相关体育旅游产业的投资，充分调动了社会旅游产业资本，发展了体育旅游相关产业。同时，在建设和发展多样化的体育旅游时，注意培育和引导不同旅游目的地根据自身的资源和其特色，打造一批多样化的新型体育旅游休闲服务品牌，并进一步加大力度的宣传和推广，打造一批有特色的文化旅游内涵，有休闲旅游内容的产品，符合体育旅游市场需求的新型体育旅游休闲服务产品。

9.5.3　培养专业应用型人才，提高员工工作成效

旅游消费者的需求已形成了一个大市场，这就需要一个专业的团队提高旅游服务水平。为考虑旅游者的人身安全且保证旅游者最好效果的体验，很多体育旅游项目需要经过专门教练指导之后才能参与。如蹦极、跳伞、潜水等，因此提高专业人才的理论知识和实践能力既能够有效保障旅游者的安全，又能为旅游者带来更好的项目体验感。

转变人才培养模式。我国教育规划部门要转变封闭式培养的思路，实行开放式培养模式，即高校的人才培养要加强与体育旅游企业、研究机构的交流和合作，鼓励学生主动了解当前及未来社会对体育旅游人才的要求和特点，从而有针对性地调整自身发展方向。只有这样，高校的人才培养才能与社会需求接轨，也才可以解决目前我国体育旅游人才供需矛盾的现实问题。体育旅游人才培养不仅仅需要依靠学校力量，还需要借助当地政府、社区和体育旅游企业力量进行培养。对于体育旅游企业来说，加强在职员工的培养，利用旅游淡季，通过提供专业平台，鼓励、督促在职员工继续学习，提高他们的专业水平和服务能力。

专业化的建设。体育旅游与其他传统的旅游休闲行业不同，潜水、滑雪、跳伞等很多户外运动项目都需要专业体育工作人员的全程陪同和专业辅导，游客所需的服务和内容与我国传统户外体育行业的培训又可能有所不同。通过积极鼓励体育旅游休闲企业和高等体育、旅游职业院校的开展交流合作，培养和吸引更多的专业人才。

9.6 加强安全预警保障

安全预警保障是体育旅游产业的生命线，是体育旅游活动顺利进行的先决条件，也是体育旅游产业健康发展的重要基础。在保障旅游者的人身和财产安全，推动我国体育旅游安全保障体系的完善上具有一定的积极作用。加强体育旅游安全预警保障的首要工作是建立科学完善的安全预警体系。针对目前安全预警保障工作所存在的缺陷，在今后建立完善的安全预警保障体系应从树立安全意识、完善系统、制定等级制度以及加强法律法规四个方面出发。

9.6.1 加强体育旅游安全意识

对体育旅游管理者来说，必须严格要求各景区的工作人员及时排查体育旅游目的地存在的安全隐患以及定期维护和更换旧设备。旅行社出团计划书中要特别标明体育旅游目的地以及娱乐项目的风险和注意事项，导游在讲解过程中要提醒旅游者注意安全警示。在管理过程中要具有居安思危、防患于未然的意识，改变体育旅游安全预防“经验主义”、各行其是的做法，将建立体育旅游安全预警系统的重要工作摆在第一位，降低安全事故发生的概率，这不仅有利于提高体育旅游目的地的形象，而且对体育旅游健康可持续发展具有重大意义。

而体育旅游参与者作为体育旅游活动的主体，既要提前通过互联网、亲朋好友的讲述和报纸等途径了解体育旅游目的地的安全信息，又要对自身规避安全风险的能力有一个清楚的认识，切莫盲目自信地参加高危险性项目和进入危险地带，避免其对人身安全造成威胁，养成良好的安全防范习惯。

9.6.2 构建安全预警网络系统

体育旅游安全预警网络系统的构建需要遵循一定的原则，系统的稳定性需要通过相应的指标来衡量。笔者认为可以将体育旅游安全预警系统的构建原则分为以下三个方面：

第一方面是科学性和系统性，科学性是指在构建体育旅游安全预警保障系统是要体现出客观事物的本质属性，要展现影响体育旅游安全预警保障的外部因素和内部因素，每一个构建指标都应该清楚明了，不应该出现模棱两可的现象。此外，体育旅游安全预警系统是一个有机整体，评价指标不仅要科学，而且还需要系统，从安全预警保障的各方面进行分析，要求所有指标所指向的目标要一致。体育旅游安全预警系统不仅需要与子系统紧密联系，同时需要层次分明，反映出来的安全预警信息系统且有效。

第二方面是可行性和可比性，可行性是指构建体育旅游安全预警系统是所用到的每一项技术指标都具有实际操作意义，每一项数据都应该方便量化，与体育旅游安全预警子系统相互照应。体育旅游安全预警系统的指标数据不但需要进行量化计算，而且需要能够进行互相比较，既要进行横向比较，又要进行纵向比较，建立起各评价指标之间的内在联系。

第三方面是动态性和健全性，体育旅游安全预警系统在不同的时期有不同的评价指标和技术要求，危险系数也时刻在变化着，因此体育旅游安全预警系统的评价指标和技术指标必须呈现动态状态以适应实际需要，健全性是指在构建体育旅游安全预警系统时必须将所有涉及的指标及其参数变化规律包含在内。

构建完善的体育旅游安全预警网络系统需要经历四个步骤：

首先，改进安全预警信息的收集整理工作。全面、客观、准确、有时效性的信息才能为体育旅游安全预警系统的构建提供可能，因此，收集和整理安全预警信息的工作是构建体育旅游安全预警系统的核心。在进行预警信息收集整理过程中，既需要收集隐患排查的结果及仪器仪表检测的数据，也需要采纳体育旅游参与者和管理者的观点，然后由专门的机构将各种零零散散的信息结合起来并运用通信设备、网络及计算机技术等对安全预警信息进行整理。设立国家体育旅游安全预警信息甄别专家委员会，提高安全预警信息的权威性和准确性。

其次，建立体育旅游安全预警数据库，采用合适有效的模型对原始的信息数据进行处理、加工、再处理、再加工后，在科学原则的基础上从经济学、管理学和安全学等角度对预警数据库中的数据信息进行合理分析，找出安全隐患的主次矛盾和体育旅游安全预警系统的主要特征量，对该系统的安全状态做出科学合理的定性和定量评价。

再次，体育旅游安全事故的突发性和紧迫性要求体育旅游管理者必须依据警情的严重程度来制定相应的高效防范策略，并在警情发生后能够第一时间执行，通过对体育旅游安全事故的提前监控和防范缩小损失范围。

最后，对安全预警信息进行动态跟踪、全面监控，随后根据手里整理出来的数据做出合理分析并制定出高效的防范策略后，充分利用大众传媒、广播，电视、互联网等先进的网络技术和通信工具，提前发布安全预警信息，以便体育旅游参加者、管理者和组织者及时了解相关信息，降低由于安全信息把握不准确而造成安全事故发生的风险。

9.6.3 完善安全预警法规建设

第一，体育旅游安全法律法规不仅仅在体育旅游安全预警保障起到规范和指导作用，它贯穿于整个安全管理过程。因此需要借鉴欧美发达国家完善的体育旅游安全保障法律体系，结合本国国情实际，进一步完善体育旅游安全保障法律法规。

第二，2013 年出台的《中华人民共和国旅游法》（以下简称《旅游法》）是旅游行业的高级法律，对于各种旅游法律之间的对接有着明确的规定，能够有助于地方性法规与《旅游法》进行衔接，从而增加两者有关体育旅游安全预警和安全事故责任的条款。将其与《中华人民共和国体育法》结合在一起，形成互补形式，重新归纳整理相关的体育旅游法律法规内容，形成具有专业性和权威性的体育旅游安全预警体系，并出台专门的体育旅游安全的法律法规，为体育旅游安全预警提供全方位的制度保障。

9.7 抓住体育旅游发展趋势

21 世纪以来，旅游产业的市场与其需求逐渐地出现了品种多样化，突出特色和个性的各种“特色旅游”逐渐兴起，体育旅游产业便是其中国际上发展最迅速、总体发展前景也较好的一种，其在当前世界体育旅游产业市场上所占的市场份额也越来越大。我国进一步开展体育旅游的可行性极高，我国企业应该自觉地抓住体育和文化旅游产业发展的机遇和趋势，进一步深入研究发展一个符合于我国经济发展国情的特色体育和旅游休闲文化产业。

9.7.1　多元化开发产品，各区域平衡发展

供给端——单一运动型向休闲娱乐体验转变。在体育走进居民的休闲生活后，其原有的单一强健体魄的功能已经被改变，逐渐与康体养生、旅游休闲等相联系起来，并逐渐体现出休闲化、娱乐化、多元化的趋势。职业体育、竞技体育开始向大众化方向发展，体育赛场上的类型也不再只属于运动员，体育走出了比赛赛场，走进了居民的日常生活中，并衍生出新的、多样化的形式，与文化、健康、旅游不断融合，达到健身、健心的休闲发展。我国拥有复杂多样的地形，可发展多种运动类型，且资源环境优越，适宜开展运动休闲项目。我国自古就有体育运动，体育文化底蕴丰厚，拥有悠久的体育文化传统支撑，体育运动的发展长久深远。根据其复杂多样化的地理自然条件地形和气候条件，东北地方可适合开展个人登山探险雪上运动，多变的湖泊和较大河流的东南部地区可以广泛地适合开展个人登山探险水上运动，多变的山峦西南地方的东北部地区可充分适合个人开展当地登山探险攀岩和陆上健行运动。

推动体育旅游产业品牌化的发展。随着各项赛事以及国际竞技和体育赛事的成功举办、国内各项竞技旅游赛事日趋完备的服务体系和逐渐进一步提升的知名度和影响力，国内竞技和体育旅游的发展不断逐步趋向领域的品牌化、IP化，这个领域的品牌化不仅仅是包括了专业的国内竞技旅游赛事，还包括了参加国内竞技的体育运动员以及其他体育休闲娱乐活动等的内容。如正在不断形成和扩大规模的 CBA、中国网球公开赛等，以及具有国际影响力的运动员朱婷、孙杨等，都在朝着体育旅游品牌化方向发展。

提升区域通达性，促成规模化的进程；各省之间的体育旅游产业发展程度不一，一些早期的发展城市，经济水平远远超过了偏远城市，在资源的利用上更有经验，发展的程度往往也比偏远城市高。各省之间应该加强联系，多向已粗具规模的城市学习经验。在发展过程中，总有相似的问题出现，各省如能加强联系和沟通，经济大省带动周边城市的发展，将产品的影响力扩大到别的城市，也是一种难得的宣传机会。地区形成规模化，则会促发规模效应，能带动产业升级换代，促进体育旅游经济的迅速发展。

9.7.2 融入当地传统文化，积极创新产品

将文化融入体育旅游建设中。这里的文化可以是项目地本身就具有的文化，如罗东运动公园的中国传统文化和宜兰当地文化，也可以是外来文化在项目地的体现，如皇后镇的指环王取景地文化、里约的奥运文化等，借助这些文化的融入，可以将项目地自身与其他同类型的景区区别开，让游客更容易记住，从而更好地发展体育旅游。通过体育项目发展地域文化。商场是人们固有的消费娱乐场所，在商场中加入“体育”元素会形成一种新型的商业模式。既满足了大众休闲观光，也吸引了游客健身娱乐，为旅游业提供了一整套体育旅游经济体系。体育不仅能与景区共同建立旅游新模式，还可以同地区建立城市新名片。不同地域开发了不同体育项目，通过周边休闲娱乐增强当地居民的幸福感与文化自信。

突出地方特色，打造体育旅游品牌。在未来的体育旅游的产业化和开发运营过程中，应当以自身的地方文化特色为品牌基础，进行各种差异化的打造，如或是利用当地的自然山地、生态环境，结合当地的文化元素打造独具特色的体育旅游休闲服务项目，或是从优质的产品和服务上，创造和发展出自己的地方特色体育旅游品牌，利用线上的营销、节庆活动等多种营销手段引爆体育旅游市场。根据地形特点开发体育旅游项目，培养当地文化特色。例如，滨海城市开发沿海旅游景区，开拓水上摩托、冲浪等娱乐项目，满足游客休闲观光的需求同时，引领游客实现全新的海上挑战；拥有白色冬季的城市开发滑雪、滑板等娱乐项目；而有常年庄严肃穆的雪山，向来自世界各地的探险者发起挑战；沙漠开发徒步、沙漠赛车、沙浴等娱乐项目，在黄沙漫天之中体验古人“大漠孤烟直，长河落日圆”的意境。

开发民族特色体育旅游。根据不同的民族特色开发旅游项目，增加扶贫力度，带动局部地区少数民族经济发展，增加各民族之间文化的交流与进步。北方的蒙古族，擅长射箭、摔跤等传统体育项目；藏族有射碧秀、赛牦牛等传统体育项目。吸引游客纷纷融入其中，品味一场蒙古族的文化盛宴。每个民族都有独特的魅族文化以及传统体育活动，开发民族特色体育旅游，散发各民族的独特魅力，使得我国民族文化得到更好的交流与融合。结合我国优秀的传统文化发展体育旅游项目，鼓励全民参与，共同学习及弘扬我国的传统文化，对加强民族文化自信有着促进作用，对时代新人的文化传承具有深远的影响。

9.8　案例分析

9.8.1　“文体 + 旅游”的必然性——以高黎贡超级山径赛为例

2018 年 3 月 9 日，中国·腾冲高黎贡超级山径赛 By UTMB 在腾冲文治光昌广场鸣枪开赛。整个赛事持续 3 天，于 3 月 11 日落下帷幕。高黎贡超级山径赛 By UTMB 共有 160 千米（MGU）、125 千米（RCE）和 50 千米（THT）三个组别，来自 25 个国家的 1814 名选手参赛。

作为世界越野跑的金字塔，UTMB 可是千万跑者心之所向的殿堂级赛事。而高黎贡山超级越野，正是全世界第一个“By UTMB”顶级越野赛事，这也是目前亚洲唯一被 UTMB 官方支持的赛事。高黎贡超级越野山径赛是在未被列为国家开发地区举办的、超越历史时空的国际越野山径盛会，参赛者可以沿着一条长达三千年悠久历史的高黎贡古道、穿过西班牙战争的遗迹、越过浓密的非洲原始森林，并且这里虽然鲜有大量的外籍人士在这里踏足，却无时无刻被当地的人民所喜爱和尊崇。

“这个也就是越野赛的品牌打造，我们的理念是体育文化打造和提炼旅游品牌、体育文化打造品牌形象、旅游文化落地带动发展。”在两年前，体育总局和旅游局共同颁布了《体旅融合的发展计划》，颁布之前来行知探索征询意见的时候，行知探索高级合伙人李佳给出的意见就是文体旅游融合发展。为什么这么说？现在最大的全球体育盛典——奥林匹克运动会起源是来自古希腊的文化，全世界关注度最高，以及越来越多的跑者参与的马拉松赛事，也是来自古希腊的文化，所以行知探索认为文化是提炼品牌的根基。而体育是正向、积极、正能量的传播，所以它能最好地带动品牌，马拉松就能很好地带动企业品牌形象。现在很多国家或地方的政府都很是支持和倾向于继续举办全国性的马拉松体育赛事，有最新的数据统计显示，2017 年中国的马拉松比赛场数已经达到了 3000 多场，其主要原因之一就是这样的赛事模式能够有效带动当地的旅游、经济的持续快速发展。

（案例来源：2018 年第二届体育旅游创业创新高峰论坛：体旅行业商业市场化的成功案例）

经验借鉴：

①将文化融入体育节庆活动中，赋予其更多内涵，形成极具特色的“文体+旅游”新商业模式，使得体育旅游产业进一步兴起。可以看出，高黎贡超级山径赛最大的特点就是文化性，很多游客也是因为这一点而选择参与、观看这一体育节庆。也就是说，文化性成为体育旅游产业争夺市场份额的新优势。

②完善基础配套，增加消费。在球场进行比赛的活动同时，在球场周边风景区设置了餐饮、住宿等配套设施，开发一些当地的特色美食，吸引更多的游客到球场进行消费，从而也增加了活动的收入，带动其他的相关旅游产业的持续健康发展。

③将体育旅游品牌化，理念营销。高黎贡超级山径赛的品牌打造和运营理念主要是体育文化的提炼打造品牌、体育传统文化打造品牌形象、旅游文化落地带动发展。而赛事的运营很好地实现了这个理念，借助鲜有外籍人士踏足，却无时无刻被当地人民所尊崇的文化古迹，树立高黎贡超级山径赛的品牌效应，吸引更多跑者的参赛和体验，进而逐步形成了体育旅游的模式落地发展。

9.8.2 “运动+健康”的必要性——以五峰山运动度假村为例

浙江省安吉县的森林覆盖率达到71%，已达欧洲各国平均水平；而且是目前中国唯一获得“联合国人类宜居奖”的县，第一个国家级自然生态县，两度被中国政府评为长三角最具经济投资发展价值的县。五峰山运动温泉度假村的空气水平PM2.5低于全国普通城市平均水平50%，平均质量为优，空气污染物中的负氧离子更是远超普通城市100倍。五峰山运动度假村，拥有2200亩湖山大境，180亩建筑用地只占整个度假村8%，其余92%依旧为原生态山林，在这样的地方，犹如仙境。而这片山林之中，其中有一处名为枫林谷的地方，拥有1000棵以上枫树，每当秋季，远远看去，别有一番“霜叶红于二月花”的意境。

安吉五峰山运动休闲度假村以来自世界著名的瑞士户外品牌山地运动及其建筑风格理念为设计蓝本，秉承“轻心运动慢调生活”的人性化经营模式设计理念，打造一个集户内外休闲运动、运动与康复、生态农业、文化艺术与创意、健康休闲养生于一体，以“山地运动+健康休闲”为理念和主题的大型一站式休闲深度度假地。

（案例来源：浙江在线：运动和度假完美结合）

接下来从项目特色、主要产品、服务设施及服务配套设施四个方面简单地了解一下五峰山运动度假村：

9.8.2.1　项目特色

骑行爱好者的天堂——五峰山运动度假村建设的德明骑侠驿站是以第一个骑自行车环球全球名人命名的骑行驿站，该驿站是五峰山运动度假村与骑友网联合共建，可以提供旅游咨询、骑行线路、能量补给、活动会议、维修保障、单车租赁等服务。此外，驿站还配备了虚拟骑行系统供游客体验。游客可以在骑行中感受度假村的风光。

专业的运动康复中心——国体馆，建筑面积约10000平方米，内有4000平方米运动场馆。作为国家体操队康复训练基地与省队外练基地，配备了约4000平方米的专业运动康体理疗中心以及3500平方米的运动员餐厅等，将致力于打造长三角最具专业特色的运动康复中心。

四季可赏的美景——五峰山风景秀丽，四季皆有美景可赏。春可赏百花，夏可枕水岸，秋可看红枫，冬可品白雪。

9.8.2.2　主要产品

体育产品有；国体馆、德明骑侠驿站、五峰山游步道、五峰山骑行道、蔬香园、梨花谷、白茶谷、四季慢谷民宿、一冰书院、峰味运动餐厅、枫林山居等。

9.8.2.3　服务设施

体育训练设施：国体馆的运动场馆、运动康体理疗中心、德明骑侠驿站、五峰山游步道、五峰山骑行道等。

服务配套设施：民宿、书院、餐厅、度假房产等。

9.8.2.4　经验借鉴

①以体育运动为核心，打造运动休闲度假模式。度假村以丰富的体育运动健身项目为其最核心的吸引力，这里既有专业的体育运动健身训练和娱乐设施，又有供广大运动健身爱好者进行休闲运动健身的娱乐设施，满足了不同年

龄和类型的旅游者需求，以此特点获得了市场的关注。也就是说，要想提高体育旅游的市场竞争力，就需细分市场，了解旅游消费者的差异化需求，进而丰富自身的竞争优势，实现产品的差异化竞争。

②通过完善的配套服务设施留住了游客。在将外地游客吸引他们过来之后，通过民宿、书院等配套文化设施的精心打造，吸引了外国游客的极大兴趣，延长了游客逗留的最长时间，留住游客。一般在市区内采用商业娱乐购物中心的形式，将体育运动与商业项目融合，完善的配套设施让一些人不必远行就可以参与到体育项目中去。

9.8.3 “互联网+体旅”的创新性——以 Sports Where I Am 为例

面对潜力无限的体育旅游市场，体育创业者们又该从何下手呢？一家创业公司，是怎么把“互联网+体育旅游”融合起来的呢？

纵观旅游市场，不得不承认的是，当一些体育爱好者到达一个陌生的城市或国家，希望观看一场体育赛事时，往往会因为不熟悉当地情况而屡屡碰壁。为了解决这个问题，适应体育旅游市场的快速增长，澳大利亚一家叫 Sports Where I Am 的创业公司，就做起了在线体育社区的服务。这家公司的主要服务对象是旅游爱好者。通过为用户筛选体育比赛、购买门票与商品、提供当地人的建议，让用户在赛前赛后找到最具特色的酒吧、最实惠的停车位置，以及场馆内的最佳位置和最合口味的饮食。

Sports Where I Am 是由艾德里安·盖尔（Adrian Gale）和马特·斯库利（Matt Scully）在2012年创办的。两人最初的灵感来自一次不愉快的纽约之旅。两人作为体育爱好者，希望在旅游期间观看几场比赛，体验一下当地的体育文化氛围。“这个过程充满了艰辛和沮丧。我们花了很长时间，寻找比赛日程、联赛网站和购票网站。找到的购票渠道和当地人的建议通常都是不靠谱的。”斯库利解释说。于是，两人化沮丧为动力，决心填补这一市场空缺，就创办了 Sports Where I Am 公司。

盖尔和斯库利的平台目前可以通过网络、安卓和 iOS 等渠道登录。只要用户登录后，搜索要去的城市，就会展现当地的比赛日程。此外，用户还可以根据日期、项目等条件进行筛选，找到自己想去的那场比赛。截至2016年8月，Sports Where I Am 覆盖了52个美国、加拿大的52个城市、203家场馆、1.5

万多项赛事，并宣布要新开发澳大利亚 7 个城市。

从社区的角度来看，用户可以从其他体育爱好者那里取经，筹划如何在赛前、赛中和赛后最大限度地利用旅游时间。在比赛之后，用户也可以把自己的经验分享给其他用户。与其他体育类论坛和社交网络不同的是，这家创业公司与票务机构、特许商品平台达成了合作关系，让用户可以直接购买赛事门票和官方用品。

斯库利说，目前平台上的功能特色都源于激烈的团队讨论和顾客反馈。而这一切的最初动力，都源于两位创始人那次不愉快的纽约之旅。“现有的服务可以很好地为用户提供解决方案。我们骄傲地看到，作为一家全球化、综合性的体育旅游公司，可以为用户带来一场难忘的观赛之旅。”斯库利解释说。“当你回忆一些最完美的体育瞬间时，你想起来的不仅仅是最后的分数，还包括赛前的仪式、观众间的互动、你吃的食物、往返赛场的旅程，以及当地特有的习俗文化。想把一场比赛变成一次回忆，这些都是必不可少的元素。”

为了创建平台，两位创始人请来乔丹·迪格比（Jordan Digby）当他们的技术合伙人。迪格比是旅游公司 Viator 的前首席技术官，Viator 在 2014 年以 2 亿美元的价格卖给了全球最大的旅游社区 TripAdvisor 公司。他还曾为澳洲航空、英国航空等设计过技术系统。他来到 Sports Where I Am 后，主要针对多个体育项目、球队、人群和赛季撰写程序，让用户用最短的时间获取最多的信息。

Sports Where I Am 能够吸引到用户，有一部分原因是请了澳大利亚橄榄球联盟（AFL）球员尼克·里沃尔特（Nick Riewoldt）担任形象大使。公司遇到的问题，也是里沃尔特本人想解决的。在担任形象大使之前，他与公司合作了超过 18 个月，一起想办法解决问题。“尼克短时间内就产生了巨大影响，帮助我们在目标市场提升了品牌认知度。”斯库利说。从里沃尔特 8 月份开始做公关活动起，公司吸引了大约 3 万名新用户，其中大多数都来自澳大利亚。目前，他们的大多数用户都是 24 ~ 35 岁的体育旅游爱好者。

在公司的初步发展之后，盖尔和斯库利很快就获得了种子轮融资。而在 2016 年，他们获得了来自澳大利亚政府“企业家项目”（entrepreneurs programme）的联邦拨款，让这个创业公司未来可以走得更远。斯库利表示，这笔拨款最大的意义在于，Sports Where I Am 与一些软件平台达成了合作。这样一来，合作伙伴就可以直接为用户提供跨平台服务了。

（案例来源：禹唐体育：体育旅游创业怎么做?）

经验借鉴：

①挖掘市场空缺，争夺市场份额。正如 Sports Where I Am 公司的两位创始人一样，在一次不愉快的纽约之旅之后，发现体育旅游市场中缺乏线上平台为外来游客提供体育赛事的相关服务，进而结合互联网，创立 Sports Where I Am 公司，抢先占据此细分市场的市场份额。

②旅游专业技术人员的引入。该服务公司特别邀请了相关的旅游行业经验和技术设计经验丰富的乔丹·迪格比作为该服务公司的高级技术总监和合伙人，为公司的旅游业务发展前提提供了更为专业的服务和技术支持，使得我们的用户能够得到更佳的旅游服务和体验。

③明星效应，品牌化管理。公司再次聘请尼克·里沃尔特担任新成立公司品牌形象大使，利用新成立公司的品牌明星效应，吸引了国内超多忠实度高的新成立公司品牌注册商标用户，也由此提供了新成立公司的品牌形象和公司品牌的超高知名度，使得营销力和宣传活动效果的充分显现。

④当地政府的扶持。2016 年，由于有当地政府的联邦拨款，有了资金的投入，实打实地促进了公司的合作业务，能更好地服务于平台用户。

⑤专业的企业管理人。这家创业公司之所以能够创业成功，取得这么好的业绩，究其原因在于两位创始人对于这一体育旅游线上服务平台的了解程度极高，他们很清楚地知道，体育旅游线上服务平台需要涉及哪些方面的内容，以及如何给用户提供最佳的体育旅游体验。用设施专业的管理方法，公司才能得到当地政府的加持，也在创业的道路上勇往直前。

9.9 小结

本章主要基于前章对我国体育旅游制约因素的分析，以促进我国体育旅游产业发展为目的，提出七个方面的策略：提高认知；继续可持续发展进行资源开发；进行多元化整合产品市场营销；提高产业竞争力；科学有效进行管理；加强安全预警保障；抓住体育旅游发展趋势。最后通过具体案例进一步验证这些策略在现实中的可行性。

参考文献

［1］姜付高，翟连林，曹萍．体验经济视角中的体育旅游与体育旅游营销［J］．西安体育学院学报，2004（3）．

［2］杨培玉．21世纪初中国体育旅游开发研究［J］．海淀走读大学学报，2004（2）：70－74，77．

［3］袁书琪，郑耀星．体育旅游资源的特征、涵义和分类体系［J］．体育学刊，2003（2）：33－36．

［4］朱竞梅．开发体育旅游项目问题初探［J］．体育与科学，2000（2）：25－27．

［5］汪德根，陆林，刘昌雪．体育旅游市场特征及产品开发［J］．旅游学刊，2002（1）：49－53．

［6］尹德涛，夏学英．体育旅游与体育旅游资源分类研究［J］．商业时代，2007（11）：93－94．

［7］陈诚．国内外体育旅游发展现状及启示［J］．体育世界（学术版），2018（6）：48－49．

［8］程蕉．体育旅游分类的中外比较研究［J］．体育科学研究，2014，18（1）：23－30．

［9］宛霞．体育旅游资源分类新论［J］．体育文化导刊，2012（7）：86－89．

［10］周珂，周艳丽．体育旅游的界定综述［J］．中国体育科技，2005（6）：29－31，83．

［11］郭庆．旅游项目分类及经济效益评价理论与实践研究［D］．北京交通大学，2013．

[12] 曹扬．体育旅游对国民经济和社会发展的作用研究［J］．当代体育科技，2019，9（6）：245，247.

[13] 石晓峰．中国中部地区体育旅游资源开发研究［J］．武汉体育学院学报，2011：11－17.

[14] 张云生．我国体育旅游市场开发现状与对策研究［J］．新西部，2010：14－20.

[15] 崔龙飞．河北省体育旅游资源开发研究［J］．河北师范大学，2017：7－25.

[16] 管世超．嵩山景区体育旅游资源开发研究［J］．吉林体育学院，2018：8－11.

[17] 陈伟．对发展西部民族地区体育旅游业的探讨［J］．体育世界（学术版），2014：13－14.

[18] 石晓峰．体育旅游风险认知、识别及管理研究［J］．旅游纵览（下半月），2018（18）：67.

[19] 夏天长．河北省冬季体育旅游开发模式研究［J］．河北师范大学，2017：17－32.

[20] 石晓峰．体育旅游风险研究［J］．体育科技文献通报，2019，27（2）：23－28，47.

[21] 马万财．张掖市体育旅游资源的开发及策略研究［J］．兰州理工大学，2018（3）：15－25.

[22] 陈绍艳，杨明．体验经济时代下的体育旅游与体验营销［J］．山东体育旅游学报，2006，22（3）：32－34.

[23] 李春芳．广东省滨海体育旅游产业核心竞争力研究［J］．成都体育学院学报，2010：40－43.

[24] 杨明，王新平，王龙飞．中国体育旅游产业集群研究［J］．武汉体育学院学报，2009.

[25] 阎朝兵．关于我国体育旅游产业可持续发展政府扶持政策的分析［J］．旅游纵览（下半月），2014（24）：77.

[26] 何帆．环太湖地区体育旅游产业发展现状及开发策略研究［J］．运动，2018（5）：138－139.

［27］周继岩，李强，丁万星．冬奥会背景下京津冀三地体育旅游业协同发展策略研究［J］．商场现代，2018（8）：165－167.

［28］程程．健康中国视域下辽宁省冰雪体育旅游发展研究［D］．辽宁师范大学，2019.

［29］赵金岭．我国高端体育旅游的理论与实证研究［G］．福建师范大学，2013：43－50.

［30］王蕊．民族体育旅游的发展路径解析［A］．体育成人教育学刊，2018：81－82.

［31］李月丰，马冬梅．我国少数民族体育旅游的资源与开发［A］．河北民族师范学院，2012.

［32］谭小慧．湖北恩施土家族体育旅游资源开发研究［G］．广州体育大学，2017：13－41.

［33］覃立成．少数民族体育旅游产业的市场定位以及其发展路径——以广西壮族自治区为例［A］．当代体育科技，2018（22）：216－217.

［34］朱永红．探讨分析“一带一路”背景下甘肃省民族体育旅游的发展策略［J］．体育世界，2019：59－60.

［35］宋吉杰．对安徽省体育旅游资源的 SWOT 分析［J］．旅游纵览（下半月），2013（12）：183.

［36］赵意迎．环境保护与体育旅游业的可持续发展［J］．山东体育科技，2005（4）：53－55.

［37］王静，祝喜．旅游安全预警相关研究［J］．浙江旅游职业学院学报，2009，5（3）：41－44，56.

［38］钟勉．试论旅游资源所有权与经营权相分离［J］．旅游学刊，2002（4）：23－26.

［39］曹秀珍．产业融合视角下体育旅游产业核心竞争力的培育研究［J］．浙江体育科学，2018，40（6）：18－21.

［40］王磊．炎尔体育旅游产品市场营销策略研究［D］．广西大学，2016：30－42.

［41］谢朝武．我国旅游安全预警体系的构建研究［J］．中国安全科学学报，2010，20（8）：170－176.

[42] 顾阳，马嵘，胡建忠，汤莉莉．新疆体育旅游产品开发及发展路径［J］．体育文化导刊，2018（9）：80－84.

[43] 张文娟．秦皇岛水体体育旅游资源评价及开发对策研究［D］．燕山大学，2015.

[44] 周欣，陈勇．21 世纪我国体育旅游及其研究现状［J］．全国商情（经济理论研究），2009（13）：96－98.

[45] 王扬．冰雪赛事旅游的多元化整合营销策略研究［D］．吉林体育学院，2016：9－30.

[46] 吴路芳．推拉促销策略的运用与思考［J］．商场现代化，2010（24）：58－60.

[47] 李天元，陈家刚．体育旅游资源开发及营销［J］．旅游科学，2006（6）：41－45.

[48] 杨强．体育旅游产业融合发展的动力与路径机制［J］．体育学刊，2016，23（4）：55－62.

[49] 邢中有．产业融合视角下体育旅游产业发展研究［J］．山东体育学院，2010，26（8）：147.

[50] 杨胜华．渝东南民族文化与旅游产业融合发展的思考［J］．重庆经济，2015（2）：39－44.

[51] 鲜永红．我国西部体育旅游业发展现状研究［J］．魅力中国，2010（32）：43.

[52] 李中华．我国户外运动安全现状及其保障体系构建研究［D］．成都体育学院，2014：27－38.

[53] 孙延旭．中国体育旅游安全保障体系构建研究［J］．现代商业，2012（34）：70－72.

[54] 胡文艺．基于空间探测方法的珠峰景区旅游安全预警研究［D］．成都理工大学，2012.

[55] 古强．我国体育旅游专业人才发展现状与对策研究［J］．当代体育科技，2012（2）：77－78.

[56] 赵意迎．环境保护与体育旅游业的可持续发展［J］．山东体育科技，2005（4）：53－55.

[57] 钟勉．试论旅游资源所有权与经营权相分离 [J]．旅游学刊，2002 (4)：23－26.

[58] 刘跃华，颜秉玲．关于我国推行体育旅游保险的几点思考 [J]．洛阳师范学院学报，2014，

[59] 王晓华，郑红霞．浅谈旅游紧急救援服务 [J]．旅游科学，2000 (3)：43－46.

[60] 王丹，刘凌雪．浅析体育旅游产业的发展与自然环境的关系 [J]．新经济，2014 (14)：3－4.

[61] 唐善茂，王志云．重大体育赛事旅游安全问题探讨 [J]．现代贸易工业，2011，23 (1)：264－265.

[62] 张卉，朱永亮．基于 SCP 分析框架的我国体育旅游产业分析 [J]．武汉体育学院学报，2010，44 (8).

[63] 王津．体育产业竞争力评价指标体系的建立生产力研究 [J]．生产力研究，2012 (4)：188－191.

[64] 汪德根，陆林，刘昌雪．体育旅游市场特征及产品开发 [J]．旅游学刊，2002，17 (1)：49－53.

[65] 周立华．体育旅游资源的内涵及开发问题研究 [J]．广州体育学院学报，2004 (6).